굴용믄
호거핀
서해늘
군저문을

금융의 발생부터
블록체인과
위기관리까지

관점을
세우는
화폐
금융론

정대영 지음

창비

이 책은 경제의 한 축인 금융에 대한 지식을 넓히고, 금융의 작동원리에 대한 이해를 돕기 위한 책이다. 금융의 큰 줄기를 가능한 한 중립적인 시각에서 써보려고 노력했다. 한국은 사람들이 금융에 대해 많은 관심을 갖고 있지만, 금융이 제 역할을 못하고 금융산업이 낙후되어 있다. 재벌 소속 기업과 좋은 직장을 가진 사람은 대출기회가 넘치는 반면 소상공인과 서민들은 담보 없이 제도권 금융기관에서 대출을 받기가 거의 불가능하다. 금융의 양극화도 심각한 상태이다.

한국의 은행·증권사·보험사 등의 금융기관은 국내에서는 대단해 보이지만 세계 금융시장에서 의미있는 역할을 하는 기관이 하나도 없다. 국내기업의 복잡하고 규모가 큰 금융은 외국계 금융기관이 담당하고 있다. 그리고 과거 파생금융상품이나 위험관리 등에서도 그랬지만, 한국은 현재 블록체인과 핀테크 등과 같은 금융의 혁신과 진화과정에서도 뒤처져 있다. 다이아몬드펀드나 키코사태 등에서 보듯이 때에 따라서는 국민과 기업들이 피해를 보기도 했다.

이렇게 된 데에는 정책실패 등 많은 요인이 있지만 금융에 대한 이상한 정보와 부정적 인식이 널리 퍼져 있는 것도 무시 못 할 이유이다. 유대계 금융재벌이 세계금융을 지배하고, 미국 중앙은행Fed이나 국제결제은행BIS 등도 이들에 의해 조종된다는 음모론적 이야기를 사실처럼 믿는 사람이 많다. 당연히 한국과 같은 나라의 금융은 세계금융의 큰손들이 마음대로 주무르고 가지고 노는 대상일 뿐이라는 것이다. 이러한 생각은 패배의식으로 이어져 금융산업의 발전을 막는다. 음모론이 왜 자동차산업이나 철강산업 같은 곳은 별로 없고, 금융산업에서만 유독 성행하는지 알기 어렵다. 대학의 경제학 교수들 중에서도 이상한 음모론적 이야기를 사실로 믿는 사람이 꽤 있다.

또다른 사람들은 금융이 실물부문에서 창출된 부가가치를 빼앗아가는 산업이며, 금융산업이 발전할수록 국민경제의 불균형이나 불평등이 심해진다고 생각한다. 이러한 생각을 가진 사람은 금융을 나쁜 것으로 보고, 가능한 한 많은 규제를 통해 금융이 잘 돌아가지 않게 한다. 이들에게 금융산업의 발전은 의미없는 일이다. 금융이 복지나 자선의 역할을 할 때만이 잘 작동하는 것이라고 생각한다. 2008년 세계 금융위기 시 월가의 금융행태나, 서민과 소상공인을 외면하는 한국금융의 현실을 볼 때 이러한 생각은 이해가 된다. 그러나 역사를 보면 금융은 인류의 생존과 경제의 효율성을 높이기 위해 발전해왔다. 금융은 어떻게 쓰느냐에 따라 이기가 될 수도 흉기가 될 수도 있는 칼과 같은 것이다.

최근 들어 책은 그 역할이 약화되고 있지만 여전히 지식과 정보의 원천이다. 한국에는 금융의 작동원리나 본질을 쉽게 이해할 수 있는 책이 없다. 재테크 책은 넘쳐나고, 음모론에 뿌리를 둔 금융 무협소설 같은 책도 많이 팔린다. 이런 책을 통해 돈을 벌고 금융의 원리를 배우기는 어려울 것이다. 또한 시중에 나와 있는 『화폐금융론』『국제금융론』『위험관리론』『금융기관 경영론』 등의 책은 두껍고 어렵다. 경제학을 전공하는 사람에게도 너무 전문적이어서 접근하기 쉽지 않다.

금융을 알아야 자신의 돈을 지킬 수 있고 국민경제도 좋아진다. 금융을 백안시하면 금융은 이상하게 흘러 소수의 기득권층만 더 좋아진다. 한국의 금융은 제 역할을 못하고 낙후되어 있지만, 금융기관들은 많은 수익을 내고, 금융관료와 금융기관 경영진들도 여러 혜택을 누리고 있다. 이러한 비정상적인 한국금융을 국민을 위한 금융으로 만들기 위해서는, 사람들이 금융에 대해 많이 알고, 금융의 흐름을 볼 수 있는 눈이 있어야 한다.

이 책은 금융의 발생과 진화, 돈 바로 알기, 금융시장과 금융상품, 국제금융, 위험관리와 위기관리 등 다섯개의 부로 구성되어 있다.

1부 '금융의 발생과 진화'에서는 먼저 금융이 인류의 생존을 위해 자선과 약탈 사이에서 발생했을 것이라는 상상을 해보았다. 금융은 자선과 약탈 사이에서 나왔지만 인간의 탐욕 때문에 계속 약탈 쪽으로 움직이려 한다는 사실을 고리대금업의 역사를 통해 알아보았다. 다음으로 금융산업의 세 축인 은행·증권·보험업의 발생과 진화과정, 문제점과 앞으로의 전망 등을 살펴보았다. 그리고 지급결제의 발전과정을 짚어보면서 금융혁신의 핵심 축이 될 수 있는 분산원장기술인 블록체인에 대해서도 알아보았다.

2부 '돈 바로 알기'에서는 먼저 현찰로서의 돈부터, 유동성으로서의 돈과 비트코인 등 가상화폐까지 화폐의 핵심 개념과 의미 등을 정리해 보았다. 다음에는 일상적으로 가장 많이 쓰이는 돈인 예금통화가 만들어지는 신용창조 과정과 이와 연결되어 있는 통화의 네가지 공급경로를 설명하고, 신용창조 과정에서 이자 낼 돈이 만들어지지 않는다는 일부 주장의 문제점도 짚어보았다. 그리고 돈의 가격은 무엇인지와 통화정책에 대해 알아보고, 제로금리와 양적완화라는 특별한 상황을 거치면서 제기된 통화정책의 틀을 전환하는 문제도 살펴보았다. 마지막으로는 돈을 갖고 돈을 벌려는 돈놀이money game인 투기와 투자를 구분해보고 국민경제적 의미를 찾아보았다.

3부 '금융시장과 금융상품'에서는 먼저 단기와 장기시장, 발행과 유통시장, 장내와 장외시장과 같은 금융시장의 분류방법과 여러가지 금융상품의 종류를 간략히 조감해보았다. 그리고 주요 금융시장인 단기금융시장, 채권시장, 유동화증권 시장, 주식시장, 예금과 대출시장, 파생금융상품 시장과 이러한 시장에서 거래되는 금융상품을 알아보고 몇가지 정책적 시사점도 찾아보았다.

4부 '국제금융'에서는 국제금융시장과 외환시장의 종류와 구조, 환율이론과 결정모형, 국제통화제도와 기축통화로서의 달러화의 미래 등을 살펴보았다. 다음으로 국제금융의 지배자가 누구인지, 음모론이 작동할 수 있는지, 이른바 양털 깎기란 것이 가능한지 등을 알아보았다. 그리고 세계금융에 큰 영향을 주고 음모론에 자주 등장하는 미국 중앙은행인 연방준비제도Fed와 국제결제은행BIS, 국제통화기금IMF 등의 실상을 설명했다. 마지막으로 국내금융시장의 개방, 원화의 국제화,

국내 금융기관의 해외진출 등 금융국제화에 대해 알아보았다. 한국에서 우선 필요한 금융의 국제화는 국내 금융기관의 해외진출 확대라는 점을 지적하고, 이의 필요성과 실행방안 등도 설명했다.

5부 '위험관리와 위기관리'에서는 먼저 위험의 본질과 종류, 측정방법론 등을 설명하고, 위험조정 성과평가 등 위험을 감안한 금융기관의 경영관리에 대해 알아보았다. 그리고 이러한 위험관리 기법의 한계와 거시적 위험관리 등 새로운 접근법도 짚어보았다. 다음으로 은행위기, 외환위기 등 금융위기의 종류와 발생원인, 금융시스템 복원력 점검과 위기수습 방안을 설명했다. 마지막으로 개별 금융기관의 건전성을 책임지는 금융감독과 금융시스템 전반의 안정을 의미하는 금융안정의 원칙과 차이점 등에 대해 살펴보았다.

금융의 발생부터 블록체인과 위기관리까지 화폐와 금융의 전체를 한권의 책에 녹여 쓰기가 쉽지 않았다. 일부는 다소 피상적이고, 일부는 내용이 생략되거나 농축되어 있는 듯하다. 간혹 필자의 다른 저서인 『신위험관리론』 『동전에는 옆면도 있다』 등과 일부 내용이 중복되는 부분도 있다. 필자의 생각과 지식이 뿌리를 갖고 발전하는 과정이라고 보아주기를 부탁드린다. 여기에다 최근 들어 금융분야의 혁신과 진화가 빠르게 일어나고 있어 모든 현안을 포괄하는 데도 한계가 있었다. 이 책의 부족한 부분은 앞으로 수정 보완해나갈 예정이다.

이 책을 완성하는 과정에서 많은 사람의 도움을 받았다. 한국은행의 오랜 동료였던 이용회 박사와 김일환 국장은 원고 전반에 대해 소중한 조언을 하고 잘못된 부분을 바로잡아 주었다. 양동성 본부장, 이승환 박사, 이정익 박사도 국제금융과 위험관리 등에서 중요한 오류를 지적해주었다. 송승주 박사는 통화정책의 최신 조류에 대한 여러 자료를, 김정규 팀장은 블록체인과 비트코인 등 금융의 최근 진화과정에 관련한 조언과 자료를 제공해주어 책의 완성도를 높일 수 있었다. 한국은행의 전영실 과장은 항상 그렇듯이 자료조사와 원고정리에 도움을 주었다. 모든 분께 지면을 빌려 감사의 말씀을 올린다. 많은 분들의 도움에도 불구하고 책에 오류가 있다면 그것은 전적으로 필자의 책임이다.

마지막으로 생소한 분야였을 이 책을 기꺼이 내주신 ㈜창비 염종선 이사 등 경영진의 열린 마음에 감사드리고, 이 책의 출판과정에서 많은 조언과 수고를 해주신 윤동희 부장과 편집자 여러분께도 깊은 사의를 표한다.

2018년 5월
정대영

I

금융의 발생과 진화

01

자선과 약탈 사이에서
금융의 발생

금융은 자금의 융통, 지급결제와 외환거래, 위험의 관리 등과 관련된 다양한 경제활동이다.

자금융통은 자금을 남는 곳에서 부족한 곳으로 흐르게 하는 것으로 금융의 기본기능이다. 돈 많은 사람은 자신이 직접 돈을 빌려줄 수 있다. 소액의 여유자금은 예금과 같은 형태로 금융기관에 모여 대출로 이어질 수도 있다. 좀더 발달한 형태는 자금이 필요한 기업이나 정부가 증권을 발행하여 자금을 직접 융통하는 것이다. 예금과 대출을 통해 자금을 중개하는 대표적 금융기관이 은행이고, 채권이나 주식 등의 증권을 통한 자금융통을 지원해주는 기관은 증권회사(투자은행)이다.

지급결제는 경제주체들의 경제활동 과정에서 발생하는 주거나 받을 돈(채권·채무)을 정리하는 여러 과정이다. 현금거래부터 시작하여 송금 등의 자금이체, 수표와 어음, 신용카드, 전자자금이체 등이 포함된다. 이러한 지급결제는 국경을 넘어 이루어지거나, 다른 나라의 돈(외환)[1]이 개재되어 발생할 수 있다. 외국 돈의 매매와 관련된 자금의 결제를 외환거래라 한다. 또한 지급결제는 모바일뱅킹뿐 아니라 블록체인 block chain 이라 불리는 분산원장 방식의 기술 등을 이용하여 금융의 혁신이 빠르게 이루어지는 분야이기도 하다.

위험관리는 사람들의 삶이나 기업 등의 경제활동에서 부담해야 할 위험을 인수하거나 분산시키는 것이다. 질병과 사망의 위험, 화물운송이나 화재발생 시의 위험, 상품가격이나 환율의 변동위험 등을 금융기관이 부담해주거나 다른 곳으로 분산 이전시키는 일이다. 일상생활에서 위험의 인수는 보험회사가 주로 하지만, 은행과 증권회사 등의 금융기관도 업무의 뿌리는 위험의 인수나 관리라고 볼 수 있다.

이러한 금융은 언제 어떻게 발생했을까? 지금 눈앞에 있는 여러 형태의 금융은 대부분 근대 이후에 나타난 것이지만 금융의 원형은 역사가 아주 오래되었다. 무엇을 빌려주고 돌려받는다는 금융의 원시적 형태는 인류의 생존노력과 발전과정에서 발생했을 것이다. 인류가 언제부터 돌려받는다는 것을 상정하고 식량이나 도구 등을 빌려주었을까? 식량이나 도구 등을 빌려주고 돌려받는 금융행위는 화폐보다 먼저 생겼을 것 같다.

원시인류는 동물과 같이 자신이 먹던 식량이 남으면 저장을 하거나, 저장이 안 되면 버렸을 것이다. 버려진 식량은 다른 사람이나 동물이 먹었을 것이다. 이와 함께 돌려받는다는 약속 없이 주는 것도 있었을

---

1 외환은 외국통화뿐 아니라 외국통화로 표시된 수표·어음·예금 등 대외 지급수단으로 사용될 수 있는 자산까지 포함한 보다 포괄적 개념이다.

것 같다. 이것은 가까운 사람들 간에 음식이나 옷을 나누는 것과 비슷해 인류가 아주 오래전부터 하던 일이다.

반대로 먹을 것이 없어 굶어 죽을 지경에 이른 사람이 다른 사람의 식량을 훔치거나 빼앗는 것도 오래전부터 있었을 것이다. 도둑질이나 약탈은 위험하지만 본능적이고 단순한 일이다. 동물의 세계에서는 도둑질이나 약탈 비슷한 일이 계속되고 있다. 자선이나 약탈은 이렇게 자연 발생적이었을 것 같다.

이에 비해 빌려주고 돌려받는다는 금융은 자연스러운 행위가 아니고, 복잡한 메커니즘이 뒷받침되어야 한다. 상대방이 빌려 간 것을 미래에 돌려준다는 것은 눈앞에 보이는 일이 아니고 상상속의 일이다. 금융은 상상속의 일을 생각해내고 또 믿어야 한다. 가상현실이 일반화된 지금은 상상속의 일을 믿는 것이 특별한 일이 아니지만 우리의 먼 조상들은 쉽지 않았을 것이다. 여기에다 빌려주는 상대방에 대한 믿음도 있어야 한다. 서로 필요한 물건을 확인하고 그 자리에서 바꾸는 물물교환보다 금융은 훨씬 복잡하고 실행하기 어려운 일이다. 금융이 발생하기 위해서는 사람 사이에서 충분한 의사소통을 할 수 있는 언어가 있어야 하고, 사람들의 평판에 대한 뒷담화도 있어야 한다.

유발 하라리Yuval N. Harari는 『사피엔스』라는 책에서 이러한 언어능력과 상상속의 허구를 믿는 사고방식 때문에 현생인류인 호모사피엔스가 네안데르탈인이나 호모에렉투스를 밀어내고 세상의 유일한 인간종으로 자리 잡게 되었다고 한다.[2] 인류는 약 250만년 전 동아프리카에서

---

2 유발 하라리 『사피엔스: 유인원에서 사이보그까지, 인간 역사의 대담하고 위대한 질문』, 조현욱 옮김, 김영사 2015, 44~50면.

나타나 200만년이 넘는 진화과정을 거치면서 석기와 불을 사용할 줄 알게 되었다. 그럼에도 인류는 장기간 많은 동물 중에서 중간 정도의 포식자 지위를 겨우 유지하며 생존에 급급했다.

그러다가 20만~30만년 전 우리의 직계조상인 호모사피엔스가 아프리카에서 등장했고, 이들은 어떤 돌연변이 등을 통해 복잡한 언어를 구사할 수 있는 능력을 갖게 되었다. 이들이 7만~10만년 전부터 소통능력을 통해 집단을 만들고, 다양한 상상을 통해 협력관계를 발전시켜 세계의 최상위 포식자로 자리 잡게 되었다. 호모사피엔스가 들어가는 지역마다 아주 짧은 시간에 다른 인류와 많은 동물이 멸종했다. 이러한 과정은 지금도 진행 중이다.

금융 즉 빌려주고 그에 맞추어 돌려받는 것은 우리 현생인류인 호모사피엔스만이 하고 있는 행위일 것 같다. 돌려받는다는 전제하에 빌려주는 것은 빼앗거나 훔치는 일, 또는 대가 없이 주는 자선에 비해 인류의 생존과 발전에 훨씬 더 도움이 되었다.

빼앗거나 훔치는 일은 폭력을 수반할 가능성이 커 어느 한쪽이 죽거나 심각한 부상을 당하게 된다. 또 폭력이 없더라도 빼앗긴 쪽은 먹을 것이 없어 죽을 수 있다. 이러한 약탈과 도둑질이 일상화되면 이를 방어하기 위한 노동력이 필요해 생산능력이 떨어진다. 여자나 노약자들은 항상 위험 속에서 살아야 하고 생존확률이 떨어진다.

자선은 약탈이나 도둑질에 비해 덜 파괴적이지만, 금융에 비해 생산적이지 못하다. 무엇을 빌린 사람은 빌린 것을 갚기 위해 더 많이 일할 가능성이 크기 때문이다. 한번 도움을 받은 사람들이 계속 도움을 받게 되거나, 도움을 받을 사람들이 많아지면 집단 전체의 생산력이 약화된다. 또한 자선은 받는 사람에게도 유쾌한 일이 아닐 수 있다. 주는 사람은 도덕적 만족이나 행복을 느낄 수 있지만, 받는 사람 입장은 비굴해지거나 수치심을 느낄 수 있다. 오히려 받은 것에 적당한 이자 등 무엇을 덧붙여서 돌려줄 수 있을 때, 받는 사람이 더 떳떳하다.

이렇게 보면 금융도 공동사냥이나 종교행위와 같이 호모사피엔스가 갖고 있는 여러 사회적 능력의 하나일 수 있다. 이러한 사회적 능력이 호모사피엔스가 최고의 포식자 지위에 오르는 데 기여했을 것 같다.

다음으로 흥미있는 주제는 금융은 자선과 약탈, 어느 쪽에서 유래했을까 하는 것이다. 아니면 약탈과 자선이 갖는 문제를 고민하던 어떤 창의적인 사람들에 의해 만들어진 것일까? 상상을 통해 가능성을 대략 추론해보자.

금융이 자선행위에서 유래했을 가능성이 있다. 식량이나 생산도구 등이 여유가 있는 우리의 먼 조상이 심각한 어려움을 겪는 이웃에게 식량이나 도구를 나누어 주었고, 이를 받은 사람이 위기를 넘긴 다음 받은 것을 돌려주고 고마움의 표시로 받은 것보다 더 많이 돌려주었을 수 있다. 이러한 행위가 빈번하면서 나누어 준 사람은 기분이 좋아지고 식량이나 도구가 더 많아지게 되자 더 자주 나누게 되었다. 시간이 지나면서 처음부터 돌려받을 것을 전제로 주는 것 즉 빌려주는 것이 생겨나고 나중에는 이자까지 더해서 받는 것이 일반화되었을 것이다. 반대로 식량부족 등 곤경에 처한 사람이 많을 경우에는, 빌리는 사람들이 이자까지 쳐서 돌려줄 것을 제안하고 빌렸을 수도 있다. 이렇게 자선으로부터 빌리고 빌려주는 행위 즉 금융행위가 발생했을 수 있다.

약탈이나 도둑질 쪽에서도 금융이 발생했을지 모른다. 약탈과 도둑질에 성공한 사람도 폭력으로 큰 신체적 피해를 볼 수 있다. 아예 약탈이나 도둑질 자체를 성공하지 못하고 부상을 입을 수도 있다. 약탈이나 도둑질의 문제를 인식하고, 약탈 등을 해야 하는 사람이나 당하는 사람 쪽에서 제안이 나왔을 수 있다. 지금 주면 나중에 갚겠다, 아니면 지금 줄 테니 나중에 갚아라 하는 식으로 말이다. 이에 대한 합의가 이루어져 금융행위로 발전하는 것이다. 이러한 형태는 개인보다는 집단 사이에서 교역이나 금융거래로 시작되었을 가능성이 크다.

물론 금융행위가 나온 이후 현재까지도 자선과 약탈은 존재하고 있기 때문에 금융은 자선과 약탈과는 관계없이 발생했을 수도 있다. 금융이 언제 어떻게 발생했고 인류의 생존과 발전에 어떤 영향을 주었느냐는 인류학의 흥미로운 연구과제일 듯하다.

금융은 약 1만 2000년 전에 시작된 농업혁명으로 인한 인류의 정착생활과 사유재산의 확대로 더 발전했다. 정착생활은 빌려 가는 사람에 대한 평가가 쉬워지고, 수렵채취 시절 떠돌아다닐 때보다 빌려준 것을 돌려받기도 훨씬 편하게 만들었다. 사유재산의 확대는 능력과 행운에 따른 빈부의 격차를 크게 하여, 빌려줄 여유와 빌리는 사람의 수요가 늘어나게 했다. 빌리고 빌려주는 금융이 일상화되게 되었다. 과거에 무엇을 맡기는 행위나, 빌려주는 행위는 신전이나 사원을 중심으로 많이 이루어졌다. 맡기고 빌려주려면 신뢰가 있어야 하고 신전과 사원이 신에 대한 믿음의 장소이기 때문일지 모른다.

세계 최초로 농업혁명이 발생한 메소포타미아 지역의 법률들이 집대성된 함무라비법전에도 금융과 관련된 조항이 많이 있다. 최고 금리가 곡물(보리) 대출과 은 대출로 나누어 정해져 있었다. 곡물로 이루어진 대출은 연 33퍼센트, 은으로 이루어진 대출은 연 17퍼센트가 최고 이자율이었다. 법정 최고 금리를 초과하는 대출계약은 무효라고 되어 있지만 실제는 최고 이자율을 초과하는 대출도 있었다. 이 당시 곡물 대출이자율은 20~33퍼센트 정도이고, 은 대출이자율은 10~25퍼센트 수준이었다고 알려져 있다.[3]

이와 함께 채무자의 과도한 피해를 막기 위한 조항도 많이 있다. 인신을 담보로 할 경우에는 담보권을 행사할 수 있는 기간을 3년으로 제한했다. 부당한 저울 사용 등으로 양을 속였을 경우에도 채권의 권리가 무효화되었다. 아울러 농사용 소는 차압이 금지되어 있었고, 채권자가 채무자의 동의 없이 임의로 은이나 곡물을 가져갈 수 없게 했다. 채무자의 아들이 채권자에 의해 혹사나 구타로 사망한 경우에는 채권이 무효화되고, 채권자의 아들이 동일한 벌을 받게 했다. 법정 최고 이자율이 설정되어 있고 채무자의 보호장치가 다양하게 마련되어 있다는 것은 기원전 1900년 함무라비 시대에도 이미 고리대금업은 성행했고, 많은 사람에게 피해를 주고 있었다는 의미다.

빌려주고 이자를 붙여 돌려받는 금융은 약탈과 자선의 중간에 있다. 인류역사에서 금융행위보다 약탈과 자선이 먼저 있었을 것이고, 금융이 어느 쪽에서 시작되었는지는 명확하지 않다. 그러나 금융은 생겨난 이후에 이자를 과도하게 부과하는 등 약탈적인 성격으로 변하는 경우가 많았다. 금융의 이러한 속성은 권력의 규제나 감시, 종교적·도덕적 압박 등에도 불구하고 쉽게 변하지 않는 것 같다.

---

3 시드니 호머·리처드 실라 『금리의 역사』, 이은주 옮김, 리딩리더 2011, 70면.

고리대금업 등 약탈적 금융의 문제는 특정 지역이나 시대에 한정되어 있지 않다. 『구약성경』에서도 돈을 빌려주고 이자를 받는 것을 명백히 금지하고 있다. "동족에게 이자를 받고 돈을 꾸어주어서는 안 된다. 돈이든 곡식이든 또 그밖의 어떤 것이든 이자를 받아서는 안 된다"「신명기」 23:20라고 기술하고 있다. 그럼에도 함무라비 시대 이전부터 그리스·로마, 중세시대를 거쳐 지금까지 고리대금업 등 약탈적 금융은 존재했고 계속 문제가 되고 있다. 이것은 금융이 재력 있는 사람의 탐욕을 손쉽게 실현시킬 수 있는 도구가 될 수 있기 때문이다. 반면에 금융이 없으면 어려움에 처한 사람은 굶어 죽거나, 장 발장Jean Valjean처럼 도둑이 되어야 하는 경우가 많았다.

금융이 약탈과 자선, 어느 쪽에서 발생했는지는 알 수 없지만 그 중간에 위치하고 있다. 그러나 탐욕이라는 인간의 본성 때문인지 몰라도 금융은 관심을 갖고 통제하지 않으면 계속 약탈 쪽으로 움직이려 한다. 금융은 약탈과 자선의 사이에서 왔고, 가능한 중간에 머물러야 한다는 생각이 금융을 이해하는 첫걸음이다.

02

금융의 오랜 악습
고리대금업

그리스·로마 시대의 고리대금업

고리대금업은 바빌론과 구약시대뿐 아니라, 그리스·로마 시대로 이어져 계속 문제가 되었다. 기원전 594년 그리스 아테네에서 이루어진 솔론의 개혁을 보면 고리대금업의 폐해가 얼마나 심했는지를 알 수 있다. 당시 그리스 아티카의 소작농들은 자신들이 생산한 농산물의 6분의 1밖에 가질 수 없었다. 가족 전체가 부채로 인해 노예가 되는 것도 허용되어 있어 자유민이 순식간에 노예가 되기도 했다.

폭동이 일어날 상황에 이르자 시인이자 7현인의 한 사람인 솔론이 아테네 시민의 부름으로 최고 입법권자가 되어 개혁을 하게 되었다.[4]

---

4 시드니 호머·리처드 실라 『금리의 역사』, 77면.

토지를 담보로 한 대출은 탕감하거나 감면했고, 부채 노예는 자유인이 될 수 있게 하고, 부채 때문에 외국으로 팔려 간 사람은 국가의 비용으로 다시 돌아올 수 있게 했다. 그리고 인신을 담보로 한 대출거래를 금지시켰다.

그리스의 대표 도시인 아테네는 자급자족을 할 수 없었기 때문에 무역이 장려되고 이와 함께 여러가지 형태의 금융이 발전했다. 다양한 민간 금융업자들이 환전과 국외송금, 예금과 대출, 어음인수 업무 등을 수행했던 것으로 알려져 있다. 지금의 은행과 꽤 비슷한 정도로 다양한 금융업을 영위했던 것으로 보인다. 또한 그리스의 한 도시인 밀레투스에서는 기원전 205년에 종신연금 형태의 금융도 발생했다. 예를 들어 국가가 시민들에게서 3600드라크마를 빌리고 매년 360드라크마씩 평생토록 지급하는 것이었다. 1700년대 영국에서 유행했던 영구채console 와 비슷하다.

그리스 시대에는 이렇게 다양한 형태의 금융이 발전했음에도 가난한 사람들을 어렵게 하는 고리대금업도 성행했다. 신용이 없는 사람에 대한 무담보대출의 금리는 아주 높았다. 대출을 갚지 못하면 가족 전체가 노예가 되는 조건의 인신담보대출도 있었다. 당시 고리대출은 일 대출, 월 대출 등 종류와 이자율이 다양했다. 연 36퍼센트 정도를 고리대출로 보았으며, 월 48퍼센트의 고리대출도 있었다. 심한 경우 일 25퍼센트, 즉 단리로 환산해도 연 9000퍼센트에 이르는 고리대출도 있었다.[5]

로마는 그리스와 달리 농업을 기반으로 한 사회이기 때문에 금융이

---

5 같은 책, 88면.

발전했던 나라는 아니다. 그래도 고리대금업은 많이 있었다. 카토Cato 라는 로마의 장군이자 정치가는 "농업보다는 해상무역이나 고리대금 업이 수익이 더 많다. 그러나 해상무역은 매우 위험하고 고리대금업은 불명예스럽다. 선조들은 강도보다 고리대금업자를 더 나쁘게 생각했 다"라고 말하면서도 스스로는 비밀리에 고리대금업에 투자를 했다고 한다.[6] 이는 로마인들의 고리대금업에 대한 이중적 인식을 잘 보여주는 사례이다.

외형적으로 로마인들은 고리대금업에 대한 인식이 나빠 법정 최고 이자율을 낮게 정하고, 법정 최고 이자율보다 높은 이자율을 적용하는 대출은 채권자에게 벌금을 부과했다. 로마의 법정 최고 이자율은 기원 전 5세기 공화정 초기에는 파운드당 연 1온스 즉 8.33퍼센트였다.[7] 한때 법정 최고 이자율을 종전의 2분의 1, 즉 연 4.17퍼센트로 낮추고 대출금 을 상환 유예하는 조치가 있었다. 일시적으로는 이자 부과가 금지된 적 도 있었다. 그러나 이러한 조치는 오래가지 못했고 법정 최고 이자율은 다시 연 8.33퍼센트로 환원되었다. 이때에도 채무자는 빚을 갚지 못하 면 채권자의 노예가 되거나 해외로 팔려 가는 것이 허용되었다. 그리고 실제 이자율은 법정 최고 이자율을 초과하는 경우가 많았다.

고리대금과 관련하여 중요한 변화는 기원전 326년에 인신담보제도 가 전면 금지되었다는 것이다. 기원전 88년에는 법정 최고 이자율이 연 12퍼센트로 인상됐다. 이와 함께 고리대금업이 심했던 아시아 식민지

---

6 같은 책, 91면.
7 로마의 은화 7데나리는 1온스와 같고, 12온스 혹은 84데나리는 1파운드와 같다(같은 책, 92면).

역 등에서는 이자의 총계가 원금을 초과할 수 없게 하거나, 채무자 소
득의 최대 4분의 1까지만 채권변제에 사용할 수 있게 하는 등 규제도
있었다. 그러나 이러한 규제에도 불구하고 고리대금업은 성행했고, 앞
의 카토뿐 아니라 마르쿠스 브루투스Marcus J. Brutus같이 역사에 길이 남
을 정도의 유명 정치인이 법정 최고 이자율을 초과하여 대출한 사례도
있었다고 한다. 가끔 법정 최고 이자율보다 터무니없이 높은 이자를 받
는 대금업자에 대한 단속도 있었으나 효과는 크지 않았던 것으로 보인
다. 더욱이 단속이 심한 경우에는 대출상환 요구가 늘어나 돈을 빌리는
사람들의 고통은 더 커지기도 했다.

　로마는 서기 1세기부터 주조화폐의 귀금속 함량이 줄어들어 화폐
의 신뢰가 흔들리기 시작했다. 2세기에는 일부 새로 주조된 은화가 신
뢰 저하로 화폐로서의 기능을 제대로 수행하지 못하는 경우도 있었다.
3세기에 들어서서는 심각한 인플레이션이 발생하고 혁명과 내란이 이
어졌다. 정치·사회의 혼란과 함께 화폐에 대한 신뢰 추락으로 금융도
제대로 작동하기 어렵게 되었다. 사회에는 무력과 폭력에 의한 약탈행
위가 만연했고, 로마는 몰락의 길로 들어서게 되었다.

중세의 고리대금업과 금융

　로마 멸망 이후 중세유럽은 기독교가 지배하는 사회였고, 구약의
「신명기」 등 성경의 여러 교리에 따라 고리대금업이 금지되었다. 초기
에는 정상적인 이자율을 초과하는 고리대금업만 금지하다가 나중에는

이자를 받는 모든 대출이 금지되었다. 대출은 대가를 기대하지 않고 돈을 꾸어주는 것, 즉 자선이 되어야 했다. 상업적 차원의 대출은 존재해서는 안 되었다. 그러나 현실은 전당포와 같은 고리의 대출업자가 많이 존재했다.

「신명기」의 이자를 받는 행위의 금지는 기독교인 사이에서만 적용되는 것으로 해석되었다. 즉 이방인은 돈을 빌려주고 이자를 받는 일을 할 수 있는 것으로 보아 중세 초기에는 유대인이 고리대금업을 많이 했다. 10세기경부터는 게르만의 일족인 롬바르드인도 북부 이탈리아 등에서 유대인을 대신하여 고리대금업을 확대해나갔다.

이와 함께 이자수취를 금지하는 교회법을 회피하는 여러가지 방안이 나타나고 이것이 금융발전을 촉발했다.

첫째가 대출은 자선행위와 같이 무이자로 실행하고 원금을 상환하기로 한 날에 상환하지 못하면 벌금을 부과하는 방식이다. 롬바르드인들은 이러한 방식을 사용해 고리대금업을 했다. 벌금이 대출원금의 2배에 이르는 경우도 있었다. 이 방법은 쉽게 눈에 띄어 교회의 규제대상이 되곤 했다.

둘째는 조합이나 상회의 출자형식을 이용하는 것이었다. 조합이나 상회는 조합원의 출자금을 갖고 사업을 하고, 손실이 나면 같이 손해를 보고 수익이 나면 조합원에게 출자금에 따라 이익을 분배한다. 그런데 특수조합원 제도를 만들어 이들의 출자에 대해서는 무위험을 보장하고 고정수익을 약속하는 것이다. 이는 오늘날의 회사채와 비슷한 것으로 조합에서는 돈을 빌리고 특수조합원은 돈을 빌려주는 것이다. 대출을 해주고 이자를 받는 것과 다를 바 없었다.

셋째는 센서스라 불리는 것으로 토지, 독점권, 조세수입 등 수익성 자산에 대한 투자형식을 이용하여 돈을 빌리거나 빌려주는 것이었다. 센서스는 어떤 수익성 자산에서 나오는 일정금액을 매년 지급하겠다는 약속이고, 이러한 약속을 사고파는 것이다. 돈을 내고 센서스를 산 사람은 수익성 자산에 투자하고 수익을 분배받는 것이다. 즉 수익성 자산을 담보로 한 대출과 유사하다. 특히 센서스의 수익기간이 정해져 있고 고정금리를 약속할 때는 담보대출과 거의 같아진다. 종신 센서스도 있었는데 구매자와 판매자가 살아 있는 동안 효력이 유지되어 현재의 종신연금과 비슷하다.

센서스는 대출과 비슷한 성격이 있음에도 장래의 상품(수익)을 미리 파는 것으로 받아들여졌다. 수익률(이자율) 수준이 아주 높지 않는 한 사회에서 용인되었고 교황청에서도 승인했다. 그리고 12세기와 13세기에 네덜란드, 이탈리아 등에서 개인 금융자산 축적이 이루어지고 금리생활자가 생겨나자 국가가 조세수입을 기초로 센서스를 판매하여 재정수입에 충당하게 되었다. 국가가 국채를 발행하고 금리생활자 등이 이를 구입하여 원리금으로 노후생활을 하는 것과 같은 것이다.

넷째는 환어음을 이용해 돈을 빌리거나 빌려주는 방식이다. 환어음은 오래전부터 있었으나 12세기에 들어 북부 이탈리아에서 여러 지역과의 교역이 활발해지면서 활성화되었다. 14~15세기에 들어 국외거래에 사용되는 표준 환어음이 등장했다. 환어음이 늘어나면서 교역의 지원수단뿐 아니라 대출수단으로 널리 활용되었다.

환어음은 한국의 상거래에서 많이 쓰이던 약속어음과는 다르다. 약속어음은 발행인(통상 물건을 산 사람과 같은 채무자)이 어음소지인

(채권자)에게 돈을 언제까지 지급하겠다고 약속하는 증서이다. 이에 비해 환어음은 물건을 판 사람과 같은 채권자가 발행하여 채무자(물건을 산 사람 등)에게 돈을 언제까지 지급토록 요청하는 증서이다. 이때 채무자 즉 지급인은 환어음의 소지자나 어음에서 지시된 사람에게 돈을 지급하면 된다.

환어음은 외국과의 무역 거래대금 결제에 많이 사용된다. 예를 들어 이탈리아의 수출업자(A)가 프랑스의 수입업자(B)에게 물건을 판 경우이다. 수출업자인 A는 대금회수를 위해 수입업자 B를 지급인으로 하고 이탈리아의 금융업자(C)를 지시인으로 하는 환어음을 발행한다. C는 프랑스에 있는 자신의 지점이나 관련 금융업자(D)에게 환어음을 보내 B로부터 대금을 받아 A에게 주게 된다.

이러한 여러 과정을 모두 끝내려면 시간이 많이 소요된다. 반면 A는 환어음을 발행하여 금융업자인 C에게 주면서, 수출대금을 미리 받으려 한다. 금융업자인 C가 A에게 돈을 미리 줄 때는 대금회수 기간까지의 이자, 환전비용, 어음을 포함한 관련 서류의 우편비용 등을 빼고 줄 것이다. 수출업자가 금융업자를 통해 환어음을 현금화할 때 이자가 포함되어 있으나 환전과 우편 등 다른 비용에 섞여 있어 구분이 어렵다. 교황청은 이러한 거래를 인정했다. 이러한 환어음제도는 현재 국제무역의 대표적인 자금결제 수단으로 쓰이게 되었다.

고리대금업은 강인한 생명력과 뛰어난 변신능력을 가졌다. 환어음이라는 실물거래에 꼭 필요한 금융수단도 고리대금에 곧 쓰이게 되었다. 수출이라는 실물거래 없이, 단지 돈을 빌리고 빌려주는 수단으로 환어음을 이용하는 경우가 생겨났다. 즉 돈이 필요한 사람이 수출한 것처럼 환어음을 발행하여 금융업자로부터 이자를 내고 돈을 빌리는 것이다. 고리대금업이 환어음을 통해 합법적인 외양을 갖게 된 것이다.

중세유럽의 이자수취와 고리대금업의 금지는 종교적·도덕적 기준과 결부되어 매우 엄격하고 죄에 대한 두려움이 컸다. 고리대금업자로 인정되면 파문이 될 수 있기 때문에 정치와 교회의 지도자뿐 아니라 상인과 일반인 등에게도 커다란 압박으로 작용했다. 중세유럽은 이렇게 법과 교리뿐 아니라 사회적 신념까지 동원하여 금융을 자선 쪽에 잡아두려고 했으나 실패했다. 고리대금업은 성행했고 오히려 고리대금업에 대한 규제를 피하기 위해 다양한 형태의 금융이 나타났다.

고리대금업은 바빌론시대 이전부터 존재했고 앞으로도 법이나 도덕적 운동을 통해서 없애기는 불가능할 것이다. 금융은 약탈과 자선의 중간에 있고 약탈보다는 덜 파괴적이고 자선보다는 생산적일 수 있다. 과도한 고리대금업은 약탈에 가깝다. 그것도 더 많은 것을 가진 사람(강자)이 가진 것이 없는 사람(약자)을 약탈하는 것이다. 금융이 없었을 때의 약탈은 가진 것이 없는 사람이 어쩔 수 없이 하는 경우가 많았을 것이다. 금융이 발전하면서 고리대금업 이외에도 금융을 통해 약자를 약탈하는 수단이 더 다양해졌다.[8]

약탈적 금융을 없앨 수 있는 방법은 무엇일까? 병원비·등록금 등 절박하게 돈이 필요한 사람이 줄어들면 약탈적 금융이 많이 줄 수 있다.

---

8 약탈적 금융의 사례는 상황이 절박한 사람에게 고리로 대출하는 것 이외에 상환능력이 부족한 사람에게 대출을 해 곤경에 빠뜨리는 것, 고객의 금융지식 부족이나 부주의를 이용해 고객에게 피해를 주는 것, 금융기관이 힘의 우위를 이용해 예·적금을 강요하거나 보험 등 다른 금융상품을 파는 것 등 다양하다.

그러나 이것은 법이나 도덕적 신념을 통해 약탈적 금융을 없애는 것보다 더 어려울 것 같다. 인간의 욕구가 통제되고 경제적 불평등이 거의 사라진 사회를 만들어야 가능하기 때문이다. 인간의 욕구는 계속 커지고, 경제적 불평등은 역사 이래 존재해왔다. 사유재산을 없앤 공산주의 사회에서도 불평등은 심각했다. 아직 인류는 불평등을 확실히 줄이는 방법을 찾지 못한 것 같다. 자본주의체제하에서는 불평등이 심해지기 더 쉽다. 경제가 성장해도 돈이 절실히 필요한 가난한 사람이 더 많아지고 약탈적 금융이 더 많아질 수밖에 없다. 실제로 선진국 중 상대적으로 불평등이 심한 미국과 영국에서 고리대금업이 더 성행하는 모습이다.[9]

고리대금업과 같은 약탈적 금융을 줄이는 현실적인 방법은 금융이 약탈과 자선의 중간에 있다는 사실을 잘 활용하는 것일지 모른다. 다양한 금융기관이 서로 경쟁하고 잘 작동하여 금융이 자선의 역할은 못하더라도 약탈과 자선의 중간에 머물게 하는 것이 약탈적 금융을 줄이는 방안 중의 하나일 것이다. 그리고 의료비·주거비 등 기본적 생계비 부족은 금융으로 해결하기 어려운 문제이다. 실업급여 확대, 의료공공성 확충 등의 사회안전망 확대와 소득불평등 완화도 고리대금업과 같은 약탈적 금융을 줄이는 중요한 수단의 하나이다.

---

9 21세기 금융선진국인 영국에서 일주일에 25퍼센트의 복리대출 즉 연 1100만 퍼센트라는 어마어마한 고리대출이 있었다(니얼 퍼거슨 『금융의 지배: 세계 금융사 이야기』, 김선영 옮김, 민음사 2010, 44면).

대륙스타일, 런던스타일
근대적 은행의 발생

현대 금융산업의 중심에는 은행이 있다. 은행은 예금과 대출, 지급결제를 기본업무로 한다. 이 세가지 업무를 온전히 수행하느냐의 여부에 따라 증권과 보험 등 다른 종류의 금융기관과 은행이 구분된다. 예금과 대출, 지급결제와 비슷한 은행업무는 바빌론시대부터 있어왔지만, 근대적 은행의 형태로 체계화된 것은 14~15세기 북부 이탈리아이다.

피사 사람 레오나르도 피보나치Leonardo Fibonacci가 1202년 『산술책』 Liber Abaci을 발간해 십진법의 힌두-아라비아 수 체계를 유럽에 소개했다. 이후 환전비용, 이자계산, 거래실적 정리 등을 과거 로마숫자 셈법보다 훨씬 간단히 할 수 있게 되었다. 피사·피렌체·베네치아 등 북부 이탈리아는 동방과 유럽 각 지역과의 중계무역 장소였다. 또한 로마는 교황청이 위치해 유럽 각 지역의 돈이 모이게 되었다. 이 지역은 환전 등 금융수요가 많을 수밖에 없었다. 편리해진 계산법을 바탕으로 무역과 환전 등을 위한 금융이 발달하게 되었다.

14~15세기에 걸쳐 유대인과 롬바르드인이 북부 이탈리아의 대금업과 환전업을 주도했고 규모도 커졌다. 이탈리아인의 참여도 늘면서 근대적 은행의 형태로 발전했다. 그중 피렌체를 기반으로 한 메디치가문의 은행이 1300년대 말부터 빠르게 성장하여 르네상스 시대 유럽의 대표 은행이 되었다. 메디치은행도 환전과 대금업으로 시작했으나 환어음 업무를 중시했다. 환어음의 원활한 결제를 위해 로마·베네치아·아비뇽·런던 등 유럽 중요 지역에 지점을 세웠다. 환어음을 통한 수익확대는 교회의 이자수취 금지조치를 피해 갈 수 있어 메디치은행의 성장기반이 되었다. 메디치은행은 부족한 자금의 조달을 위해 예금도 받았다. 예금은 위험을 부담하는 투자형식으로 받아 예금자에게 정액의 이자를 지급하지 않았다. 대신 예금을 운용하여 생긴 수익을 재량껏 분배했다.[10]

메디치은행의 남아 있는 장부를 보면 자산인 대출과 보유어음, 부채인 차입금과 예금을 현대의 회계원리와 유사하게 관리했던 것으로 나타난다.[11] 그리고 영업망을 이탈리아 여러 도시와 유럽지역으로 다각화했을 뿐 아니라 각 영업조직은 독립적으로 운영토록 하여 한 곳의 부실이 다른 곳으로 전염되는 것을 막았다. 수익도 대출 이외에 외국에 대한 송금과 환전 등으로 다각화했다. 메디치가문은 은행경영의 기본이 위험과 수익의 분산이라는 것을 잘 이해하고 있었고, 이를 위한 기

---

10 이러한 예금은 은행의 재량으로 이자를 지급했다 하여 재량예금(discrezióne)이라 했다(니얼 퍼거슨 『금융의 지배: 세계 금융사 이야기』, 48면).
11 같은 책, 49면.

초적인 체계도 어느정도 구축하고 있었던 것이다.

메디치은행은 부침이 있었지만 1700년대 중반까지 명성을 유지했다. 이 과정에서 메디치가는 두명의 교황과 두명의 프랑스 왕비, 공작 등을 배출했고, 『군주론』의 저자인 니콜로 마키아벨리Niccolò Machiavelli가 가문사를 집필했다. 또한 미켈란젤로 부오나로티Michelangelo Buonarroti와 갈릴레오 갈릴레이Galileo Galilei 등 많은 예술가와 학자를 후원했고, 피렌체에 아름다운 건축물을 남겼다.

이러한 문화적 유산과 함께 북부 이탈리아에서 시작된 은행업은 현재 유럽의 은행제도에도 여러 흔적을 남겼다. 당시 시장에서 환전이나 대출을 할 때 사용하던 탁자를 '방코'banco, '방카'banca라고 불렀는데, 이것이 은행을 뜻하는 영어 '뱅크'bank의 어원이 되었다. 또한 중앙은행이 유가증권 등을 담보로 은행에 시장금리보다 조금 높게 단기로 대출해주는 방식을 롬바르드대출이라고 한다. 이는 북부 이탈리아 롬바르디아 지역의 대출방식에서 유래한 것으로 독일 등 유럽대륙 중앙은행이 주로 사용하던 방법이다. 현재는 한국을 포함하여 많은 나라가 사용하고 있다.

다음으로 또다른 형태의 근대적 은행은 17세기 영국의 금세공업자goldsmith에게서 나왔다. 17세기 영국의 부자들은 자신의 돈이나 귀금속을 런던탑 안의 조폐국 창고에 보관했다. 그런데 1640년 영국왕 찰스 1세가 재정상황이 나빠지자 런던탑 안에 보관되어 있던 돈과 귀금속을 몰수했다. 그후 영국의 부자들은 안전한 보관장소를 갖고 있고, 신용이 있는 금세공업자에게 귀금속을 맡기게 되었다.

금세공업자는 사람들이 맡긴 돈이나 귀금속에 대해 보관증서를 발행했는데 이것이 유통되면서 지폐의 역할을 했다. 금세공업자는 맡아 놓은 돈이나 귀금속의 일정부분이 항상 잔액으로 남아 있는 것을 알게 되고, 이것을 활용하게 되었다. 남아 있을 것으로 예상되는 잔액을 기초로 스스로 보관증서를 발행하거나 자금이 필요한 사람에게 대출을 해주게 되었다. 금세공업자가 예금뿐 아니라 대출업무까지 하게 된 것이다. 그리고 시간이 지나면서 자신의 이름으로 은행권을 발행하고 지급결제 업무까지 하는 은행으로 발전했다.

이렇게 보면 민간부문의 근대적 은행은 이탈리아와 영국에서 각각 다른 형태로 진화했다고 볼 수 있다. 북부 이탈리아에서는 대금업과 환전업을 기반으로 근대적 은행업이 생겨났고, 영국에서는 돈과 귀금속의 예탁 즉 예금을 기초로 은행업이 발전했다. 이러한 은행의 뿌리 때문인지 몰라도 독일 등 유럽대륙 국가는 예금·대출을 취급하는 은행형태의 금융기관을 통칭하는 말로 '신용공여기관'credit institution을 사용한다. 이에 비해 영미국가는 은행형태의 금융기관을 '예금취급기관'depositary institution이라고 한다.

공영은행과 중앙은행의 발생

공적인 역할을 하는 은행도 생겨났다. 지금도 그렇지만 중세와 르네상스 시대의 은행들은 쉽게 망했다. 큰 금액의 대출을 돌려받지 못하면 은행은 망하는 것이다. 무역업자의 선박이 태풍이나 해적들에 의해 침몰하거나 해외교역이 성사되지 못하면 무역업자에 대한 대출은 회수하기 어려워진다. 왕이나 도시에 대한 대출은 더 위험하다. 전쟁에 지거나 권력다툼에서 밀려나면, 이들에 대한 대출은 휴짓조각이 된다. 왕의 사치나 도시의 잘못된 행정도 이들에 대한 대출회수를 어렵게 한다. 메디치가문의 은행도 15세기 말 프랑스 부르고뉴의 공작과 영국 에드워드 4세에 대한 대출을 회수하지 못해 큰 어려움을 겪었다. 은행이 망하면 은행에 예금을 한 사람이나 자금을 댄 사람도 큰 피해를 입는다. 여기에다 경제 전체가 잘 돌아가지 않고 사회의 혼란도 발생한다.

그리고 당시에는 유럽이 많은 나라와 도시국가로 나뉘어 있었기 때문에 화폐단위나 쓰이는 돈이 달라 거래가 불편하고 신뢰성이 떨어졌다. 필요는 발명의 어머니라는 말이 있듯이 이러한 문제를 해결하기 위한 은행들이 생겨났다.

16세기 말 자금이체와 예금만 취급하는 공립은행이 이탈리아의 베네치아[12]와 제노바, 밀라노 등에서 생겨났다. 이 은행들은 받은 예금을 하나도 대출하지 않고 전액을 그대로 보관하는 예금불가침의 원칙을 내세웠다. 그리고 여러종류의 화폐가 입금되면 무게와 성분 등을 검사하여 정해진 표준화폐로 평가하여 장부에 기입했다. 공립은행 고객 사이의 거래는 화폐 실물의 교환 없이 장부상의 대체방식으로 결제했다. 표준화폐는 일정 양의 귀금속을 단위로 하여 신뢰성을 높였다. 이 은행들은 대출을 하지 않기 때문에 수익원이 없어 세금으로 운영되었다.

---

12 세계 최초의 자금이체와 예금을 주로 하는 공립은행은 1587년 설립된 베네치아 리아토은행(Banco di Riato)이었다. 이 은행은 1619년에 지로은행(Banco del Giro)으로 이름을 바꾸었고, 이로 인해 지로(Giro)가 자금의 결제와 대체 등을 의미하는 세계어가 되었다.

17세기에 들어 이러한 성격의 은행들이 유럽대륙에서도 생겨났다. 1609년 네덜란드의 암스테르담은행이 예금과 자금이체 업무만을 하는 공립은행으로 설립되었다. 암스테르담은행은 표준화폐 제도도 운영했으며, 일정금액 이상의 환어음은 이 표준화폐를 통해 결제하게 했다. 어느 규모 이상의 상인들은 암스테르담은행에 계정을 갖게 되었다. 암스테르담은행은 안정적인 화폐의 유통과 자금결제의 원활화에 크게 기여했다. 독일에서도 1619년 함부르크은행, 1621년 뉘른베르크은행이 설립되어 유사한 업무를 했다. 1668년에 설립된 스웨덴의 릭스은행Riksbank도 이러한 성격의 은행으로 출발했다.[13]

이런 은행들이 예금과 자금이체 업무를 기본업무로 하고 신뢰성 있는 표준화폐 제도를 운영하기 위해서는 받은 예금을 대출하지 않는 예금불가침의 원칙이 지켜져야 한다. 그러나 시간이 지나면서 보유예금의 활용에 대한 유혹을 이기지 못하고 비밀리에 대출하는 경우가 나오고 이는 은행의 부실로 이어지게 되었다. 지로은행은 베네치아 정부에 대한 거액대출이 부실화되어 1806년 문을 닫았고, 암스테르담은행은 동인도회사와 암스테르담시에 대한 대출이 부실화되어 1819년 문을 닫았다. 이러한 공영은행의 개념은 또다른 특별한 공적 은행인 중앙은행 발생으로 이어지게 되었다.

세계 최초의 중앙은행으로 평가되는 영란은행Bank of England은 1694년 영국에서 주식회사 형태로 설립되었다. 설립 시 정부에 대한 대출을 대

---

13 릭스은행이 세계에서 가장 오래된 중앙은행이라고도 하나, 1668년 설립 당시에는 자금이체를 주 업무로 하고 일부 대출까지 하는 공영은행의 하나였다. 릭스은행이 중앙은행 업무를 본격적으로 수행한 것은 1897년 스웨덴 국립은행법 제정부터이다.

가로 화폐발행권을 부여받았다. 영란은행의 주주는 당시 은행의 역할을 하면서 정부에 돈을 빌려준 금세공업자들이었다. 초기의 영란은행은 정부대출과 국고업무를 제외하고는, 당시 금세공업자에게서 발전한 민간은행과 같이 일반인에 대한 예금·대출과 지급결제 업무를 수행했다.

그러나 시간이 지나면서 정부와의 특수관계로 인해 여러가지 특별한 권한을 계속 얻게 되었다. 1833년에는 영란은행의 은행권이 법화로서의 자격을 얻었다. 1844년에는 영란은행이 필조례Peel's Bank Act라 불리는 은행법에 의해 은행권의 발행을 독점하게 되면서 중앙은행의 역할을 시작하게 되었다.[14] 1854년에는 영란은행에 개설된 은행들의 예금계좌에서 바로 자금이 결제되는 대차거래도 가능하게 되었다. 영란은행이 일반 은행들의 자금결제 중심이 되고, 은행의 은행 역할을 하게 된 것이다. 이어 유사시 은행들에 대한 자금지원을 통해 최종대부자lender of last resort 기능도 수행했다. 영란은행이 정부의 은행에서 시작하여, 발권은행을 거쳐, 은행의 은행 기능까지 하는 특별한 은행 즉 중앙은행이 된 것이다.

영국의 영란은행을 모델로 한 중앙은행이 1800년대 후반과 1900년대 초에 걸쳐 세계 주요국에 생겨났다. 개인과 기업 등 일반 고객에 대한 예금·대출·지급결제 등의 업무를 하는 민간은행, 그리고 은행과 정부에 대한 은행업무를 하는 중앙은행이 결합된 은행시스템이 일반화

---

14 1844년 필조례에 의해 영란은행은 발권업무 부문과 일반 금융업무를 분리하게 되었고, 이때부터 영란은행이 중앙은행 업무를 본격적으로 수행하기 시작한 것으로 평가된다.

된 것이다. 중앙은행의 독점적 발권력과 최종대부자 기능은 중앙은행이 민간은행에 대한 감독과 규제를 할 수 있는 근거가 되었다. 민간은행은 조금 불편해졌지만 덜 위험해지고, 은행시스템에 대한 사람들의 신뢰는 높아질 수 있게 되었다.

한편 중앙은행이 정부의 은행 기능을 본격적으로 하게 되면서 정부의 채무불이행 위험은 크게 낮아졌다. 정부가 세수부족과 국채발행의 어려움이 있을 때 중앙은행으로부터 돈을 빌려 부족자금을 쉽게 해결할 수 있게 되었기 때문이다. 반면 정부가 재정적자를 중앙은행 차입에 의존하게 되면 돈의 양이 너무 많아지는 통화증발로 이어져 인플레이션이 나타난다. 세상에 공짜 점심이 없는 셈이다.

이렇게 중앙은행이 금융의 중심에 있고, 민간은행들은 규제와 자금지원을 받으면서 보다 안정적으로 영업을 할 수 있게 되었다. 이러한 시스템이 현대 금융의 표준이 되어 지금까지 계속되고 있다.

04

은행을 떠난 증권, 돌아오다

증권

    증권회사는 채권·주식 등 증권과 관련된 금융업무를 통해 기업이나 정부기관 등의 자금조달을 지원한다. 증권의 종류가 많고, 증권과 관련된 업무의 범위가 넓어 증권회사의 형태와 실제 하는 업무도 다양하다. 기업이나 정부 등이 발행한 증권의 인수와 판매, 증권의 매매와 중개 등이 주 업무이며, 펀드와 파생상품, 기업의 인수와 합병 등과 관련된 업무도 수행한다. 최근에는 부분적인 결제업무와 외환업무까지 하고 있다. 증권회사 중에서 자금이 많이 필요한 증권인수 업무를 중심으로 여러종류의 업무를 취급하는 대형기관은 투자은행IB, Investment Bank이라고 불린다.

    증권은 금전적인 권리를 나타내는 증서이므로, 넓게 보면 수표와 어음 같은 채무증서와 상품권 등도 포함될 수 있다. 그렇지만 증권은 일반적으로 주식과 채권, 이것에서 파생된 증서를 뜻한다. 주식은 기업에 대한 소유권을 표시하는 증서이며, 채권은 대출을 거래될 수 있는 형태로 증서화한 것이다.

증권의 대표 격인 채권은 그 원형이 메소포타미아 시대까지 거슬러 올라가고, 로마시대에 카르타고와의 전쟁에 전비조달 수단으로 발행한 증서에서도 뿌리를 찾을 수 있다. 채권이 본격적으로 발전한 것은 13~14세기 이탈리아의 도시국가에서였다. 근대적 은행의 발생지역과 비슷하다. 당시 피렌체·피사·베네치아·제노바 등의 이탈리아 도시국가들은 도시 간 또는 다른 지역과 많은 전쟁을 치렀다. 전쟁은 대부분 용병의 고용을 통해 이루어져 많은 돈이 필요했다. 도시국가들은 부족 자금을 시민들이 국가에 강제로 대출을 하게 하여 조달했다. 강제대출이 지속적으로 이루어지고 대출의 지분이 거래대상이 되면서 현대의 채권과 유사한 형태로 발전했다. 베네치아의 몽스mons, 피렌체의 프레스탄제prestanze 등이 대표적이다.

또다른 중요한 증권인 주식은 주식회사의 출현과 같이 발생했다. 주식회사는 현재 세계 대부분 나라에서 기업의 일반적인 법적 형태가 되어 있고, 주식은 기업의 기본적인 자금조달 수단이다. 이러한 주식회사의 세계 최초 형태는 기원전 2세기경 로마의 조세징수 대행기관인 퍼블리카니Publicani로 알려져 있으나, 대중적 의미를 가진 것은 1602년 네덜란드 암스테르담에서 설립된 동인도회사이다.

네덜란드 동인도회사는 많은 비용이 들고 위험하지만, 성공하면 큰 돈을 벌 수 있는 동방무역을 다수인의 자금을 모아 수행했다. 당시 동방무역은 향료·차·비단·도자기 등과 같이 유럽에서 비싸게 팔리는 상품을 수입할 수 있어 큰 돈벌이가 되는 사업이었다. 그러나 선박 건조와 선원 모집, 교역품 구입 등에 비용이 많이 들고 항해가 위험하고 장기간 소요되었다. 한두명의 개인투자자가 감당하기에는 너무 위험하고 투자규모가 컸다. 이러한 동방무역에 대해 동인도회사는 많은 사람이 투자를 하고 투자한 사람은 투자지분만큼 수익을 분배받을 수 있게 했다. 책임도 투자한 금액만 지는 유한책임제도를 도입했다.

이러한 회사가 주식회사이고 당시로서는 아주 창의적이고 파격적인 제도였다. 주식회사의 투자금액과 투자지분 등을 표시한 증서가 주식이었다. 그리고 같은 해인 1602년 암스테르담에는 주식과 채권의 거래를 위한 증권거래소가 생겨 더 많은 사람들이 증권거래에 참여할 수 있게 되었다.[15] 암스테르담 증권거래소에서는 동인도회사 주식뿐 아니라 종신 센서스와 같은 종신형 연금채권, 이것이 변형된 상속형 연금채권 등 다양한 채권이 거래되었다. 네덜란드는 스페인과의 독립전쟁에 필요한 자금을 주로 채권발행을 통해 조달했기 때문에 채권거래가 활발했다. 확률이 낮지만 당첨이 되면 높은 수익을 주는 복권식 채권도 생겨났다. 1600년대에 들어 금리생활자가 크게 늘어났고, 이들이 채권의 주요 투자자였다.

네덜란드는 면적은 좀 넓었지만 도시국가 성격의 공화정체제를 유지하면서 국채 원리금을 정확히 상환했다. 국채상환을 수시로 중단하던 유럽의 다른 왕실에 비해 신뢰성이 높았다. 신뢰를 바탕으로 네덜란

---

15 암스테르담 증권거래소보다 먼저 설립된 증권거래소로 벨기에 안트베르펜 증권거래소가 있다. 안트베르펜 증권거래소는 1500년대에 설립되어 앞서 설명한 몽스, 프레스탄제 등 이탈리아 도시국가의 채권과 센서스, 스페인 국채 유로스(juros) 등이 거래되었다. 안트베르펜 증권거래소는 세계 최초의 증권거래소이지만 증권거래의 대중화에는 크게 기여하지 못한 것으로 알려져 있다.

드의 증권시장은 커지고 채권수익률은 하락했다. 1747년에는 채권수익률이 연 2.5퍼센트 수준까지 낮아졌다는 기록이 있다.[16] 이러한 금융의 발전이 네덜란드의 독립전쟁 승리와 번영의 중요한 요인이 되었다. 네덜란드는 소국이지만 이러한 번영을 기반으로 잠시나마 세계 해양패권을 갖고 제국의 형태를 유지했었다.

네덜란드의 금융시스템은 영국으로 빠르게 전파되었다. 1688년 영국의 명예혁명으로 네덜란드의 오라녜 공Prince van Oranje이 영국 왕으로 즉위한 것이 중요한 계기가 되었다. 영국은 왕실재정의 의회감시, 권리장전 등에 의한 시민권리 보장 등 금융산업이 발전할 수 있는 기초가 탄탄했다. 1700년대에 들어 영국의 증권시장은 크게 번성했다. 당시 영국 증권시장의 대표는 영구채권인 콘솔console 공채였다. 콘솔은 만기가 없어 원금상환도 없고, 발행 시 정해진 금리의 이자만 영구히 지급되는 채권이다. 예를 들어 액면 100만원, 금리 연 5퍼센트의 영구채권을 구입한 사람은 매년 5만원의 이자를 영원히 받을 수 있는 것이다.

콘솔은 은퇴자 등 금리생활자에게 인기있는 투자대상이었으나 시장금리 변동 시 콘솔의 가격이 변하는 것이 문제였다. 표면금리가 정해진 채권은 시장금리가 오르면 채권가격이 하락한다. 특히 콘솔은 투자원금의 회수기간이 아주 장기이기 때문에 시장금리 변동에 따른 채권가격의 변동도 컸다. 1815년 나폴레옹이 패전한 워털루전투 이후 로스차일드 가문이 영국 증권시장에서 큰돈을 벌게 된 주요 투자대상도 가격변동이 컸던 콘솔이었다고 한다.

---

16 니얼 퍼거슨 『금융의 지배: 세계 금융사 이야기』, 78면.

나폴레옹전쟁 당시 프랑스와 영국은 전쟁자금 조달방식이 크게 달랐다. 프랑스는 정복지역에 세금을 부과하는 약탈에 가까운 방식이었고, 영국은 자국 내에서 채권을 발행하는 차입방식이었다. 네덜란드가 스페인과 독립전쟁을 치를 때도 두 나라의 전비조달 방식이 달랐다. 스페인은 강제적인 조세부과를 통해 전비를 조달했고, 네덜란드는 채권발행을 통한 차입에 의존했다. 우연인지 몰라도 금융을 이용해 전비를 조달했던 영국과 네덜란드가 모두 전쟁에서 승리했다. 여기에도 "한번 일어난 일은 다시 일어나지 않을 수 있지만, 두번 일어난 일은 반드시 또 일어난다"라는 외국 속담이 적용될 수 있을지 모른다.

채권과 주식 등 증권에 대한 투자자는 상공인과 귀족 등 금리생활자뿐 아니라 은행도 포함되었다. 1800년대까지는 금융에 대한 특별한 규제가 없어 은행은 예금·대출을 하는 은행업과 증권투자를 하는 증권업을 동시에 영위했다. 은행은 자기자본뿐 아니라 고객으로부터 받은 예금으로도 증권에 투자했다. 이러한 겸영은행 체제는 1929년 대공황 이전까지 유럽뿐 아니라 미국에서도 일반적인 은행영업의 형태였다.

주식과 채권은 높은 수익을 줄 수 있지만 대출보다 더 위험하다. 주식은 모든 채무를 상환한 다음 남는 자산에 대한 권리를 갖는다. 채권은 대출과 같은 채무이지만 상환기간이 장기이고, 채권 발행자의 신용상태를 감시하기가 대출보다 어렵다. 따라서 주식과 채권에 투자를 많이 한 은행은 경제상황의 부침에 따라 쉽게 망하곤 했다. 1800년대 이후 영국, 유럽의 여러 국가, 미국 등에서 여러 은행이 동시에 망하는 은행위기가 수시로 발생했다.

증권업의 분화

1929년 대공황은 미국에서 검은 화요일이라 불리는 10월 29일 주식시장의 폭락으로 많은 은행들이 도산하면서 시작되었다. 주식시장 붕괴와 은행 도산은 심각한 신용경색 사태를 초래했고 이어 많은 기업이 도산했다. 실업자가 넘쳐나고 장기간에 걸쳐 생산이 감소했다. 이러한 미국의 경제위기가 세계로 확산되어 세계적인 공황이 되었다.

미국의 정치인들은 대공황의 주요 원인으로 은행이 증권업을 겸영하고 무분별하게 주식투자를 확대한 것을 지적했다. 이에 따라 1933년 「글래스스티걸법」Glass-Steagall Act으로 알려진 은행법을 만들어 예금·대출 업무를 하는 은행은 증권업을 겸업하지 못하게 했다. 이후 미국의 금융은 은행업과 증권업(투자은행업)이 엄격히 분리되어 있는 전업주의 체제가 되었다. 이에 비해 유럽은 1929년 세계 대공황 이후에도 은행업과 증권업을 동시에 영위할 수 있는 겸업주의universal banking 체제를 계속 유지하고 있다. 도이체방크, UBS, HSBC, BNP, 산탄데르은행 등 유럽의 대형은행은 지금도 은행업과 증권업(투자은행업)을 겸업하고 있는 금융그룹이다.

미국의 증권업도 유럽에 뿌리를 두고 있었다. 1800년대에는 미국정부나 기업의 증권도 대부분 유럽에서 팔렸다. 증권회사는 유럽이 주 영업활동 무대였다. 당시 증권회사는 영국의 머천트뱅크merchant bank처럼 상공인이 부업으로 하는 회사형태가 대부분이었다. 미국 금융산업의 태두라고 볼 수 있는 모건가문의 금융업도 영국에서 모건 철도회사의 주식을 유럽 투자자에게 파는 일로부터 출발했다. 경제규모가 커지면서 증권업의 수익성이 좋아지자 전업 증권회사가 생겼지만, 증권시장은 증권업을 겸영하는 은행들이 주도했다. 미국과 유럽의 증권업에 큰 차이가 없었다.

그러다 1933년 「글래스스티걸법」으로 인해 미국의 증권업은 유럽과 달리 은행업으로부터 분화되어 독자적으로 발전하게 된 것이다. 당시 미국 최대의 은행인 J.P.모건은행J.P. Morgan & Co.은 상업은행으로 남고, J.P.모건은행 창업자의 손자인 헨리 모건이 증권회사인 모건스탠리Morgan Stanley & Co.를 창업했다. 퍼스트내셔널보스턴 은행First National Bank of Boston은 증권 자회사를 분리하여 퍼스트보스턴First Boston Co.으로 독립시켰다. 이와 함께 골드만삭스, 리먼브라더스와 같은 전통적인 증권회사들이 독립적인 투자은행으로 발전했다.

투자은행들이 본격적으로 발전한 것은 1970년대 이후 금융의 자유화와 세계화 등의 영향이 컸다. 규제완화로 증권회사도 은행과 같이 수표나 신용카드를 사용할 수 있는 금융상품이 생겨나 자금조달 능력이 커졌다. 해외투자 확대와 기업 간 인수합병 증가 등으로 새로운 형태의 자금수요가 증가했다. 이러한 부문에 대한 자금공급은 전통적 상업은행보다 규제가 적은 대형 증권사 즉 투자은행이 유리했다.

1980년대부터 2008년 세계 금융위기 이전까지 세계금융은 투자은행의 시대였다고 볼 수 있다. 투자은행은 금융자유화와 금융혁신 능력을 바탕으로 많은 수익을 냈다. 유럽의 겸영은행들도 투자은행업의 비중을 대폭 늘려 돈 벌기 경쟁에 뛰어들었다. 미국에서는 과거의 어떤 식민지보다 투자은행이 더 가치있다는 말이 나올 정도였다.

은행업과 증권업의 재합류

1980년대 중반부터 미국의 상업은행들도 수익확대를 위해 증권업(투자은행업)을 자회사 형태로 보유할 수 있게 되었다. 그러나 「글래스스티걸법」의 전업주의의 영향으로 은행이 소속되어 있는 금융지주회사(은행지주회사)의 경우 지주회사 총수익의 일정비율 이내에서만 투자은행을 자회사로 소유할 수 있었다. 이러한 규제는 은행들의 로비 등으로 이후 완화되었다.[17] 결국 1999년 「금융현대화법」Gramm-Leach-Bliley Act이 제정되어 미국에서도 전업주의에 대한 규제가 크게 후퇴했다. 은행지주회사가 자회사 형태로는 얼마든지 투자은행 업무를 할 수 있게 된 것이다.

투자은행은 금융혁신이란 이름으로 고수익을 얻었지만 고수익의 이면에는 고위험이 있을 수밖에 없다. 세상에 공짜 점심은 없기 때문이다. 투자은행들은 여러가지 정교한 위험관리 기법을 통해 위험을 쪼개고 분산했지만 위험 자체가 사라지는 것은 아니었다. 2008년 세계 금융위기는 비우량 주택담보대출(서브프라임 모기지론)을 기초자산으로 만들어진 많은 파생금융상품이 미국 주택시장의 거품붕괴로 부실화되면서 시작된 것이다. 서브프라임 모기지subprime mortgage 관련 금융상품을 만들고 판 주역이 투자은행들이었다. 미국의 5대 투자은행 중 세개

---

17 1933년 「글래스스티걸법」 제정 시에는 엄격한 법 운용으로 상업은행이 증권인수와 자기매매를 주 업무로 하는 증권회사를 자회사로 가질 수 없었다. 1987년 연방준비제도가 법해석을 유연하게 하며 증권 자회사의 수익이 5퍼센트 이내인 경우 자회사의 소유가 가능하게 되었다. 이어 그 비율이 계속 인상되어 1997년에는 증권 자회사의 수익이 25퍼센트까지 허용되었다.

가 도산했다. 리먼브라더스가 파산하여 분리 매각되었고, 베어스턴스와 메릴린치가 각각 J.P.모건체이스와 BOA Bank of America에 인수 합병되었다. RBS스코틀랜드 왕립은행, 도이체방크, LBBW, UBS 등 유럽의 투자은행업을 겸영하는 은행들도 부실화되었다.

고수익 고위험의 투자은행업은 2008년 세계 금융위기로 대전환이 이루어지고 있다. 미국에서는 2015년 볼커룰 Volcker rule의 도입으로 투자은행들이 자기자본이나 차입한 돈으로 주식이나 파생금융상품, 실물자산 등 위험자산에 투자하는 것을 엄격히 규제했다. 영국·프랑스 등 일부 유럽국가도 유사한 규제를 도입하고 있다. 또한 UBS 등 유럽의 주요 겸영은행들은 정부의 규제와 관계없이 자신이 위험을 부담하는 고위험 투자를 스스로 금지했다. 즉 주식과 위험회피용이 아닌 파생금융상품 등에 대한 투자는 고객을 대신한 거래만을 할 수 있게 했다.

투자은행이 스스로 상업은행화한 것이다. 여기에다 미국의 5대 투자은행 중 2008년 세계 금융위기 과정에서 겨우 살아남은[18] 골드만삭스와 모건스탠리도 상업은행을 자회사로 편입하여 법적 성격을 은행지주회사로 전환했다. 과거 독립 투자은행의 대표 주자였던 골드만삭스와 모건스탠리가 미국 중앙은행인 연방준비제도 Fed, 이하 연준의 감독을 받는 은행그룹이 된 것이다. 투자은행들이 업무적으로나 법적으로 은행에 가까워졌다. 투자은행들은 보다 강한 규제를 받고 내부통제를 강

---

18 2008년 세계 금융위기에 따른 신용경색으로 5대 투자은행 중 베어스턴스, 메릴린치, 리먼브라더스가 퇴출되고, 다음 차례인 모건스탠리가 심각한 유동성 위기에 시달리다 일본 미쓰비시 금융그룹의 지분참여 등으로 기사회생했다. 모건스탠리가 도산했다면 당시 시장상황을 볼 때 골드만삭스도 위험해졌을 것이다.

화했다. 또한 중앙은행의 상시적인 자금지원 채널을 확보해 유동성 위험에 대한 대처능력도 강화할 수 있게 되었다.

증권업은 미국에서 1929년 대공황 이후 은행업에서 분화되어 1980년대에서 2000년대 중반까지 투자은행이란 이름으로 화려한 꽃을 피웠다. 그러나 2010년 이후에는 고수익 고위험 투자는 헤지펀드hedge fund나 개인 투자회사들의 몫이 되고 있다. 투자은행 등 제도권 증권회사는 보다 안정적인 은행업 쪽으로 합류하는 모습을 보이고 있다. 앞으로 증권업과 은행업의 합류 정도는 투자은행이 고수익 고위험 업무를 얼마나 포기해나가느냐에 따라 달라질 것이다.

수학이 키운 금융

보험

보험은 사망과 질병, 사고와 재난 등으로 어려움에 처했을 때 미리 돈을 낸 사람에게 정해진 보상을 해주는 금융수단이다. 현대의 보험은 크게 사망과 노후 등에 대비한 생명보험과 화재·자동차·해상사고 등과 관련된 손해보험으로 나뉜다. 이외에 생명보험과 손해보험의 중간 성격으로 제3보험이라 칭해지는 상해·질병보험이 있고, 보험회사의 위험을 분담해주는 재보험도 있다.

큰 사고나 가족의 죽음과 같이 아주 어려운 일도 혼자 감당하는 것보다 많은 사람이 나누면 견디기 훨씬 수월하다. 보험의 원형은 공동체의 상부상조에 뿌리를 두고 있으며, 이는 빌려주고 돌려받는 금융과 같이 인류의 생존수단의 하나로 오래전부터 발전해왔다. 미래에 닥칠 사고나 재난에 대한 일차적 대비는 식량이나 재물 등의 저축일 것이다. 그러나 저축으로 감당할 수 없는 큰 재난이 오거나 저축을 충분히 하기 전에 사고가 나는 경우도 많아, 저축으로 미래의 불안을 대비하는 것은 제한적일 수밖에 없다. 사람들은 모임을 만들고, 모임에 참가한 사람들이 재물을 모아서 사고나 재난 등에 대비하게 되었다.

이러한 상호부조 조직은 동서양에 오래전부터 있어왔다. 우리나라 삼한시대에 있었다는 여러가지 형태의 계조직도 보험의 원형이다. 로마제정 시대에 있었다는 콜레기아는 가입자들이 회비를 내고 사망 시 일정금액을 받아 지금의 사망보험과 유사했다. 함무라비 시대부터 있었던 것으로 알려진 조건부 대출도 보험의 한 형태로 볼 수 있다. 조건부 대출은 사업 등 어떤 일이 성사되었을 때에만 대출금의 상환의무가 있기 때문에 사업실패의 위험을 보장하는 성격이었다.

생명보험과 손해보험의 등장과 발전

위험을 분담하는 상호부조 모임은 직업이나 지역 등에서 동질성이 있는 경우 더 쉽게 활성화되었다. 중세에 동업자 조직인 길드와 성직자 모임 등에서 상호부조 활동이 활발했다. 중세유럽 대표적인 용병 공급 국가인 스위스에서는 지역별로 용병으로 나간 가장이 죽었을 때를 대비한 상호부조 조직이 만들어졌다. 이러한 모임이 현대 생명보험의 시작이었다. 그러나 보험료로 얼마를 걷어야 하고, 보험금으로 얼마를 주어야 자신들의 상호부조 조직이 지속 가능할지 알기 어려웠다.

중세의 상호부조 조직은 젊은 구성원이나 나이 많은 구성원이나 동일한 보험료를 내고 사망 시 같은 보험금을 받는 경우가 많았다.[19] 이렇게 되면 젊은 사람들이 참여하지 않게 되어 보험금을 계속 지급할 수 없게 된다. 이러한 문제의 극복은 수학이 발전하고, 사람들의 수명과 사망 관련 통계가 정비되면서 가능해졌다.

17세기와 18세기에 걸쳐 수학에서 대수의 법칙, 정규분포, 확률적 추론 등이 발전하면서 받아야 할 보험료와 필요한 보험기금 규모 등을 산출할 수 있는 이론적 기반을 갖추게 되었다. 또한 사람들을 연령별·성별·직업별 등으로 분류하여 생존확률, 사망률, 남은 수명 등을 계산한 통계표가 만들어지게 되자 수학적 이론을 현실에 적용할 수 있게 되었다. 보험이 수학과 통계를 바탕으로 상호부조와 도박의 성격에서 벗어나 지속 가능한 현대 금융의 하나로 발전할 수 있게 되었다.

1700년대 중반 대수의 법칙이라는 수학이론과 생명표를 기초로 현재의 생명보험과 거의 비슷한 체계를 갖춘 상호부조 조직이 스코틀랜드의 에든버러에서 생겨났다. 에든버러의 그레이프라이어스Greyfriars 교회의 목사 로버트 월리스Robert Wallace와 톨부스Tolbooth 교회의 목사 알렉산더 웹스터Alexander Webster, 에든버러 대학 수학과 교수 콜린 매클로린Colin Maclaurin이 사망통계와 수학이론에 기초한 보험기금을 고안했다. 이들은 스코틀랜드 교회의 목사들이 보험료를 내고 그들이 죽으면 남아 있는 처자식에게 연금형식의 보험금을 지급하기 위해 필요한 보험기금Scottish widow's fund을 1744년 설립했다. 이 기금은 보험료 수입과

---

19 이와 함께 중세시대에는 자신과 관계없는 제3자(통상 유명인사)가 죽으면 돈을 받는 도박과 같은 생명보험도 유행했다. 이러한 보험은 경마에 돈을 거는 것과 같은 도박이었다. 그리고 보험금을 타기 위해 내기 대상인 유명인사를 죽이는 일도 발생했다고 한다(니얼 퍼거슨『금융의 지배: 세계 금융사 이야기』, 188면).

보험금 지급, 기금의 운영수익과 운영경비 등을 모두 감안해 지속 가능하도록 설계되었다.

이 스코틀랜드 목사들의 과부기금은 270여년 전에 수백명 남짓한 성직자들의 처자식을 지원하기 위해 만들어졌지만, 이제는 모든 사람이 이용할 수 있는 유서 깊은 보험회사, 스코티시 위도즈Scottish Widows로 발전했다.[20] 1800년대에 들어 생명보험의 가입은 가족의 안전을 지키는 신사들의 품위있는 행동으로 받아들여졌다. 또한 사람들의 채무상환 능력 등을 입증하기 위한 수단으로 사용되기도 했다.

생명보험과 함께 해상사고나 화재에 대비한 손해보험도 발전했다. 해상사고에 대한 보험은 무역이 활발했던 이탈리아에서 1350년대부터 체계화되었다.[21] 당시 손해보험업은 전문 금융업자의 전업형태가 아니고 무역업을 하는 상인들이 위험을 분담하기 위해 겸영하는 형태였다.

손해보험도 도박이나 투기대상에서 벗어나 예측 가능한 금융상품이 되기 위해서는 가입자가 많아 대수의 법칙이 적용되어야 하고, 사고통계가 축적되어야 한다. 이러한 조건을 갖추고 손해보험업이 발전한 곳은 1600년대 후반의 영국이었다. 1666년 런던의 대화재 이후 화재보험에 대한 수요가 늘어나면서 화재보험회사가 생겨났다. 1700년대 들어서는 런던을 중심으로 원거리 해상교역이 활발해지자 선박과 화물에 대한 보험시장이 커졌다.

이러한 근대 해상보험은 런던의 한 커피집에서 비롯되었다. 런던 롬

---

20 1996년 로이드은행(Lloyds Bank)이 인수하여 상호회사를 주식회사로 바꾸었다.
21 중세 이탈리아 상인 프란체스코 다티니(Francesco Datini, 1335경~1410)의 기록(니얼 퍼거슨『금융의 지배: 세계 금융사 이야기』, 186면).

바드 거리에 있는 에드워드 로이드Edward Lloyd의 커피집에서 보험업자들이 모여 정보를 나누고 보험계약을 체결했다. 이러한 보험업자들의 모임이 1744년 조합Society of Lloyd으로 성장했고, 현재는 세계 최고의 공신력을 갖춘 보험조직Lloyd's of London, 세계 최고의 선박평가 조직인 로이드선급협회, 금융그룹인 로이드은행지주Lloyd's Banking Group로 분화 발전했다.

당시 보험계약은 보험계약서 아래에 보험업자가 이름을 기입하는 것underwrite으로 효력이 발생했다. 이에 따라 보험업자는 '언더라이터'underwriter라 불리고 보험계약이나 채권 등의 책임을 지는 것을 '언더라이트'underwrite라 하게 되었다.

보험의 기본원리는 보험료 지급이라는 약간의 비용을 부담하면서, 발생확률이 낮지만 큰 재난 등을 보상받는 것이다. 보험업이 발전하는 과정을 볼 때 사람들은 보험의 이러한 기본원리를 잘 받아들이는 성향이 있는 것 같다. 즉 확률적으로 낮지만 큰 이익을 얻거나 큰 손실을 피할 수 있다면 작은 비용(보험료 지급)은 기꺼이 부담할 용의가 있는 것이다. 1800년대 후반 이러한 보험의 원리가 국가단위로 확장되었다. 오토 폰 비스마르크Otto von Bismarck는 1888년 독일에 국가 차원의 노령보험과 건강보험 제도를 구축했다. 세계 최초로 복지국가를 만들기 위한 정책들이 도입된 것이다.

스코티시 위도즈 같은 민간보험이 생겨나고 종교단체의 구빈활동 등이 늘어나도 가난하고 미래가 불안한 사람은 많을 수밖에 없다. 특히 1800년대 후반은 자본주의가 유럽 전역에 확산되고 소득불평등이 급격히 확대되는 시기였다.[22] 카를 마르크스의 『자본론』Das Kapital이 1867년 발간되고 다양한 형태의 사회주의, 공산주의 운동이 나타났다. 복지국가 모델은 사회주의자나 자유주의자가 아니라 역설적으로 보수주의자이고 국가주의 신봉자인 비스마르크에 의해 시작되었다. 국가가 재정지출을 통한 복지확충으로 공산주의의 확산을 막은 것이었다. 즉 기득권 체제의 붕괴방지라는 큰 이익을 위해 작은 비용을 기꺼이 지급한 것이다. 국가의 사회안전망에도 보험의 원리가 적용된 셈이다.

이러한 국가보험의 확대와 민간보험의 활성화 등으로 프랑스·독일·영국 등 서유럽의 주요국가들은 1960~70년대 요람에서 무덤까지라는 복지국가의 기본틀을 어느정도 구축했다. 노령보험과 같은 국가보험은 가입을 강제할 수 있어 바로 대수의 법칙 적용이 가능하고, 광고 선전비를 줄일 수 있어 효율적인 면도 있었다.

그러나 1980년대 이후 세계화의 확대와 신자유주의적 경제정책의 추진으로 경쟁과 소득불평등이 다시 커졌다. 기업과 사람들이 직면하는 위험이 복잡해지고 미래의 불확실성은 더 커졌다. 보험에 대한 수요는 다양해지고 계속 증가하고 있다. 보험의 업무도 전통적인 생명보험과 손해보험을 넘어 다양해지고 복잡해졌다.

사망에 대비한 생명보험 이외에도 사고와 질병에 대비한 보험, 평균수명보다 과도하게 오래 살 위험에 대비한 연금 등이 크게 늘어났다. 건설공사나 납품계약 등의 이행보증, 건물이나 비행기 등의 임대보증, 개인의 신원이나 재정에 대한 보증, 채무보증 등과 같은 보험도 많아졌

---

22 토마 피케티의 『21세기 자본』(장경덕 외 옮김, 글항아리 2014)에 따르면 유럽과 미국의 소득불평등은 1800년대 후반부터 악화되어 1900년대 초 최고점에 이른 후 양차 세계대전을 거친 후 1970년대까지 완화되었다.

다. 가수의 목소리보험, 기타 연주자의 손가락보험, 인기모델의 다리보험 등의 보험도 생겨났다. 그리고 보험업도 다른 금융업과 마찬가지로 국제화를 통해 매출과 수익을 늘려나갔다.

보험업의 과도한 변신, AIG

AIGAmerican International Group는 1919년 설립되어 상하이에서 중국인들에게 보험을 팔고, 제2차 세계대전 후에는 일본에서 미군을 상대로 영업을 하며 조금씩 성장하던 보험사였다. 그후 노르망디 상륙작전과 한국전에 참전했던 모리스 그린버그Maurice R. Greenberg의 저돌적 영업으로 1970년대부터 빠르게 성장했다. 2000년대에 들어서는 CDScredit default swap라는 보증 성격의 파생금융상품을 매입해 수익을 늘리고 외형을 확대해나갔다. AIG는 2007년에 자산규모 1조 달러, 시가총액 약 1000억 달러에 이르는 세계 최대의 보험회사가 되었다.

CDS는 대출 금융기관이나 채권 투자자가 보유자산의 신용위험credit default을 회피하기 위해 발행하는 파생금융상품이다. CDS는 대출이나 채권에 대한 보증이나, 보험과 성격이 비슷하다. AIG는 당시 자신의 높은 신용등급(AAA)과 많은 자산규모를 바탕으로 세계 여러 나라의 금융기관들이 발행한 CDS를 자금부담 없이 매입(보증)하고 수수료 수입을 쉽게 올릴 수 있었다. AIG는 뛰어난 금융공학자 등을 채용하여 매입하는 CDS의 위험을 분석하여 문제가 없다고 평가했다.

은행 등 금융기관은 대출이나 보유채권을 근거로 한 CDS를 신용등급이 좋은 기관에 팔면, 해당 대출 등은 위험자산에서 빠져 BIS자기자본비율 규제를 회피할 수 있다. 금융기관들은 대출을 하고 CDS를 발행하여 위험자산을 줄이고, 다시 대출함으로써 자본금을 늘리지 않고도 더 많은 수익을 올릴 수 있었다. AIG 등 CDS 매입기관과 은행 등 대출기관의 이해관계가 딱 맞아떨어졌다. 2007년 AIG가 매입한 CDS는 약 3000억 달러에 이른 것으로 알려졌다. 그러나 2008년 9월 서브프라임 모기지론의 부실화로 AIG는 대량 매입한 CDS에서 손실이 나면서 심각한 위기에 처하게 되었다.

AIG가 도산하면 8100만명의 전세계 보험가입자가 피해를 입을 뿐 아니라 AIG에 CDS를 판 금융기관들도 연쇄 도산하는 상황이 된 것이다. 미 연준은 AIG 지분의 79.9퍼센트를 양도받고 850억 달러의 자금을 지원하여 세계 최대의 보험회사인 AIG를 구제했다. 큰 금융기관이 경영실패로 망한다 하더라도 정부가 구제해준다는 대마불사의 대표적인 사례이다. 또한 금융기관이 아무리 덩치가 크고 정교한 위험관리 기법을 사용한다 하더라도, 시장의 큰 충격 앞에서는 버틸 수 없다는 것을 보여주었다.

보험업은 인간이 회피하고 싶은 위험이 늘어나면서 계속 발전해왔고 앞으로도 그럴 것이다. 사람들이 직면하고 있는 위험은 인공지능 등의 기술발전, 세계화의 확대와 불평등 심화, 급격한 기후변화, 테러 확산 등으로 더 많아지고 복잡해질 것이다. 그럼에도 AIG는 하나의 보험회사가 하기에는 너무 많은 일을 했다.[23]

---

23 "한 보험회사가 그렇게 많은 일을 한단 말입니까?" 2008년 9월 미국 조지 W. 부시 대통령이 AIG에 850억 달러의 공적자금 투입을 결정하면서 한 말이라고 한다(앤드루

여기에다 현대의 보험업이 정교한 수학이론과 많은 통계자료를 사용한다 하더라도 보험이 갖고 있는 도박적 성향은 완전히 극복하지 못하고 있다. 보험은 30년, 50년씩 지속되는 계약도 많다. 이러한 장기간 동안에는 인간의 평균수명의 극적 변화나 새로운 치료법의 발명과 같이 현재로서는 예측하기 어려운 일이 많이 발생한다. 2001년 9월 미국의 9·11 테러, 2004년 12월 서남아시아의 지진해일tsunami, 2011년 3월 후쿠시마 원전사고와 같이 손실규모가 과거 역사적 경험치를 크게 초과하는 사건이 또 발생할 수 있다.

이러한 미래 예측의 한계는 어쩔 수 없는 보험업의 근본적 제약이다. 여기에다 보험회사의 경영진이 AIG 사례와 같이 스스로 고수익을 좇아 도박적 사업을 추구하면 보험회사는 더 위험해진다. 이런 것들을 어떻게 극복하느냐가 보험업의 지속적 발전을 위한 과제이다.

로스 소킨 『대마불사: 금융위기의 순간 그들은 무엇을 선택했나』, 노 다니엘 옮김, 한울 2010, 628면).

06

물물교환에서 블록체인으로
지급결제와 금융의 진화

지급결제payment and settlement는 실물과 금융의 여러 거래에서 발생한 주거나 받을 돈을 정리하는 과정이다. 지급결제는 상업과 금융의 발전에 따라 같이 발전해왔고, 또 IT기술의 발달로 새롭게 진화하고 있다. 물물교환의 불편을 해소하기 위한 화폐가 등장하고, 화폐의 불편 때문에 어음·수표·신용카드 등이 사용되었다. 이어 다양한 전자결제 수단이 도입되고, 블록체인 기법을 이용하여 완전히 새로운 결제방식에 대한 시도도 나타나고 있다.

수렵채취 시대의 거의 자급자족하는 공동체에도 거래행위는 조금씩 있었을 것이다. 공동체 구성원 간에는 구성원으로서의 의무감이나 호의가 앞서 남거나 부족한 것을 공짜로 주고받았을 것 같다. 그러나 꼭 필요하지만 자기 공동체에서 구할 수 없는 물건은 공동체 간에 물물교환 형태의 거래로 구했을 것이다. 예를 들어 소금이나 석기 만드는 데 꼭 필요한 돌 등을 교환을 통해 얻는 일이다.

농업혁명이 정착되고 생산활동이 전문화되면서 물물교환을 통한 거래가 늘어났다. 농민도 쌀 등 곡식을 주로 재배하는 사람, 과일을 주로 재배하는 사람으로 나뉘고, 농기구만 만들어 살아가는 사람, 도자기를 구워 파는 사람들이 나오며 서로 필요한 물건의 교환이 크게 늘 수밖에 없다. 그러나 물물교환은 매우 불편한 거래였다. 서로 필요한 것이 다르고 교환하는 비율을 정하기 어렵다. 따라서 교환의 매개물이 나타났고, 이것이 화폐이다.

최초의 화폐는 그 자체로 내재가치를 갖는 곡식·소금·가축·옷감 등의 상품화폐였다. 이어 귀금속·주화·지폐·전자화폐 등으로 화폐가 발전했다. 물건을 사거나 해서 대가를 주어야 할 때 이러한 화폐로 지급하면 거래가 쉽게 이루어졌다. 화폐는 교환의 매개물이며 대표적인 지급수단이 되었다. 화폐의 등장은 물물교환의 여러 문제를 해결했고, 대출 등 금융행위가 더 활발해졌다. 금융의 발전은 복잡해지는 실물과 금융의 거래를 원활히 해주는 지급결제의 진화와 밀접히 연결되어 있다.

경제규모가 커지고 원격지 교역이 늘어나면서 거액을 지급하거나 다른 곳으로 돈을 보내는 일이 많아졌다. 어음과 수표, 신용카드, 계좌이체, 외화송금 등의 새로운 지급수단이 생겨났다. 지급결제는 어음이나 수표, 지로용지 같은 장표방식에서 인터넷이나 모바일기기를 이용한 비장표(전자)방식으로 발전하고 있다.

그러나 현찰이나 금은 등 귀금속이 아닌 다른 지급수단을 사용할 때는 지급수단을 주고받은 다음, 거래가 완전히 종결되기 위해서는 다른 절차가 남아 있다. 예를 들어 수표로 물건대금을 지급한 경우를 보자.

수표는 정당한 소지인에게 언제라도 정해진 금액을 지급하겠다는 증서이다. 수표를 받은 사람이 수표를 자신의 거래은행 계좌에 입금시키면, 이 은행은 수표 발행인의 거래은행에 수표를 보내 수표대금의 지급을 요청한다. 수표 발행인의 거래은행은 수표 발행인의 계좌에서 해당 수표금액을 인출하여 수표를 받은 사람의 거래은행으로 송금해야, 수표를 받은 사람 계좌에 돈이 들어올 수 있다.

이러한 여러 과정이 모두 이상 없이 이루어져야 수표로 물건값을 지급한 일이 종결된다. 즉 수표의 지급payment과 그 대금의 최종결제 settlement까지 끝나야 하는 것이다. 과거 각 은행끼리 수표를 결제할 때는 수표가 지급제시되고 대금이 결제되기까지 2~3일이 소요되고, 지급제시된 은행과 발행은행이 멀리 떨어진 경우 수표 실물을 우편 등으로 보내야 하기 때문에 더 많은 시간이 걸렸다. 요즈음은 중앙집중의 교환소가 생기고 수표의 영상자료로 교환이 가능해졌음에도 하루 정도의 시간은 필요하다. 신용카드로 물건을 구매할 때도 상점에서 신용카드로 대금을 지급하고 물건을 가져오지만 최종적으로 신용카드 소지자가 카드대금을 카드사에 납부해야 거래가 종료된다.

인터넷이나 모바일 등 전자금융을 이용한 계좌이체도 거의 실시간으로 자금이 이체되어 결제가 끝난 것처럼 보이지만, 돈을 보내는 사람과 받는 사람의 거래은행이 다른 경우에는 수표와 마찬가지로 은행 간자금정산이 완료되어야 결제가 최종 종결된다. 국경을 넘어 자금결제가 이루어지는 외화송금이나 외환추심 등의 거래는 절차와 단계가 더복잡하고 시간도 많이 걸린다.

경제규모가 커지고 IT기술이 발달하면서 지급결제는 계속 진화하고 있다. 그러나 아직은 현금거래를 제외하고는 결제가 종결되기까지 앞에서 살펴본 대로 여러가지 절차가 더 필요하다. 이 과정에서 비용이 발생하고 때에 따라서 엄청난 손실이 발생하는 위험도 있다. 현재의 지급결제 과정을 몇개의 유형으로 나누어 간략히 살펴보자.

현행 주요 결제시스템

첫째는 소액결제시스템이 있다. 개인과 기업이 일상적 거래에서 사용하는 수표와 어음, CD기나 전화 자금이체, 인터넷과 모바일 자금이체 등의 지급결제 방식이다. 이러한 자금결제는 대부분 소액이기 때문에 소액결제시스템이라 한다.

소액결제시스템은 돈을 보내는 사람과 받는 사람의 지급수단 교환이나 자금이체가 이루어지면, 다음에는 금융기관 간 자금정산이 있어야 한다. 이 두 과정이 동시에 이루어져야겠지만 업무절차의 간소화와 고객의 편의를 위해 보내는 사람과 받는 사람의 거래를 먼저 한다. 금융기관이 결제대행과 자금부담 등의 서비스를 제공하게 되는 것이다.

보내는 사람과 받는 사람의 계좌 간 이체는 인터넷이나 모바일기기를 사용하면서 신속하고 편해졌지만 거래 건수는 엄청 늘어났다. 금융기관 간 자금정산을 매 건별로 하는 것은 거의 불가능하다. 금융기관들은 주고받을 돈을 서로 상계하여 차액만 정산하는 것이 편리하다. 정산은 두 금융기관 간 차액만 하는 것보다 여러 금융기관의 차액을 서로서로 상계하여 한꺼번에 하는 것이 정산금액이 줄어 더 편리하다. 이를 다자간

그림 1 전자금융공동망 업무처리도

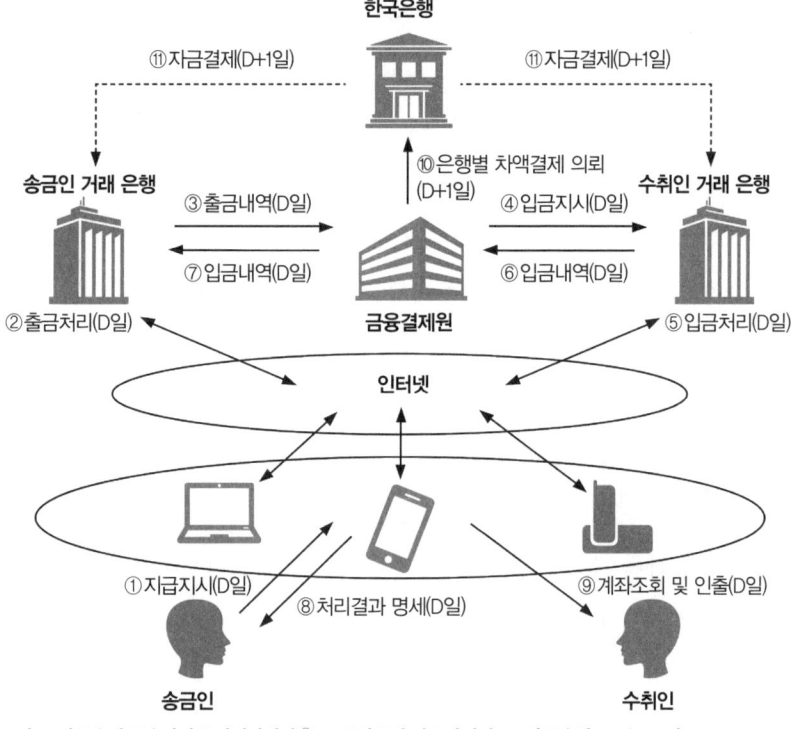

자료: 한국은행 금융결제국 결제정책팀 『(2014) 한국의 지급결제제도』, 한국은행 2014, 205면.

차액결제라 하며 소액결제시스템의 일반적인 자금정산 방식이다.

    금융기관 간의 자금정산 금액이 산정되면 이 금융기관들이 한국은행에 갖고 있는 예금계좌에서 최종 자금결제가 이루어진다. 개인이나 기업이 금융기관에 예금계좌를 갖고 있듯이, 금융기관은 중앙은행인 한국은행에 예금계좌를 갖고 있다. 수표나 어음의 지급제시나 인터넷 송금 등으로부터 시작된 소액지급결제는 한국은행에 있는 금융기관의 계좌에서 자금정산이 끝나야 전과정이 종결되는 것이다.

둘째는 금융기관과 기업의 거액자금을 결제하는 시스템이 있다. 거액자금결제가 소액자금결제와 같이 여러 과정을 거치고, 자금정산에 시간이 많이 걸리면 자금부담과 결제실패에 따른 위험이 매우 크다. 거액결제는 차액정산 없이 결제금액 총액을 실시간으로 거래 건별로 한 번에 결제가 완료되는 것이 효율적이다. 이러한 결제시스템을 실시간 총액결제시스템RTGS, Real Time Gross Settlement이라 하며, 일반적으로 중앙은행에 개설된 금융기관의 계좌에서 바로 자금결제가 이루어진다.

중앙은행의 계좌는 현금과 같아 한번의 자금이체로써 결제를 종결시킬 수 있기 때문이다. 중앙은행에 계좌가 없는 기업이나 소형 금융기관은 거래 금융기관에 결제를 위탁할 수 있다. 한국의 총액결제시스템은 한은금융망BOK-wire이라 하며, 금융기관 간 또는 금융기관 본지점 간의 자금이체, 소액결제시스템의 차액결제, 한국은행 대출 등 한국은행과 금융기관의 자금거래, 증권대금 결제 등에 사용된다.

셋째는 보다 복잡한 증권 및 외환결제시스템이 있다. 증권결제시스템은 주식이나 채권 등을 사고팔 때 대금의 결제와 증권의 소유권 이전을 처리하는 시스템이다. 증권결제시스템은 대금의 지급 이외에 증권의 인도 절차가 추가되기 때문에 복잡하다. 증권은 종류가 많고 거래방식도 다양하다. 증권결제는 많은 과정을 거치지만 기본적으로 한국예탁결제원의 증권 계좌대체 시스템과 한국은행의 한은금융망을 연결시켜 이루어진다. 1999년부터는 IT기술의 발달 등으로 복잡한 증권결제도 증권인도와 대금결제가 동시에 이루어지는 증권·대금 동시결제DvP, Delivery versus Payment시스템이 운영되고 있다.

국제간 외환결제는 달러 등 외환의 거래와 함께 외환 매매대금의 결제가 같이 일어나야 한다. 나라가 다르기 때문에 금융기관 영업시간대의 차이가 발생하고 공동의 중앙은행 같은 공동 자금결제 조직이 없다. 외환결제시스템은 다른 결제에 비해 훨씬 더 복잡하다. 과거에 외환 매입대금을 지급한 후 매입외환을 수취하기 전에 거래 상대은행이 도산하여 큰 피해를 입은 경우도 있다.[24]

2004년 12월부터 한국의 원화도 CLSContinuous Linked Settlement라는 외환 동시결제시스템의 결제통화로 지정되어 지급통화와 수취통화가 일부는 동시에 결제되고 있다.[25] 이로 인해 은행 간 외환결제는 조금 편리해졌으나, 개인이나 기업의 해외송금 등 외환결제는 국내의 인터넷뱅킹에 비해 여전히 불편하다.

지급결제와 금융의 진화

지금 우리가 사용하고 있는 지급결제 시스템은 편리하고 신속하고 안전하게 결제가 이루어지는 방향으로 발전 진화했지만 기본틀은 변하지 않았다. 모든 지급결제 시스템의 정보가 중앙은행이나 금융결제원 같은 기구에 의해 중앙에서 집중 관리되고, 이 정보를 기준으로 결

---

24 1974년 6월 독일 헤르슈타트은행 도산 시 미국의 은행들이 큰 피해를 입은 사례가 대표적이다. 이에 따라 외환결제 위험을 헤르슈타트 리스크(Herstatt risk)라 부르고 있다.

25 CLS시스템은 1999년 세계 주요 상업은행들이 외환 동시결제를 위해 미국 뉴욕에 설립한 외환결제 전문은행(CLS은행)이 운영하는 결제시스템이다. 한국은 2017년 현재 외환·국민·신한은행이 CLS시스템의 회원으로 가입되어 있다.

제가 종결된다는 것이다. 최근에는 이러한 중앙집중형 결제시스템을 분산방식으로 바꾸어 결제의 편리성, 신속성을 높이려는 시도가 나타나고 있다.

초보적인 형태는 미국의 페이팔PayPal, 중국의 알리페이AliPay와 같이 돈을 미리 받아놓고 각각의 기관이 받은 돈의 범위 안에서 지급하고 결제하는 것이다. 이것은 기존의 선불카드와 같은 개념으로 돈을 미리 받았기 때문에 결제기관만 문제가 없다면 결제가 안전하고 신속하게 이루어진다. 이러한 선불결제기관이 온라인쇼핑과 연결되면서 급속히 성장을 했고, 기관이 커지고 가입자가 늘어나면서 각 기관이 분산된 조그만 결제시스템 역할을 하게 되었다. 그러나 이와 같은 한 민간기관에 의한 선불결제시스템은 신뢰성의 문제, 거액을 미리 맡겨놓기 어렵다는 문제로 인해 범용성과 확장성 등의 한계가 있다.

최근에는 완전히 새로운 시도가 나타나고 있다. 블록체인 방식에 기초한 분산원장형 지급결제 시스템이다. 분산원장형 지급결제 시스템은 다수 참여자가 거래정보가 기록된 원장 전체를 각각 보관하고 거래 발생 시마다 이를 검증하고 갱신하는 작업을 공동으로 수행한다. 블록체인 방식의 분산원장형 결제는 제3의 정보집중기관이 없지만, 암호기법인 해시hash값[26]과 문서의 다수 분산을 통하여 정보의 위·변조를 막

---

[26] 해시(hash)는 '잘게 다진다'는 의미로, 정보를 잘게 썰어 160비트나 256비트와 같은 일정한 틀의 숫자조합으로 표시하는 계산방식이다. 해시값은 정보의 양과 관계없이 모두 동일한 틀의 숫자조합으로 표시되고, 많은 정보 중 아주 작은 부분만 바뀌어도 해시값은 완전히 달라진다. 그리고 주어진 해시값을 갖고 입력정보를 찾는 것은 현존하는 컴퓨터의 전산능력으로는 불가능하다고 한다. 문서의 해시값은 바로 계산할 수 있지만, 주어진 해시값으로는 문서의 내용을 알 수 없는 비가역성으로 인해, 해시계산기

고 신뢰를 보장받는다.

블록체인은 비트코인 등의 암호화폐 또는 암호징표 등으로 불리기도 하는 가상화폐(디지털화폐)가 만들어지는mining 시스템이기도 하다. 비트코인은 한 블록의 유효성을 확인하는 과정에서 자발적 참여자에 대한 보상으로 주어지는 징표이다. 비트코인과 같은 가상화폐를 만들어내고 많은 사람들이 접속하는 블록체인은 일반public 블록체인, 개별기관에서 자신의 업무를 위해 사용하는 블록체인은 개인적private 블록체인이라 한다.

비트코인이 채굴되는 블록체인은 ①일정기간 동안 발생한 모든 거래정보를 블록단위로 기록한다. ②약 10분 정도마다 블록의 암호를 먼저 푼 해독자가 비트코인을 획득하고 블록이 마감된다. ③마감된 블록의 거래정보에 암호가 추가된 총정보의 해시값이 다음 블록의 시작정보가 된다. ④마감된 블록의 정보를 구성원들에게 전송한다. 블록의 유효성이 확인되면 기존 블록에 추가 연결하여 보관한다. ⑤새로운 블록은 앞 블록 총정보의 해시값을 시작으로 새로운 거래정보가 기록되고, 다시 암호가 풀리면 블록이 마감된다. 이렇게 각 블록은 비가역성이 있는 해시값으로 체인처럼 연결된다. 이러한 블록체인의 거래기록 조작을 위해서는 조작대상 이후의 모든 블록을 신규블록 생성 이전(비트코인의 경우 약 10분 정도)에 조작해야 하는데 현존하는 컴퓨터의 연산능력으로는 불가능하다고 한다.

는 문서의 위·변조 방지에 유용한 수단이다.

블록체인 방식을 이용하여 A가 B로 100만원을 송금하는 절차를 살펴보자.

① A가 B로 100만원을 송금한다는 정보를 블록에 기록.

② 네트워크 내 모든 참여자에게 전송.

③ 참여자가 해당 거래의 타당성을 확인(비트코인의 블록체인은 해시암호 해독자가 코인을 획득하면서 자동 확인).

④ 송금거래 내용이 기록된 블록이 기존 블록체인에 연결되고 거래기록의 수정이 불가능.

⑤ 실제 송금 실행.

블록체인 방식에 기초한 분산원장형 지급결제는 결제정보의 중앙집중기관이 필요없어 결제비용의 절약이 가능할 수 있다. 또한 다양한 결제정보를 수용할 수 있어 외환결제나 증권결제와 같은 복잡한 결제도 보다 쉽게 처리할 수 있다. 이러한 장점 때문에 국내외 여러 금융기관과 중앙은행 등이 많은 연구를 하고 있다. 일부 은행과 투자은행 등은 분산원장형 지급결제를 시범적으로 실시하고 있다. 분산원장형 지급결제는 이론적으로는 지급결제의 안전성이 확보되었다고 하나 현장에서 아직 충분히 검증되지 못했고, 컴퓨터 기술의 급속한 발달에 따른 해킹 가능성도 남아 있다.

그럼에도 블록체인의 방법론은 가상화폐의 발전이나 성공 여부와 관계없이 정보의 생산과 유통을 위한 플랫폼으로 활용범위가 계속 넓어질 것이다. 이미 지급결제를 넘어 공인인증서의 대체, 가상투표와 여론조사, 증권의 발행, 생산과 물류의 관리, 계약의 인증이나 등기부의

그림 2 중앙집중형과 분산원장 방식의 비교

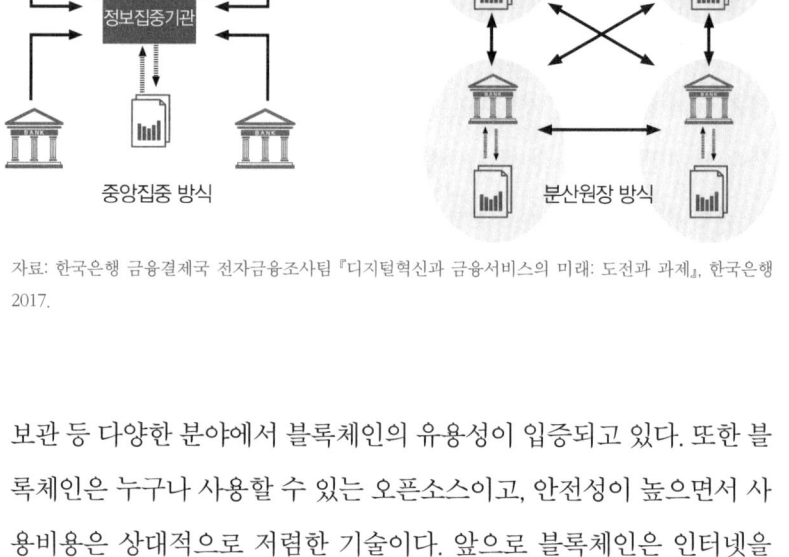

자료: 한국은행 금융결제국 전자금융조사팀 『디지털혁신과 금융서비스의 미래: 도전과 과제』, 한국은행 2017.

보관 등 다양한 분야에서 블록체인의 유용성이 입증되고 있다. 또한 블록체인은 누구나 사용할 수 있는 오픈소스이고, 안전성이 높으면서 사용비용은 상대적으로 저렴한 기술이다. 앞으로 블록체인은 인터넷을 넘어 금융과 세상을 크게 바꾸는 새로운 기반기술이 될 가능성도 있다.

블록체인 방식의 분산원장형 지급결제가 일상화되면 지급결제 시스템뿐 아니라 금융 전반의 대변혁이 예상된다. 지급결제 시스템은 금융 시스템의 기본 인프라이고 중앙은행과 상업은행이 핵심적 기능을 수행하고 있다. 상업은행이 다른 금융기관과 구별되는 대표적인 기능의 하나가 지급결제 업무를 온전히 수행하는지 여부이다. 중앙은행은 보유한 발권력을 기초로 지급결제의 완결성을 제공해주고 있다. 분산원장형 지급결제와 블록체인의 방법론은 이러한 것들을 근본적으로 바꿀 수 있다. 상업은행과 중앙은행 없이도 지급결제가 원활히 이루어지고 종결될 수 있기 때문이다. 여기에다 블록체인은 가상화폐를 만들어 내는 프로그램이기도 하다.

비트코인 등의 가상화폐가 투기의 대상이 되고 사람들의 관심도 크게 늘고 있지만, 아직 일상에서의 사용은 미미한 상태이다. 향후 가상화폐를 인정할 것인가? 중앙은행도 발행할 것인가? 기존 가상화폐의 가치가 계속 유지될 것인가? 가상화폐가 법정통화를 대체할 것인가? 등등에 대한 전망은 학자와 사람에 따라 다르다. 만약 가상화폐가 미래에 중앙은행이 발행한 현찰을 대신한다면 발권력을 상실하거나 발권력의 독점권이 크게 훼손된 중앙은행의 역할은 어떻게 될까 궁금하다. 통화정책, 지급결제, 금융안정과 금융감독, 외환과 국제금융 등 중앙은행의 여러 기능의 뿌리가 발권력과 밀접히 연결되어 있기 때문이다.

여기에다 지급결제가 분산원장 방식으로 은행권 밖에서 이루어지고, 대출도 P2Ppeer to peer, 개인 대 개인 방식 등으로 자금 공급자와 수요자가 직접 연결되면 은행의 신용창조 기능도 크게 위축된다. 은행은 예금을 받아 대출을 하고 대출한 돈이 다시 은행예금으로 들어와 또 대출을 하는 신용창조 기능이 있다. 은행의 신용창조가 계속 가능한 이유의 하나가 지급결제의 중심에 은행이 있기 때문이다. 중앙은행이 발행한 화폐와 은행의 신용창조 기능이 사라진 후의 금융은 어떤 모습일까? 중앙은행과 상업은행이라는 현대 금융의 기본틀이 완전히 바뀌는, 현재로서는 상상하기 어려운 새로운 모습일 것이다. 금융의 대진화가 이미 시작된지도 모른다.

II

돈 바로 알기

01

조가비에서 비트코인까지

돈이란

돈은 공기와 물과 함께 사람이 사는 데 꼭 필요한 것이 되어버렸다. 돈이 있으면 식량과 에너지, 집과 옷, 자동차와 가전제품 등 필요한 것을 살 수 있다. 어린아이부터 노인까지 거의 모두 돈에 관심이 많고 돈을 많이 벌고 싶어 한다. 그러나 곰곰이 생각해보면 돈의 의미는 때에 따라 바뀌고 알기 어려운 경우도 많다.

지갑에 돈이 없다, 요즘 돈 벌기가 어렵다, 돈 많은 사람, 돈이 너무 많이 풀렸다, 시중에 돈이 안 돈다, 돈 되는 일만 한다 등등에서 쓰이는 돈의 의미는 조금씩 다르다. 어떤 때에는 돈이 무엇이고 어떻게 움직이는지 이해하기 어렵기도 하다.

2008년 세계 금융위기 이후 미국은 금리를 제로 수준으로 내리고 달러를 엄청나게 풀었다고 하는데 달러가 그렇게 흔해진 것 같지는 않다. 외환시장에서 미국 달러화의 가치가 떨어지지 않고, 오히려 올랐다.[1]

일본도 1999년 정책금리를 제로 수준으로 낮추고 아주 오랫동안 엔화를 엄청나게 풀었다고 하는데 엔화는 국제금융시장에서 여전히 안전한 돈으로 인정받고 있다. 복잡하고 모호한 돈에 대해 좀더 많이 알면 금융과 경제의 움직임을 보다 쉽게 이해할 수 있고 우리들의 살림살이도 조금은 나아질 수 있을지 모른다.

돈이란 말은 크게 세가지 의미로 쓰인다. 첫째는 지폐와 동전과 같은 현찰이다. 이때는 화폐貨幣라는 한자어로도 많이 쓰인다. 지갑 속의 돈이 대표적이다. 둘째는 재산이나 소득, 이익 등을 의미하는 경우이다. 돈 많은 사람, 돈밖에 모르는 사람 등등이다. 셋째는 약간 추상적 개념으로 경제주체 간의 돈의 흐름 즉 유동성을 의미한다. 이 세가지 중 둘째 의미는 일상에서 쉽게 접할 수 있어 제외하고, 첫째와 셋째의 돈에 대해 좀더 자세히 알아보자.

현찰로서의 돈

우리가 일상생활에서 쓰고 있는 현찰 즉 화폐는 시대와 지역에 따라 모양과 형태가 달라졌다. 최초로 사용된 것은 보리나 쌀 등의 곡물, 소 등의 가축, 삼베나 비단과 같은 피륙, 조가비와 담배 등의 상품화폐였다.[2] 상품화폐는 물물교환의 불편을 줄이기 위해 자연적으로 나타난

---

1 한국은 2008년 이후 수출이 잘되어 경상수지 흑자가 계속 나는데도 미 달러당 원화환율이 2007년 10월 900원 수준에서 2009년 한때 1570원까지 오르고 2018년에 1080원 수준이다.

교환의 매개체이다. 화폐가 없는 조그만 장터를 생각해보자. 쌀을 파는 사람, 소금이 필요한 사람, 옷감을 파는 사람, 밥을 사 먹을 사람, 신발을 파는 사람들이 서로 필요한 것을 사고 남은 것을 팔아야 하는데 화폐가 없다면 장터가 잘 돌아갈까?

서로서로 필요한 사람을 찾아 바꾸는 비율을 흥정하느라 시간을 다 보냈을 것이다. 많은 사람이 필요하여 잘 받아주고 쉽게 쪼개어 거스름돈으로 쓸 수 있는 것이 교환의 매개물 즉 상품화폐가 되었을 것이다. 상품화폐는 물물교환에 비해 혁명적으로 교환을 쉽게 해주었지만 보관과 운반이 불편하고 화폐 노릇을 하는 물품의 품질과 규격을 통일하기 어려웠다.

상품화폐를 대체한 것은 금과 은 등의 귀금속과 이것들로 만든 주화였다. 이러한 금속화폐도 불편한 점이 많았다. 운반과 보관이 여전히 불편한 점이 있고 귀금속의 함량과 주화의 무게 등을 속일 가능성이 있다.[3] 또한 나라에 있는 귀금속의 양에 따라 경제가 큰 영향을 받았다. 경제규모가 커지는데 이에 맞추어 금은 등의 양이 늘어나지 않으면 화폐부족으로 경제활동이 위축되고, 물가하락(디플레이션) 등이 발생했다.

반대로 금은이 너무 많아지면 물가폭등과 소득불평등의 문제가 심화

---

2 아스테카제국의 카카오, 인도 일부 지역의 아몬드 열매, 바빌로니아의 보리, 몽골의 벽돌 모양의 차, 노르웨이의 버터, 북아프리카의 소금, 북아메리카 인디언의 가죽, 피지섬의 고래 이빨, 아일랜드의 가축 등도 역사적으로 유명한 상품화폐이다(주경철『대항해시대: 해상 팽창과 근대 세계의 형성』, 서울대학교출판부 2008).
3 사람들은 금화나 은화의 옆면을 조금씩 깎아 금·은가루를 자신이 갖고 가벼워진 금화나 은화를 유통시켰다. 이를 방지하기 위해 물리학자 아이작 뉴턴이 영국 조폐국장 시절에 주화의 옆면에 빗살 홈을 새겨 넣는 방식을 도입했다.

되었다. 1500년대 스페인을 통해 신대륙의 금은이 유럽에 대량 유입되었고, 인구증가 및 도시화와 맞물려 곡물가격이 크게 올랐다. 100년간에 곡물가격이 4배 가까이 올라 가격혁명이라 불리었다. 현재와 비교하면 큰 폭의 상승은 아니지만 그 이전까지는 오히려 물가가 조금씩 떨어지는 디플레이션 시기가 많아, 당시에는 혁명적인 물가상승이었다.

금은 등 금속화폐의 문제를 해결하기 위해 등장한 것이 지폐이다. 지폐는 두가지 유형이 있다. 하나는 금은이나 다른 상품이 어딘가 보관되어 있다는 사실을 표시해 지폐의 가치를 보증하는 것이다. 또다른 하나는 단순히 발행기관의 공신력에만 의존하는 것이다. 지폐는 보관과 운반이 편리하고 경제상황에 따라 발행량의 조절이 가능하다는 큰 장점이 있다. 그러나 지폐는 가끔 과다 발행되어 물가가 폭등하고 화폐가치가 폭락하는 결정적인 문제가 있다. 금은 등에 의해 가치가 보증된다는 지폐도 과다 발행의 문제가 가끔 불거졌다. 보관되어 있는 금은 등에 비해 훨씬 많은 지폐가 발행되는 경우가 많았고, 지폐 소지자들은 대부분 이를 문제가 터진 다음 알게 되기 때문이다.

현대의 지폐는 거의 모든 국가가 중앙은행이라는, 정부로부터 어느 정도 독립된 공조직이 독점적으로 발행한다. 중앙은행은 발행하는 지폐에 대한 물적 보증도 거의 하지 않는다. 지폐는 면 등이 들어가 질긴 종이에 여러가지 그림과 숫자가 인쇄되었을 뿐이다. 사람들은 이러한 지폐를 받고 많은 상품과 부동산을 팔고 자신의 노동력도 판다. 지폐를 받고 무엇인가 파는 사람은 그 지폐를 갖고 자신이 원하는 것을 살 수 있다는 믿음이 있기 때문이다.

돈이 어떤 형태를 갖든 거래에 쓰이기 위해서는 다른 사람이 그것을 받을 것이라는 신뢰가 있어야 한다. 종이에 무엇인가 인쇄된 지폐가 어떻게 이러한 신뢰를 가질까? 종교와 비슷하게 공동체의 구성원이 그냥 어떤 약속을 믿는 것일지 모른다. 그래서인지 미국 달러에는 "우리가 믿는 신 안에서"IN GOD WE TRUST라는 글귀가 인쇄되어 있다. 지금 우리가 쓰고 있는 지폐나 동전을 믿으면 돈으로서 역할을 하는 것이고, 믿지 않으면 돈이 아닌 것이다. 강력한 독재권력도 돈에 대한 믿음을 강제로 만들지는 못한다.[4]

한편 현대사회는 지폐나 동전을 적게 쓰는 쪽으로 진화하고 있다. 지폐의 휴대와 거스름돈의 번거로움, 송금의 불편함을 해결하기 위해 수표나 신용카드에 이어 다양한 전자적 지급수단이 지폐를 대체하고 있다. 인터넷 계좌이체, 교통카드, 하이패스, 모바일 결제, 동전 적립카드 등이 확산되면서 현금 없는cashless 경제의 가능성이 논의되고 있다. 이러한 전자화폐도 기존의 지폐와 동전을 전자화, 무형화한 것에 불과하며 화폐제도의 기본틀을 바꾸는 것은 아니다. 전자화폐의 거래는 모두 기존 화폐단위로 표시되고 결제는 발권력을 갖는 중앙은행을 통해 최종 완결된다. 화폐제도의 대변혁은 전자화폐보다는 지금은 실적이 아주 미미하지만 대안화폐와 가상화폐 쪽에서 시작될 가능성이 있다.

대안화폐는 중앙은행의 화폐와 별도로 지역이나 공동체의 구성원이 자신들의 화폐를 만드는 것이다. 대안화폐는 지폐와 유사한 쿠폰, 통장, 구성원 간의 상호청산계정 등의 형태로 만들어진다. 종류로는 지역

---

4 강력한 독재국가인 북한도 2008년 11월 100 대 1의 화폐개혁 시 북한 주민의 신뢰를 잃어 북한 신권의 가치가 몇개월 만에 30분의 1 정도로 떨어졌다. 중요한 거래는 북한 원화가 아니라 중국 위안화 등 외화로 이루어졌다.

화폐LETS, Local Exchange Trading Scheme, 노동과 시간 등을 기반으로 하는 화폐, 가치저장 수단으로서의 화폐기능을 제거한 가치하락 화폐Frei Geld 등이 있다.

대안화폐는 오래전부터 다양한 시도가 있었으나 확산되지 못하고 있다. 같이하는 사람들의 복잡한 이해관계, 과다한 운용비용의 부담, 지역 주요기업 등 주류 경제활동 주체의 참여부족 등이 대안화폐가 널리 퍼지지 못하는 주요 이유이다. 상호청산계정을 기반으로 하는 대안화폐는 IT기술의 발달로 인해 운용비용을 줄이고 투명성을 높일 수 있어 확산 가능성이 상대적으로 큰 편이다.

가상화폐는 정부나 중앙은행과 같은 독점적 발행기관 없이, 컴퓨터 네트워크상에 존재하는 화폐이다. 최초의 가상화폐인 비트코인은 2009년 1월 가명 사토시 나카모토라는 사람 또는 어떤 집단에 의해 개발되었고, 사토시 나카모토가 오스트레일리아 사람 크레이그 라이트Craig S. Wright라는 말도 있다. 비트코인은 블록체인의 각 블록에서 주어진 문제의 해시값을 먼저 찾는 사람에게 배정된다. 사람들은 금을 광산에서 채굴mining 하듯이, 컴퓨터 연산을 반복해 비트코인을 획득한다. 비트코인을 구하는 사람이 많아질수록 채굴을 복잡하게 만들어 비트코인 공급량을 제한하고 있다.[5] 그러나 비트코인 등 가상화폐의 가격이 오르고 채굴자가 많아지면 블록체인의 유지비용이 비싸진다. 블록체인의 장점인 효율성과 저비용이 사라지는 것이다.

그런데 비트코인 등 가상화폐의 가격은 오르고, 한국에서는 엄청난

---

5 총채굴량이 2100만 BTC에 이르면 더이상 채굴되지 않도록 설계되어 있다.

투기의 대상이 되기도 했다. 또한 이더리움·리플·라이트코인·대시코인 등 기능과 생성 프로그램 등이 조금씩 변형된 여러 가상화폐가 계속 생겨나고 있다. 비트코인 이외의 여러가지 가상화폐를 통틀어 알트코인Altcoin이라 한다. 비트코인의 기반기술인 블록체인 방식은 앞에서 살펴본 대로 지급결제 시스템 등 금융과 사회의 대변혁을 가져올 수 있는 기술이다.

비트코인 등의 가상화폐는 아직 해킹 등으로부터 완전히 안전한 상태는 아니다. 특히 비트코인 등 가상화폐의 생성이 아닌 매매와 법정통화로의 환전 등의 거래는 블록체인 방식이 아니고, 일반 거래소 등을 통해 이루어지고 있어 해킹이 어렵지 않다. 그럼에도 비트코인 등이 송금 등에 활용되고, 받는 상점도 생겨나고 있다. 시티은행, 도이체방크, 미쓰비시도쿄은행 등이 비트코인과 유사한 디지털화폐를 개발해 국제 간 결제나 송금 등에 활용할 계획이다. 금융기관들이 발행한 디지털화폐는 비트코인과는 달리 발행기관에 의해 가치가 보장될 수 있다.

영란은행 등 일부 중앙은행들도 블록체인 방식에 기초한 디지털화폐를 발행하는 방안을 연구 중이다. 국제결제은행BIS도 중앙은행이 디지털화폐에 보다 많은 관심을 갖고 대처해야 하며, 필요시 직접 발행하는 것도 필요하다는 연구보고서를 냈다.[6] 머지않은 미래에는 비트코인 등 민간의 가상화폐, 금융기관의 디지털화폐, 지역화폐, 중앙은행의 디지털화폐, 중앙은행의 현찰이 같이 쓰이는 시대가 올지도 모른다. 어떤 것이 시장의 지배자, 즉 주로 사용되는 화폐가 될지는 알 수 없다. 일부

6 BIS, "Central bank crytocurrencies," *BIS Quaterly Review*, BIS 2017.9.

는 시장에서 완전히 도태되어 사라져버릴 것이다.

화폐는 그 형태가 어떠하건 거래 상대방이 받아주어야 화폐로서 기능을 한다. 받는 사람은 또다른 사람이 그것을 받을 것이라는 믿음이 있어 받는 것이다. 이러한 상호신뢰가 화폐가 화폐로서 기능을 하는 기반이다. 비트코인 등의 가상화폐, 공동체의 대안화폐, 은행의 디지털화폐, 중앙은행의 법화 중에서 사람들의 신뢰를 더 많이 얻는 화폐가 승자가 될 것이다. 중앙은행에 강력한 경쟁자가 생긴 것이고, 중앙은행은 신뢰를 잃지 않기 위해 더 노력할 것이다. 화폐의 수요자인 일반 국민들에게는 좋은 일이 될 것 같기도 하다. 그러나 변화를 따르지 못하는 사람들이나 일부 너무 앞서가는 사람들은 피해를 볼지도 모른다.

유동성으로서의 돈

돈이란 말이 "돌다"에서 나왔는지 모르지만 돈은 기업·개인·정부·금융기관 등에서 잘 돌아야 제 역할을 한다. 시중에 돈이 돌지 않는다고 할 때의 돈은 현찰만을 의미하지 않는다. 유동성으로서의 돈은 추상적이고 현찰로서의 돈보다 훨씬 확장된 개념이다.

유동성으로서의 돈을 구체적 사례를 이용해 짚어보면 이해가 조금 쉽다. 우리가 물건을 사거나 빚을 갚는 데 꼭 현찰이 있어야 하는 것은 아니다. 금융기관에 바로 찾을 수 있는 예금(즉 요구불예금)이 있으면 신용카드·직불카드·계좌이체·수표 등을 이용해 현찰처럼 쓸 수 있다. 요구불예금이 아닌 정기예금이나 정기적금을 갖고 있어도 돈이 꼭 필요하면 해약해서 사용할 수 있다. 또 주식이나 채권·펀드 등을 갖고 있어도 비용과 시간이 좀 들지만 이를 팔거나 환매해서 사용할 수 있다. 보험도 손해를 감수하고 해약해서 현금화할 수 있다. 부동산이나 골동품도 시간이 꽤 걸리겠지만 팔아서 쓸 수 있다.

현금이나 예금·주식·부동산 등의 자산뿐 아니라, 빚을 낼 수 있으면 돈을 쓸 수 있다. 대출을 받아 집이나 자동차를 사거나 사업을 확장하는 것 등이다. 빚을 낼 수 있는 능력은 대출받는 사람의 소득수준과 보유자산, 사업체의 수익성과 건전성, 사람의 신뢰성, 경제상황 등 여러 가지에 영향을 받는다. 대출을 받는 사람뿐 아니라 대출하는 금융기관의 자금공급 능력도 시중 유동성에 큰 영향을 미친다. 대출 금융기관이 부실하면 차입자의 조건이 좋아도 대출을 늘리기 어렵다. 그리고 개인 간 또는 기업 간의 외상거래 등도 현찰 없이 돈을 쓰는 것과 비슷한 효과를 가진다. 당연히 이러한 것들을 판단하는 경제주체들의 심리상태도 돈의 흐름에 영향을 준다.

종합해보면 경제주체 간의 돈의 흐름은 현찰과 예금의 규모, 주식 등의 금융시장 상황, 부동산 상황, 금융기관의 건전성과 대출행태, 기업과 개인의 신용상태, 국내외 경제상황 등 여러가지 요인에 의해 결정된다. 그리고 국민경제에 영향을 주는 것도 현찰로서의 돈보다 총체적인 유동성 개념의 돈이다. 앞으로 현찰과 은행예금부터 주식, 기업 간 신용까지 아우르는 총체적 유동성 개념의 돈은 시중 총유동성이란 말을 사용하려 한다.

현찰과 예금·채권·주식 등이 시중 총유동성에 미치는 정도는 금액이 같아도 종류에 따라 다르다. 즉 현찰이나 은행 요구불예금은 영향력이 크고, 주식이나 기업 간 신용 등은 훨씬 영향력이 작을 것이다. 기업의 경영, 주식이나 부동산 등의 투자, 경제정책의 수립·집행 등을 잘하기 위해서는 시중 총유동성 상황의 변화를 잘 알아야 한다. 그러나 불행히도 시중 총유동성 상황을 바로 알 수 있는 통계지표는 없다. 부분적인 지표나 간접적인 지표로 총유동성 상황을 판단하고 평가해야 한다. 시중 총유동성을 판단할 수 있는 간접 통계지표는 여러가지가 있다.

대표적인 것이 통화지표[7]라 하여 현금과 예금·펀드·보험·주식·채권 등 여러 금융상품을 현금화 가능 정도 등을 기준으로 분류한 통계이다.

통화지표는 중앙은행의 화폐발행액과 거의 비슷한 현금통화가 있고, 여기에다 은행들이 현금처럼 쓸 수 있는 중앙은행 예치금을 합한 것이 본원통화이다.[8] 현금통화에 요구불예금과 수시입출금식 예금을 합한 통화지표는 M1(협의통화)이라 한다. M1에 정기예·적금, 시장형 금융상품, 실적배당형 금융상품, 금융채 등을 포함한 통화지표를 M2(광의통화)라 한다. M2에 2년 이상 장기금융상품, 생명보험 계약준비금 등을 합한 지표를 Lf(금융기관 유동성)라 한다. Lf에 국채, 지방채, 회사채, 양도성예금증서CD 등을 합한 것을 L(광의유동성)이라 한다.

2017년 6월 기준 한국의 현금통화 규모는 91조원, M1은 744조원, M2는 2338조원, Lf는 3234조원, L은 3829조원 수준이다. 광의의 유동성인 L은 현금통화의 40배가 넘는다. 그러나 이러한 통화지표들만으로

---

[7] 통화지표 작성방법은 국제통화기금(IMF)에서 국제적 통일을 위해 작성기준을 제시하고 있다.

[8] 엄격하게 보면 화폐발행액과 현금통화는 아주 조금 차이가 있다. 화폐발행액 중 은행들이 영업자금으로 보유하고 있는 현금은 현금통화에서는 제외하고, 은행들의 한국은행 예치금과 같이 본원통화에 포함시킨다.

는 경제주체 간의 돈의 흐름 즉 시중 총유동성 상황을 정확히 평가하기 어렵다.[9]

시중 자금사정 즉 총유동성 상황을 파악하기 위해서는 통화지표 이외에 다른 지표도 같이 보아야 한다. 연체율과 부도율, 금융기관 대출행태 서베이, 주식가격과 거래량 등 주식시장 상황, 채권수익률 등 시장금리, 외환시장 동향, 소비·투자심리지수 등 여러 경제지표가 활용된다.

시중 총유동성은 평가하기도 매우 어렵지만 조절하기는 더 어렵다. 통화당국인 중앙은행이 현금통화를 조절하는 것은 상대적으로 쉽지만, M1인 협의통화는 조절하기 조금 어렵다. 광의통화 M2는 조절이 더 어렵고, 금융기관 유동성이나 광의의 유동성은 매우 어렵다. 당연히 시중 총유동성은 아주아주 어렵다. 금융시장이 발달되어 있지 않거나 금융시스템이 불안할 때는 불가능할 정도로 어렵다.

현금통화와 시중 총유동성의 관계, 그리고 중앙은행의 유동성 조절 능력의 한계 등은 금융위기 시의 금융시장 상황을 보면 이해가 쉽다. 1997년 한국의 IMF 사태나 2008년 세계 금융위기와 같은 위기가 발생했을 때, 발생 직전과 직후를 비교하면 현금통화, M1, M2, L 등 통화지표의 금액 차이는 별로 없다. 그러나 경제주체 간의 돈의 흐름 즉 시중 총유동성은 엄청나게 변한다.

기업이나 개인이 대출받기 어려워지는 것은 물론 금융기관마저도 자금부족으로 생존위기에 몰리는 경우가 많다. 주식가격은 떨어지고 시장금리는 오른다. 사람들은 위험자산을 기피하고 안전한 투자처만

---

9 한국은행이 매달 발표하는 통계지표에 의하면 M1, M2는 통화지표로, Lf와 L은 유동성지표로 분류하고 있다.

찾는다. 이것이 돈의 흐름이 막힌 신용경색 상황이다. 신용경색은 돈의 기본인 신뢰가 부분적으로 무너진 것이다. 거래 상대방을 믿기 어렵기 때문에 총유동성 중에서 신뢰성 높은 것만 돈 역할을 해 돈이 돌지 못하는 것이다.

금융위기 발생 전후의 총유동성 상황은 하늘과 땅처럼 다른 것이다. 중앙은행은 돈의 흐름을 원활히 하기 위해 정책금리를 낮추고 현금통화(본원통화)의 공급을 늘린다. 상당기간은 중앙은행이 돈을 계속 풀어도 M1은 조금 늘어날지 몰라도 M2는 별 변화가 없고, 광의의 유동성 L은 오히려 줄어들 수 있다. 금융기관들은 보유현금이 늘어도 대출이나 투자 등에 활용하기보다는 중앙은행에 다시 예치하여 자신의 유동성 상황만 안전하게 하려 하기 때문이다. 시중 총유동성 상황의 개선이 매우 어려운 것이다.

2008년 세계 금융위기 이후 미 연준은 제로금리를 2008년 11월부터 7년간[10] 유지했다. 제로금리로도 시중 총유동성 상황이 개선되지 않자 수시로 양적완화라는 이름으로 국채매입 등을 통해 본원통화를 엄청 풀어 겨우 시중에 돈이 어느정도 돌게 만들었다.

유동성으로서의 돈은 관리하고 이해하기 어렵지만 경제활동을 잘하기 위해서는 어느정도 알아야 한다. 돈은 벌기 어려워도 살아가기 위해서는 어느정도 꼭 있어야 하는 것과 마찬가지일지 모른다. 돈에 대해 좀 아는 것과 돈을 벌어야 하는 것은 모두 자본주의경제에서 사람이 살아가기 위해 꼭 필요한 일이다.

---

10 미국 정책금리는 2008년 11월 0~0.25퍼센트로 낮춘 다음, 2015년 12월 0.25~0.5퍼센트로 올려 7년 만에 제로금리에서 벗어났다.

신용창조와 네가지 공급경로

돈의 공급

우리는 일상생활에서 중앙은행이 만든 지폐와 동전 즉 현찰과 함께, 은행들이 만든 또다른 돈도 쓴다. 카드결제, 인터넷 송금, 기업 간 자금결제 등 실제 경제활동에서는 현찰보다 은행 등 금융기관의 계좌에 있는 돈을 많이 쓰며 이러한 돈을 예금통화라 한다.

예금통화의 규모는 한국의 경우 요구불예금 등이 포함된 협의통화(M1)가 현금통화의 8배 내외이고, 정기예·적금 등이 포함된 광의통화(M2)는 현금통화의 25배 내외이다. 은행 등 금융기관이 중앙은행보다 훨씬 많은 돈(예금통화)을 만들어내고 있으며, 이는 은행의 신용창조 기능 때문에 가능하다. 신용창조는 중앙은행이 발행한 본원통화(현금)를 기초로 대출과 예금을 반복해 돈을 만들어내는 과정이다. 신용창조 과정을 조금 구체적으로 살펴보자.

은행이 중앙은행으로부터 본원통화 100을 대출 등을 통해 공급받았다고 하자. 은행은 이 돈을 A고객에게 대출해준다. 고객 A는 대출받은 돈을 자신의 은행계좌에 넣어놓고 사업자금 등에 쓸 것이다. 필요시 일부는 현금으로 찾아 쓸 수 있다. 은행은 예금 100이 늘었기 때문에 이 예금에 대한 지급준비와 은행의 자금결제 등에 대비하여 일정비율을 중앙은행에 예치한다.

대출받은 사람이 현찰로 찾아 쓰는 비율과 은행이 중앙은행에 예치하는 비율의 합이 10퍼센트라고 하면, 은행은 대출하면서 생긴 예금 100 중 90(100×0.9)을 다시 B고객에게 대출할 수 있다. 그러면 은행에 B고객의 예금 90이 생기고, 그중 10퍼센트는 현찰로 또 빠져나가거나 중앙은행에 예치하게 된다. 그러면 새로 생긴 예금 90의 90퍼센트인 81을 다시 대출할 수 있다. 같은 방식으로 다음에는 81의 90퍼센트인 73을 대출할 수 있다. 그다음에는 73의 90퍼센트인 66을 대출하고 그만큼의 예금이 생긴다. 대출해서 생기는 예금이 '0'이 될 때까지 계속할 수 있다. 이러한 과정을 신용창조라 하며 신용창조 규모는 은행 밖으로 나가는 현금유출이 적을수록, 은행이 중앙은행 지급준비 등을 위해 예치하는 돈이 적을수록 커지게 된다.

대출받은 고객이 대금지급 등으로 예금을 사용해도 현금으로 인출되지 않으면 그 돈이 다른 사람의 예금으로 입금되기 때문에 은행의 전체 예금은 변화가 없다. 은행은 여전히 같은 규모의 대출을 할 수 있다. 만약 상대방의 거래은행이 다른 경우, 한 은행에서는 예금이 감소하지만 상대방 거래은행의 예금은 증가한다. 그리고 반대의 경우도 있어 여러 은행을 한덩어리(은행권)로 보면 은행 간의 예금계좌에서 움직이는 자금은 은행권 전체의 대출능력에는 변화를 주지 않는다. 은행은 이렇게 대출로부터 생기는 예금이 없어질 때까지 대출을 계속할 수 있다.

은행의 이러한 신용창조 능력은 어디에서 나올까? 은행은 예금을 받아 대출을 할 수 있고, 은행의 예금계좌가 기업이나 개인 등 경제주체의 일상적 결제계좌로 쓰이기 때문이다. 즉 은행이 예금과 대출, 지급결제의 세가지 업무를 동시에 수행할 수 있기 때문에 신용창조가 가능하다. 이 세가지 기능을 온전히 수행하느냐 여부가 은행과 다른 종류의 금융기관이 구별되는 기준이기도 하다.

신용협동조합이하 신협과 새마을금고, 상호저축은행은 예금과 대출업무를 은행과 비슷하게 수행하지만, 신협 등에 있는 계좌가 기업과 개인의 일상적인 결제계좌로 쓰이지는 못한다. 신협 등에서 대출받은 돈을 은행계좌에 이체하여 쓸 가능성이 크기 때문에 신협 등의 신용창조 능력은 은행에 비해 크게 떨어진다. 우체국의 경우 예금기능은 충분하지만, 지급결제 기능이 떨어지고 대출은 못 하기 때문에 신용창조 능력은 아주 낮다. 우체국은 받은 예금을 채권이나 주식 등에 투자하기 때문에 투자한 돈이 우체국예금으로 바로 환류되지는 못한다. 이러한 환류는 여러 과정을 통해 간접적으로 나타나기 때문에 신용창조가 매우 어렵다. 증권회사와 보험사 등도 비슷하다.

신용창조와 관련하여 음모론 또는 결정론에 관심있는 사람들이 주장하는 흥미있는 논리가 있다. 신용창조는 은행의 대출을 통해 예금통화가 만들어지는데, 이때 만들어진 예금통화는 대출원금뿐이라는 것이다. 대출받은 사람(차입자)은 만기 시 대출의 원금에 이자를 더해서 상환해야 하는데, 이자에 해당하는 돈은 신용창조 과정에서 만들어지지 않는다는 것이다. 일부 개별 차입자는 다른 사람의 대출원금으로 만들어진 돈으로 대출원금과 이자를 갚을 수 있지만, 이는 경제 전체로 봤을 때 지속 가능하지 않다는 것이다. 만들어지지 못한 이자분까지 은행에 상환하다 보면 경제 전체에 돈이 부족하여 언젠가 차입자들은 대거 도산할 수밖에 없고, 이것이 현 통화금융 시스템의 구조적 모순으로 금융위기가 계속 발생할 수밖에 없다는 것이다.

이러한 주장은 논리적 설득력이 있어 보이나 복잡한 금융을 너무 단순화한 것이고, 이자를 단순히 화폐의 현상으로만 인식하고 있는 근본적 한계도 있다.

통화공급 경로

먼저 대출을 통한 신용창조는 은행을 통해 돈(예금통화)이 만들어지는 방법 즉 통화가 공급되는 여러 경로 중의 하나일 뿐이다. 은행의 통화공급 경로는 전통적으로 민간부문, 정부부문, 해외부문, 기타부문으로 나누어 설명한다.

첫째, 민간부문은 은행이 개인과 기업에 대한 대출 등을 통해 통화를 공급하는 경로로 앞에서 설명한 신용창조 과정을 통해 통화공급이 늘어나는 주 경로이다.

둘째, 정부부문은 정부가 은행을 통해 공무원 봉급을 지급하거나 정부 공사대금 등을 지급하면 통화가 늘어난다. 반대로 기업이나 개인이 세금을 내거나 벌금 등을 정부에 내면 통화가 줄어든다. 정부로부터 돈을 받은 기업이나 개인은 그 돈으로 은행대출을 상환할 수 있다. 은행은 정부에서 나온 돈 때문에 늘어난 예금을 기초로 신용창조를 할 수 있다. 반면 기업이나 개인이 보유한 예금통화로 세금을 내게 되면, 낸 세금만큼 은행의 예금은 줄고 신용창조 능력도 감소한다. 정부부문만을 더 추가해도 이처럼 신용창조 과정은 복잡해진다.

셋째는 보다 복잡한 해외부문이다. 현대의 국민경제는 개방화, 국제화되어 있기 때문에 해외부문이 중요한 통화공급 경로이고 돈의 양에 미치는 영향도 크다. 기업이 수출대금을 받는 것, 개인이 해외로부터 송금을 받는 것, 주식이나 채권 등에 대한 외국인 투자자금이 들어오는 것 등은 국내의 통화공급을 늘린다.[11] 반대로 수입대금 지급, 유학경비 등 송금, 해외투자 등이 발생하면 통화공급이 감소한다.

해외부문을 통한 통화공급은 정부부문보다 훨씬 복잡하다. 거래에 달러 등 외환이 개입되어 있기 때문이다. 수출업자가 수출대금을 받아 수입대금의 지급 등을 위해 외화예금으로 갖고 있으면 신용창조 효과가 떨어진다. 한국에서 외화대출 수요가 많지 않은데다 은행들의 국제금융 능력이 떨어지기 때문이다. 수출업자가 원화로 바꾸어 자신의 원화대출을 갚으면 은행의 원화부문 신용창조 능력은 감소한다. 이때 은행의 외화자산이 늘지만 한국 은행들의 경우 외화영업이 활발하지 못해 외화부문의 신용창조 효과가 원화보다는 작을 수밖에 없기 때문이

---

11 미국은 수출보다 수입이 많은 경상수지 적자를 보인다. 이는 해외부문의 통화감소 요인이지만 한국·중국·일본 등 외국인들이 미국의 금융자산에 투자하는 것은 통화증가 요인이다. 미국의 경상수지 적자가 한국·중국·일본의 외환보유액 증가로 이어져 이 국가들에서 1차 유동성 증가가 나타난다. 다음에 이 국가들이 외환보유액으로 미국의 금융자산에 투자하면 미국도 외자유입으로 유동성이 증가한다. 이것이 국제무역 불균형이 세계 유동성 창출로 이어지는 메커니즘이다.

그림 3 통화공급 경로와 경제주체의 보유

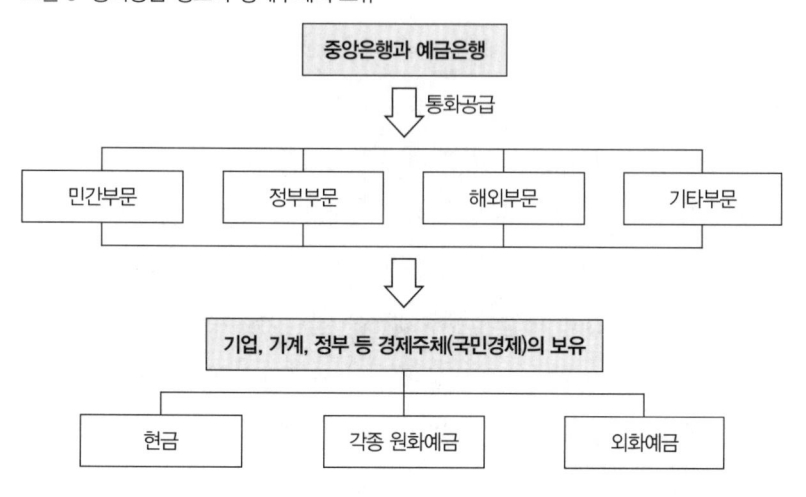

다. 수출업자가 수출대금을 원화로 바꾸어 국내 하청업자에게 지급하면 국내 하청업자의 예금이 늘면서 신용창조 효과가 커진다. 해외부문은 수출의 경우만 보아도 이렇게 복잡하다. 수입대금 결제, 외화를 송금하거나 받는 것, 은행의 해외차입, 외국인 국내투자, 내국인 해외투자 등을 같이 생각하면 너무 복잡해 머릿속에 그림이 잘 그려지질 않는다.

넷째 통화공급 경로인 기타부문은 민간·정부·해외부문에 포함되지 않는 나머지 부문으로 아주 다양하다. 은행이 직원들에게 봉급을 주는 것, 건물을 사거나 짓는 것, 전산설비를 구입하는 것, 예금이자를 지급하는 것, 배당금을 지급하는 것 등은 통화가 기타부문을 통해 시중에 공급되는 사례이다. 예를 들어 은행이 직원들에게 봉급을 주면 직원들의 예금이 늘어나고 이 예금을 기초로 신용창조가 가능하다. 반대로 은행이 대출금의 이자를 받는 것, 각종 수수료를 받는 것, 보유자산을 매각하는 것, 자본을 늘리기 위해 증자하는 것 등은 시중에서 기타부문을 통해 돈이 회수되는 사례이다. 기타부문의 통화공급은 신용창조 과정에서 이자를 갚을 돈이 만들어지지 않아 금융위기가 발생한다는 주장에 대해 몇가지 중요한 반대논리를 제공한다.

은행이자를 낼 돈은?

은행은 대출에 대한 이자를 받아 돈의 양을 줄이기도 하지만, 대출이자보다는 적지만 예금이자를 지급해 돈의 양을 늘린다. 또한 직원 급여, 건물 매입, 전산시스템 구축, 소모품 구입, 배당금 지급 등을 통해 대출이자 낼 돈을 공급해준다. 그리고 은행 전체의 신용창조는 민간부문의 예금·대출뿐 아니라, 정부·해외·기타부문이 연결되어 작용하는 복합계이다. 예금과 대출이 반복되는 민간부문의 신용창조만 보고 대출이자를 낼 돈이 만들어지지 않는다는 주장은 금융을 너무 단순하게 본 것이다.

여기에다 은행은 신용창조를 통해 예금이 늘어난다고 계속 대출할 수 있는 것이 아니다. 은행은 BIS자기자본비율 같은 복잡한 건전성 규제가 적용되어 이러한 기준을 충족시키지 못하면 대출을 할 수 없다. 은행은 예금확보와 함께 자본확충이 이루어져야 추가적인 대출을 계속할 수 있다.

마지막으로 대출과 이자는 돈(화폐)보다 먼저 생겼다. 돈이 생겨나기 이전에 금융 즉 대출이 있었고, 돈이 존재하기 이전에도 대출원금과 이자를 갚았다. 이때 대출의 원리금 상환 가능성은 돈의 존재 여부가 아니라 대출을 받은 사람이 농사를 잘 짓거나 가축을 잘 길러 대출받은 것 이상으로 생산을 했느냐이다. 즉 빌린 것 이상으로 생산해야 자신이 먹고살고, 빌린 것에 이자를 더해 갚을 수 있다. 현재도 이러한 기본 구조는 그대로 적용된다. 대출을 받아 사업을 한 경우 사업이 잘되어야 대출원금과 이자를 갚을 수 있는 것이다.

물론 현대는 화폐경제이기 때문에 자금융통이 어려우면 사업을 잘 하고도 대출금 상환이 어려울 수 있다. 그러나 금융은 이러한 문제를 해결하는 방향으로 발전해왔다. 신용창조의 산물인 예금통화에 포함 되지 않는 기업어음, 회사채, 주식 등을 통한 자금조달이 계속 증가해 왔고 이것으로 은행이자를 낼 수 있다. 자금 공급자와 수요자가 직접 연결되는 P2P대출이나 크라우드펀딩 등도 생겨났다. 비트코인 같은 가상화폐나 상호청산계정과 같은 대안화폐도 중앙은행이 발행한 현금 과 이에 기초한 예금통화의 부족 문제를 해결할 수 있는 수단이 될 수 있다.

돈의 양은 현금과 예금통화를 넘어 시중 총유동성의 개념으로 평가 하고 판단해야 한다. 시중 총유동성은 분명 존재하고 중요한 역할을 하 지만 측정과 판단이 어렵다. 명확한 답을 찾기 어려운 것을 보면 돈과 금융도 인생살이와 비슷한 것 같다.

누가 왜 돈을 찾는가?

돈의 수요

세상에서 돈을 싫어하는 사람은 찾기 어렵다. 따라서 돈에 대한 수요나 욕구는 엄청 크고 어쩌면 무한대일 수 있다. 여기서는 인간의 돈에 대한 일반적인 욕구가 아니라, 어떤 제약이 있는 상황에서 특정한 성격의 돈에 대한 수요를 다룬다. 따라서 여기서 다루는 돈의 수요는 경제학이라는 학문의 영역에서는 중요하지만 현실세계의 일과는 좀 괴리가 있을 수 있다.

여기서 돈(화폐)은 현찰과 이자가 없는 요구불예금을 합한 협의통화로 정의한다. 즉 돈은 유동성이 아주 높지만 수익이 없는 무수익자산으로 보는 것이다. 그리고 개인과 기업 등 경제주체의 화폐수요는 재산이나 소득이 늘어나지 않고 고정되어 있는 단기를 분석대상으로 한다. 즉 주어진 소득과 재산이라는 제약조건하에서 화폐와 증권 등의 다른 자산과의 보유비율을 결정하는 과정이 화폐수요라고 본다. 화폐수요는 크게 개인과 기업 등 경제주체의 미시적인 수요와 국민경제 전체의 수요 즉 거시적인 수요, 두가지로 나누어볼 수 있다.

경제주체의 화폐수요

개인과 기업 등 경제주체의 화폐수요이론은 존 케인스John M. Keynes, 1883~1946에 의해 발전했다. 케인스는 화폐수요를 거래적 동기, 예비적 동기, 투기적 동기 등 세가지로 나누어 설명했다. 거래적 수요는 소득 발생 시점이 소비나 투자의 지출 시점과 다를 수밖에 없어 발생하는 화폐수요이다. 예비적 수요는 예상치 못한 지출이 발생할 때를 대비하기 위한 화폐보유이다. 투기적 수요는 수익 있는 다른 자산에 투자하기 좋은 기회를 기다리며 화폐를 보유하려는 수요이다. 이 중에서 예비적 동기에 의한 화폐수요는 예상하지는 못하지만 어떤 거래를 위한 화폐수요이기 때문에 거래적 수요의 하나로 볼 수 있다.

거래적 동기에 의한 화폐수요는 소득과 이자율, 거래비용 등의 영향을 받는다. 소득이 많아지면 지출이 늘어나 화폐에 대한 거래적 수요도 증가한다. 이자율이 높아지면 채권이나 정기예금 등의 수익이 커지므로 이자가 붙지 않는 화폐는 가능한 적게 보유하려 한다. 정기예금이나 채권 등의 투자자산을 현금화하는 데 비용이 크거나 시간이 많이 걸리면 사람들은 거래를 위한 화폐보유를 더 늘린다. 이러한 소득·이자율·거래비용 등의 결정요인을 거래적 화폐수요에 보다 구체적으로 적용한 이론적 모형이 등장했다.

윌리엄 보멀William J. Baumol, 1922~2017과 제임스 토빈James Tobin, 1918~2002
은 화폐를 기업의 상품재고inventory와 같은 성격으로 보고 소득과 이자
율, 거래비용 등이 거래적 화폐수요를 결정한다는 모형을 제시했다.[12]
보멀-토빈 모형은 정기적으로 소득을 얻는 사람이 소득발생 시점에
정기예금이나 유가증권 같은 수익이 높은 금융자산에 소득을 투자한
다음 주기적으로 필요한 화폐를 인출해 쓴다고 가정한다. 그리고 다음
소득이 생기기 전까지 받은 소득을 모두 지출한다고 본다. 모형은 케인
스의 생각과 같이 소득이 많을수록, 이자율이 낮을수록, 정기예금 등을
현금화하는 거래비용이 클수록 화폐에 대한 수요가 증가한다는 결과
를 보여주고 있다. 화폐수요의 소득 탄력성과 이자율 탄력성 등도 산출
할 수 있다.

　보멀-토빈 모형은 논리적이긴 하나 현실성이 떨어진다. 월단위나 주
단위로 봉급을 받아, 받은 봉급의 대부분을 생활비로 써야 하는 저소득
층은 소득의 거의 대부분을 현금이나 요구불예금 즉 화폐로 보유할 것
이다. 1950년대와 달리 현재는 금리가 매우 낮다. 인터넷뱅킹이나 금융
혁신의 진전으로 거래비용도 크게 낮아졌다. 따라서 고소득자의 경우
도 거래적 화폐수요에 이자율이나 거래비용의 영향이 적어졌다는 의
미다. 현대의 거래적 화폐수요는 소득과 소비성향에 의해 많은 영향을
받고, 신용카드와 모바일뱅킹 등 사용하는 지급결제 수단에 의해서도

---

12 William J. Baumol, "The Transaction Demand for Cash: An Inventory Theoretic
　　Approach," *The Quarterly Journal of Economics*, Oxford University Press 1952; James
　　Tobin, "The Interest-Elasticity of Transactions Demand for Cash," *The Review of
　　Economics and Statistics* 38, The MIT Press 1956.

상당한 영향을 받을 것으로 보인다.

다음은 화폐에 대한 투기적 수요speculative demand이론이다. 투기적 수요는 경제주체가 위험과 수익이 모두 없는 화폐와 수익과 위험이 동시에 있는 투자자산 사이에서 최적의 조합을 찾아가는 과정에서 나타나는 화폐수요이다. 케인스는 화폐보유의 여러 동기 중에서 투기적 동기를 경제분석의 핵심으로 보았다. 화폐의 투기적 수요는 불안정하고 경제여건 변화에 따라 민감하게 변하기 때문이다.

케인스는 투자자산을 이자율 변동에 따라 수익과 가격이 변동하는 증권 하나로 단순화하여 분석했다. 케인스이론에 따르면 사람들은 각자 정상적이라고 생각하는 이자율 수준이 머릿속에 있다. 그리고 실제 이자율이 정상 이자율과의 차이를 줄이는 방향으로 움직일 것이라고 생각한다. 예를 들어 실제 이자율이 정상 이자율의 하한보다 많이 낮으면 사람들은 금리가 더이상 떨어지지 않고 다시 오를 것으로 예상하여 증권에 투자하지 않고 모두 화폐만 보유한다고 가정한다. 향후 금리가 오르면 투자한 증권의 가격이 하락하여 자본손실이 발생하고 금리상승 시 더 좋은 투자기회를 잃게 되기 때문이다.

케인스는 사람마다 이러한 정상 이자율 수준이 다르다고 보았다. 즉 특정 이자율 수준하에서 어떤 사람은 모두 증권으로만 보유하고, 다른 사람은 모두 화폐로만 보유한다고 보았다. 이자율이 낮아질수록 조만간 이자율이 올라 증권가격이 하락할 것을 예상하는 사람이 늘어나 화폐수요는 늘어난다. 이렇게 개인들의 화폐수요를 합한 경제 전체의 화폐수요곡선은 금리가 하락하면 화폐수요가 부드럽게 증가하는 모습을 가진다. 케인스의 투기적 화폐수요이론은 화폐를 교환의 매개물로서

뿐 아니라 가치저장 수단으로서도 보았다는 데 또다른 의미가 있다.

토빈은 케인스이론에서 정상 이자율의 존재, 각 개인이 화폐 또는 증권 중 하나만 보유한다는 비현실적 가정을 배제하고, 보다 일반화된 투기적 동기에 의한 화폐수요이론을 발전시켰다. 이를 토빈의 자산선택이론이라 한다. 토빈은 사람들이 보유자산을 화폐와 증권으로 포트폴리오를 구성하고, 위험관리 수단으로 무위험자산인 화폐를 항상 보유하려 한다고 보았다. 또한 사람들은 수익과 위험 사이에서 최적의 투자조합을 추구한다고 생각했다. 수익은 포트폴리오의 기대수익률로 설정하고, 위험은 기대수익률의 표준편차로 설정하여 모형을 구축했다.

토빈의 모형에 따르면 이자율이 오르면 포트폴리오의 수익이 늘어 화폐수요가 늘어나는 소득효과와 화폐보유의 기회비용이 증가하여 화폐수요가 감소하는 효과가 동시에 발생한다. 경험적으로 대체효과가 소득효과보다 크기 때문에 토빈모형에서도 이자율 상승 시 화폐의 투기적 수요는 감소한다. 반대로 이자율이 하락하면 화폐수요가 증가하게 되어 결과는 토빈모형과 케인스모형이 동일하다.

한편 케인스의 투기적 수요이론은 유동성 함정liquidity trap론으로 발전하여 현재까지도 많은 논쟁의 대상이 되고 있다. 유동성 함정은 이자율이 아주 낮아져 모든 경제주체가 증권에 투자하지 않고 화폐만 보유하는 상황에서 나타난다. 즉 이자율이 모든 경제주체가 생각하는 정상 이자율 하한보다 낮아지면 모두 이자율이 다시 오를 것으로 예상하여 증권투자는 하지 않게 된다. 유동성 함정에 빠지면 중앙은행이 화폐공급을 계속 늘려도 경제주체들이 증권을 사지 않고 화폐만 보유하게 되어 이자율은 더이상 떨어지지 않고 통화정책이 무력화된다.

2008년 세계 금융위기 이후 미국·유럽·일본 등이 제로금리 정책을 쓰면서 유동성 함정론이 재조명을 받게 되었다. 정책금리가 '0' 수준이라는 것과 시장금리가 모든 사람들이 생각하는 정상 이자율의 하한보다 낮아진 유동성 함정의 상황과는 같지 않다. 그러나 시장금리가 더 이상 하락하기 어렵고 정상적인 통화정책이 무력화되었다는 점에서는 비슷했다. 미국·유럽·일본의 중앙은행들은 양적완화라는 비전통적 정책을 사용하여 제로금리하에서도 통화정책의 유효성을 높이고자 노력했다. 양적완화에 대해서는 5장에서 보다 자세히 설명될 것이다.

국민경제 전체의 화폐수요

국민경제 전체의 화폐수요는 국민소득과 물가, 이자율 등이 주어진 상태에서 국민경제가 필요로 하는 화폐의 규모이다. 개별 경제주체의 화폐수요가 미시적 측면이라면, 국민경제 전체의 화폐수요는 거시적 측면의 화폐수요이다. 국민경제 전체의 화폐수요이론은 어빙 피셔Irving Fisher, 1867~1947의 거래수량설, 케임브리지학파의 현금잔고수량설, 그리고 이 두 이론을 발전시킨 밀턴 프리드먼Milton Friedman, 1912~2006의 신화폐수량설이 있다.

먼저 피셔의 거래수량설은 화폐수량설이라고도 하며 다음과 같은 간단한 교환방정식equation of exchange으로 표시된다.

$$MV = PT$$

M: 화폐(교환의 매개물), V: 화폐의 유통속도,

T: 실질거래량, P: 거래량의 평균가격(물가)

이 교환방정식은 국민경제에서 거래에 사용된 화폐총량(M·V)과 총 거래금액(P·T)이 일치한다는 개념에서 나온 항등식이다. 그리고 화폐의 유통속도(V)와 거래량(T)이 안정되어 있으면 물가수준(P)은 화폐의 양에 비례하여 결정된다는 의미를 갖는다. 화폐유통속도는 경제주체의 소비행태와 사용하는 지급결제 수단의 종류, 금융의 발전 정도, 사회의 신뢰수준과 투명성 등 여러가지 요인에 의해 결정된다. 피셔 등 고전학파 경제학자들은 장기적으로는 화폐유통속도가 변하겠지만 단기적으로 큰 변동이 없다고 본다.

또한 거래량은 국민소득에 의해 결정되고, 주어진 가격조건에서 노동과 자본이 충분히 사용되는 완전고용 상태라면 국민소득은 단기적으로 크게 변하지 않는다고 보았다. 거래수량설은 이렇게 화폐유통속도와 거래량이 안정되어 있어, 물가는 화폐량에 의해 결정되고 화폐수요는 거래금액에 의해 결정된다는 이론이다.

다음으로 현금잔고수량설은 아서 피구Arthur C. Pigou, 1877~1959 등 케임브리지학파의 경제학자들이 주장하는 화폐수요이론이다. 현금잔고수량설에 의한 화폐수요는 다음과 같은 식으로 표시된다.

$$M = kPY$$

M: 화폐수요, P: 물가수준, Y: 실질국민소득,

k: 명목소득 중 화폐로 보유하는 비율(마셜 k)

이 식에서도 국민소득과 마셜 k가 안정적이라면 화폐수요는 거래수량설과 같이 물가수준에 비례한다. 마셜 k를 화폐의 소득유통속도의 역수($k = 1/V_y$)로 표시할 수 있고, 이렇게 하면 현금잔고수량설의 식은 다음과 같이 변형되어 거래수량설의 교환방정식과 거의 비슷해진다. 거래량(T)이 국민소득(Y)으로 바뀐 것뿐이다.

$$MV_y = PY$$

거래수량설과 현금잔고수량설은 식이 비슷하고 화폐의 양과 물가수준이 비례관계를 갖는다는 결론도 같다. 따라서 두 이론을 합해 고전적 화폐수량설이라고 한다. 다만 마셜 k는 소득과 물가수준 이외에 경제의 화폐화, 지급결제의 진화, 경제주체의 투자성향 등도 반영될 여지가 있는 개념이다. 즉 거래수량설의 화폐유통속도보다 신축적인 개념이다. 따라서 거래수량설은 화폐를 교환의 매개물로서만 본다면, 현금잔고수량설은 가치저장 수단 등 화폐의 다른 기능도 고려하고 있다고 볼수 있다.

셋째, 프리드먼의 신화폐수량설은 고전학파의 화폐수량설에 케인스의 투기적 화폐수요이론을 접목시킨 이론이다. 신화폐수량설은 화폐수요의 결정요인이 이자율, 물가상승률, 총자산 중 인적자산의 비중, 소득 등으로 많다.

프리드먼은 이 중 소득을 제외한 나머지 요인이 화폐수요에 미치는 영향은 크지 않다고 보았다. 따라서 프리드먼의 함수식은 다음과 같이 단순하게 정리해볼 수 있다.

$$M = P \cdot k(i, \pi, h, v) \cdot Y^p$$

i: 이자율, π: 물가상승률,

h: 총자산 중 인적자산의 비중, Y^p: 항상 실질소득,

v: 기타 요인

이렇게 보면 프리드먼의 화폐수요함수는 마셜 $k(\cdot)$의 결정요인이 이자율, 물가상승률, 인적자산 비중 등으로 구체화된 현금잔고수량설의 함수식과 같아진다. 이 식에서의 소득은 프리드먼의 소비이론인 항상소득가설permanent income hypothesis에서 나오는 항상소득[13]이다.

프리드먼은 화폐수요가 많은 요인에 의해 결정되지만 소득을 제외한 다른 요인은 단기적으로 안정적이거나 영향이 크지 않다고 본다. 이는 마셜 k나 화폐유통속도가 안정적이라고 보는 고전학파의 화폐수량설과 같은 생각이다. 소득의 증가가 어려운 상황에서 화폐공급량이 늘

---

13 프리드먼의 항상소득가설에 따르면 현재의 소득은 장래까지 지속되는 항상소득과 지속되지 않는 일시소득으로 구분된다. 항상소득은 자신의 교육수준, 직업, 사업내용 등을 감안했을 때 평균적으로 계속될 것으로 예상되는 소득이다. 일시소득은 복권 당첨이나 일시적 호황에 따른 소득이다. 사람들은 합리적이어서 총소득 중에서 항상소득을 기준으로 소비를 하며 화폐수요도 이 항상소득이 결정한다는 것이다.

어나면, 즉 국민경제가 필요로 하는 화폐량 이상 공급되면 물가만 오르게 된다는 결론이 도출된다.

결국 프리드먼의 이론에 따르면 인플레이션은 화폐적 현상이다. 당연히 화폐공급량이 줄면 물가가 떨어지든지 소득이 줄게 되는 것이다. 프리드먼 등은 실증적 분석을 통해 1929년 대공황은 미국 중앙은행이 잘못된 정책으로 통화공급을 축소해 나타난 것이며, 1970년대의 물가상승은 통화공급이 과도해서 나타난 것이라고 설명했다. 화폐가 중요하다money matters는 논리다. 이렇게 화폐를 중요하게 여기는 경제학자들을 통화주의자라 한다. 통화주의자들은 프리드먼 등 시카고학파를 중심으로 1980년대부터 2000년대 초반까지 경제학계에 큰 영향을 미쳤다.

프리드먼은 실증적인 자료를 볼 때 가장 유의미한 화폐량은 현금과 요구불예금뿐 아니라 정기예금까지 포함된 돈, 즉 광의통화(M2)에 가까운 개념으로 보았다. 이것은 고전학파의 화폐수량설에서 화폐를 현금과 요구불예금의 합, 즉 협의통화(M1)로 보고 있는 것과는 차이가 있다. 화폐의 범위를 어떻게 보느냐에 따라 실증분석 결과와 정책적 의미가 달라진다. 현장에서는 화폐의 범위 즉 돈이 무엇이냐가 중요하다.

앞에서 살펴본 대로 현실경제에서 경제주체 간에 흐르는 돈, 즉 유동성으로서 돈(화폐)의 범위는 넓고 종류도 다양하다. 현찰과 요구불예금부터 정기예금·펀드·채권·주식뿐 아니라 은행의 대출능력과 부동산까지 포함될 수 있다. 화폐의 범위를 좁힐수록 지표작성과 통제가 쉽지만 현실 경제활동과는 괴리가 있다. 현금통화나 본원통화는 통제가 쉽지만 현실 설명력이 떨어진다. 화폐의 범위가 넓어질수록 현실경제와의 관계는 커질 수 있지만 지표작성과 통제가 어렵다. 시중 총유동성은 지표작성도 통제도 거의 불가능하다.

시중 총유동성 개념의 화폐에 대한 국민경제 전체의 수요는 어떻게 될까? 국민소득과 물가 등 총체적 경제활동의 흐름에 맞추어 매우 안정적으로 관계를 가질 것이다. 시중 총유동성은 경제 전체에서 어떤 형태이든 돈의 역할을 하는 것이기 때문에 성장세 확대 등 경제활동이 활발해지면 총유동성에 대한 수요는 늘 것이다. 반대로 경제활동이 부진해지면 총유동성에 대한 수요도 줄어들 것이다.

금융위기 시 시중에서 돈이 급격히 부족해지고 심각한 신용경색이 발생하는 것을 어떻게 설명할까? 금융위기 시기라 해서 국민경제에서 필요로 하는 총유동성의 양이 급격히 늘어나는 것은 아닐 것이다. 그리고 시중의 현금통화나 예금통화 등의 통화지표도 금융위기 전후로 큰 변동이 없다.

신용경색이 발생하는 이유는 아마 경제주체들이 돈이라고 생각하는 범위가 빠르게 축소되기 때문일 것이다. 얼마 전까지 돈의 역할을 잘하던 주식과 채권, 부동산, 기업 간 신용, 금융기관 대출 접근성 등은 금융위기가 발생하면 돈으로서 역할이 제한된다. 주식·부동산 등은 현금화하기 어렵고, 은행은 여러가지 이유를 들어 대출하지 않는다. 현금통화와 대형은행의 예금과 같이 누구나 신뢰할 수 있는 돈만 주로 사용된다. 여러가지 돈에 대한 사람들의 신뢰가 급격히 변하는 것이다. 즉 돈이 돈으로서 역할을 하는 것은 경제주체들의 신뢰인데 이 신뢰가 변하기 때문에 돈의 양도 변하는 것이다.

이렇게 본다면 협의통화나 광의통화와 같이 돈의 범위를 미리 정해놓고 화폐수요를 분석하는 통화주의자의 이론은 금융위기 시와 같이 경제가 크게 변할 때는 의미가 없다. 화폐수요이론보다 돈이 무엇이고 이것이 상황에 따라 어떻게 변하는지에 대한 연구와 고민이 위기대응에 더 도움이 될 것이다.

04

싼 돈, 비싼 돈
돈의 값

    우리가 사고파는 물건과 서비스의 가격은 거의 모두 화폐의 단위로 표시된다. 거꾸로 사물의 가치척도 기능을 하는 돈 즉 화폐의 값은 있을까? 있다면 어떻게 표시할 수 있을까?

    돈의 값이나 가치는 같은 돈으로 살 수 있는 물건이나 서비스의 양에 따라 결정된다고 볼 수 있다. 같은 돈으로 살 수 있는 물건이나 서비스의 양이 많아지면 돈의 값이 비싸진 것이고, 살 수 있는 양이 적어지면 돈의 값이 싸진 것이다. 즉 돈의 값이나 가치는 그 돈의 구매력에 의해 결정된다. 그리고 구매력을 표시할 수 있는 지표는 국내 거래에서는 물가[14]이고, 해외 거래에서는 환율이다.

    물가가 오르면 같은 돈으로 살 수 있는 물건이나 서비스의 양이 줄어

---

14 물가를 대표하는 통계치로는 소비자물가지수가 많이 사용되나, 실제는 부동산가격 등이 포함된 총체적 물가가 더 현실성이 있다.

든다. 돈의 가치가 떨어져 돈이 헐값이 되는 것이다. 또한 미 달러당 환율이 1000원에서 1500원으로 오르면 미국 돈 1달러를 바꾸는 데 필요한 한국 원화가 더 많아져 한국 원화의 대외가치가 떨어진다. 미국 물건을 사거나 미국 여행을 갈 때 더 많은 한국 돈을 써야 하는 것이다.

돈은 가치척도 기능 이외에 교환의 매개물과 지급수단, 가치저장 수단 등의 중요한 다른 기능을 수행한다. 돈의 값은 이런 돈의 기능에도 큰 영향을 미친다. 먼저 물가나 환율이 올라 돈의 값이 떨어지면 돈의 가치저장 수단으로서의 역할이 크게 약화된다. 사람들은 보유하고 있으면 저절로 가치가 떨어지는 돈을 가치저장 수단으로 사용하지 않을 것이다. 즉 사람들은 값이 떨어지는 돈 대신 부동산 등의 다른 자산이나 다른 나라 돈을 가치저장 수단으로 찾게 된다.

다음으로 돈의 값이 떨어지면 가치척도 기능이나 교환의 매개물로서의 기능도 취약해진다. 물가상승에 맞추어 거래가격이나 표시가격을 바꾸어야 하기 때문에 불편하고, 불필요한 비용이 든다. 물건과 서비스의 가격이 자주 바뀌면 경제주체들이 혼란스럽고 불편해진다. 외상거래와 같은 다양한 신용거래가 발달하기 어렵다. 물가상승 속도가 빨라지고 돈의 가치가 빠르게 떨어질수록 돈은 여러가지 제 기능을 수행하기 어렵다.

물가상승이 아주 빠른 하이퍼인플레이션이 오면 돈이 돈 역할을 거의 못하면서 경제가 파탄나고 국가의 존망이 위협받는다. 하이퍼인플레이션은 통상 연간 500퍼센트 이상의 높은 물가상승을 말한다. 남북전쟁 당시의 미국, 1923년의 독일, 1946년의 헝가리, 1946년의 일본, 1947년의 중국, 1966년의 인도네시아 등이 대표적인 사례이다. 역사적으로 하이퍼인플레이션을 여러번 겪은 나라로는 그리스(4회)와 러시아(8회) 등이 있다. 1990년대 초반에는 아르헨티나와 브라질 등의 남미 국가가 여러차례의 하이퍼인플레이션을 겪었고, 2000년대에 들어서도 짐바브웨와 앙골라 등 아프리카국가와 2017년 베네수엘라 등에서 하이퍼인플레이션이 있었다. 한국은 하이퍼인플레이션은 없었지만, 해방 이후 1980년대 초까지 연 20퍼센트가 넘는 만성적인 인플레이션을 겪었다.

하이퍼인플레이션 시기에 돈이 돈 역할을 못했던 사례는 1923년 독일의 예가 많이 알려져 있다. 감자 한봉지 사기 위해 돈 한포대를 가져가는 일, 장작 대신 돈을 태워서 난방을 했다는 이야기, 벽지를 사는 것보다 돈으로 벽을 바르는 것이 훨씬 쌌다는 이야기, 음식 값은 선불로 내는 것이 유리했다는 것 등이다. 독일 하이퍼인플레이션이 한창이던 1923년 11월 아돌프 히틀러Adolf Hitler가 뮌헨에서 소요를 일으키며 정치권에 등장했다. 1947년 중국의 하이퍼인플레이션은 장 제스蔣介石 정권이 패망한 원인이 되었다. 하이퍼인플레이션은 이렇게 국가와 정권의 운명을 바꾸기도 한다. 남북전쟁 당시 남부의 하이퍼인플레이션이 더 극심했던 것도 패전원인의 하나였다.

독일은 하이퍼인플레이션에 대응하여 1924년 새로운 돈인 렌텐마르크를 유통시키고, 구 마르크와 새 마르크의 교환비율을 1조 대 1로 했다. 심각한 인플레이션은 많은 사람에게 피해를 주고 나라경제를 엉망으로 만들지만 일부 사람들에게는 큰 이익을 가져다준다. 돈의 값 즉 화폐가치가 하락하면 경제주체들에게 어떤 영향을 주는지 살펴보자.

돈 값의 변화와 경제주체들의 손익

물가가 올라 돈의 값이 떨어지면, 현찰과 예금 등의 금융자산 소유자와 남에게 돈을 꿔준 채권자, 정액 소득자 등은 손해를 본다. 반면 이익을 보는 사람은 부동산이나 공장 같은 실물자산 보유자와 다른 사람으로부터 돈을 빌린 채무자이다. 채권과 채무는 상환금액과 이자가 정해져 있는데 나중에 가치가 떨어진 돈으로 정해진 금액을 갚으면 되기 때문이다.

가계·기업·금융기관·정부 등의 경제주체를 총체적으로 보면 채무자는 주로 정부와 기업이고, 채권자는 가계이다. 금융기관은 채무자인 동시에 채권자로 중립적이다. 국민경제에서 가장 큰 채무자는 국가재정 운영을 방만하게 하는 나라의 정부인 경우가 많다.

물가가 상승하면 정부와 기업이 이익을 본다. 특히 기업은 채무도 있지만 사무실과 공장, 재고상품, 기계 등 실물자산이 많아 이익이 더 크다. 물가상승 시 개인들이 손해를 보는데 최상위 계층은 부동산 등의 실물자산과 주식 등 실물자산과 연계된 금융자산이 많아 오히려 이익을 볼 수 있다. 봉급과 연금 등의 정액 소득자가 가장 큰 피해를 본다. 이들 중 집을 보유한 중산층도 급속한 물가상승기에는 줄어든 실질소득을 보충하기 위해 집 등의 자산을 팔게 되어 극빈층으로 전락하기 쉽다. 극심한 인플레이션이 장기화되면 중산층은 붕괴되고 소수의 최상층과 다수의 극빈층으로 구성된 사회가 된다. 정치적·사회적으로 매우 불안한 사회가 되어 국가의 존망이 흔들린다.

다음으로 돈의 대외가치인 환율이 오르면 경제주체들 간의 이해관계는 어떻게 되는지 살펴보자. 미 달러당 원화환율이 1000원에서 1250원으로 오르면 한국 돈 10만원으로 바꿀 수 있는 미 달러는 100달러에서 80달러로 줄어든다. 환율이 이렇게 오르면 수출이 늘거나 수출업체의 수익이 증가할 수 있다. 수출업체는 10만원짜리를 100달러에 팔다가 80달러에 팔아도 원화로는 계속 10만원을 받을 수 있어 20달러의 가격 경쟁력이 생긴다. 수출업체가 100달러에 계속 팔 수 있다면 원화 12만 5000원을 받게 되어 노력 없이 매출과 수익이 늘게 된다. 환율이 오르면 수출업체와 외화자산 보유자 등은 이익을 본다.

반면 환율이 오르면 수입업자나 외화부채 보유자, 유학생과 해외여행자는 동일 금액의 달러를 얻기 위해 더 많은 원화가 필요해져 손해를 본다. 수입업자는 휘발유 값이나 밀가루 값에 반영하여 부담을 최종 소비자에게 넘길 수 있다. 따라서 환율상승의 부담은 대부분 일반 국민이 진다. 여기에다 달러로 환산한 대한민국 자산의 대외가치도 감소한다.

그런데 수출업자와 외화자산 보유자의 이익은 어디서 온 것일까? 미국 등 외국에서 온 것일까? 미국 수입업자는 달러로 같은 금액을 지급했을 뿐이다. 국내의 수입물품을 쓰는 소비자, 유학생과 해외여행자 등의 손실이 보이지 않게 수출업자와 외화자산 보유자의 이익으로 간 것이다. 물가가 올라 현찰 등 금융자산 보유자와 채권자가 손실을 보고, 실물자산 보유자와 채무자가 이익을 보는 것과 마찬가지다.

물가와 환율 이외에 부동산가격이 올라도 비슷한 일이 발생한다. 부동산가격이 오르면 부동산을 가진 사람은 가만히 앉아서 이익을 보고, 부동산이 없는 사람은 집값 및 집세가 올라 손해를 본다. 부동산이 없는 사람은 소득이 늘어도 상대적으로 더 가난해질 수 있는 것이다. 물가와 환율, 부동산가격은 가능한 안정적으로 움직여야 경제주체 간에 이익과 손실의 부당한 이전이 발생하지 않는다.

1970년부터 2017년까지 50년 가까이 한국·독일·일본의 돈의 값 즉 대내외 화폐가치의 변화를 살펴보면 아주 흥미롭다. 한국은 소비자물가가 21배 오르고 미 달러당 환율도 4배 가까이 상승했다. 반면 독일은 소비자물가가 3배 정도 상승하는 데 그쳤고, 미 달러 대비 환율은 3분의 1로 떨어져 독일 돈의 가치가 미국 돈에 비해 3배 커졌다. 일본도 독일과 비슷한 변화를 보였다. 한국의 부동산가격은 신뢰할 만한 장기통계가 없지만 소비자물가보다 훨씬 많이 상승했을 것이다. 한국은 소비자물가와 부동산가격 등의 상승에 따른 국내 화폐가치의 하락이 환율 상승이라는 원화의 대외가치 하락으로 나타난 것이다.

과거 50년간의 화폐가치 변화를 보면 한국에서 정액 소득자, 금융자산 소유자, 채권자, 일반 소비자 등이 큰 손실을 보았다. 반면 부동산 등 실물자산 보유자, 채무자, 수출업자 등은 엄청난 이익을 보고 쉽게 돈을 번 구조이다. 즉 한국은 과거 50년간 주로 금융자산을 보유한 사람, 일반 소비자, 외화자산을 갖지 못한 사람들의 희생하에 경제를 성장시켜온 것이다. 한국경제는 그간 빠른 성장을 했지만 경제성과가 공정하게 나뉘지 못했다. 이렇게 된 데에는 잘못된 조세제도와 복지부족 등 여러가지 원인이 있을 수 있지만 기본적으로 경제가 필요로 하는 돈보다 더 많은 돈이 공급되어 돈의 값이 떨어졌기 때문이다.

돈의 양이 필요 이상 많아지면 물가상승, 부동산가격 상승, 경상수지 적자, 경제주체의 부채증가 등의 부작용이 생긴다. 한국경제는 이런 부작용이 한두개는 항상 있어왔다. 부작용이 서너개가 동시에 생기거나 한두개라도 심해지면 위기가 올 가능성이 커진다. 돈의 양을 적절하게 관리해 돈의 값을 안정시키는 것이 경제정책의 기본이다. 그러면서 경제도 성장해야 국민들이 고루 잘살게 된다.

과거 50년 동안 성장도 하고 돈의 값을 잘 지켜간 나라는 독일 등 서유럽국가와 일본이다. 이에 비해 아프리카나 중남미 등의 많은 국가들은 물가와 환율을 안정시키지도 못하고 경제성장도 제대로 이루지 못했다. 가장 잘못한 나라들일 것이다. 한국은 경제성장은 이루었지만 물가와 환율이 크게 오르고, 부동산가격은 더 많이 올랐다. 좋게 봐주면 중간 성적은 되는 셈이다. 앞으로 물가와 환율, 부동산가격을 안정시키면서 경제성장을 해야 우등생이 되고, 선진국도 될 수 있을 것이다.

적정한 돈을 흐르게 하라

통화정책

통화정책은 국민경제에 적정량의 돈이 흐르도록 하여 물가안정과 금융안정 등을 달성함으로써, 최종적으로는 지속성장과 공정분배에 기여하는 정책이다. 통화정책은 복잡하고 전문적인 영역이지만 기본 원칙은 돈의 양을 잘 관리해 돈의 값을 안정적으로 유지하는 것이다.

여기서 경제에 가장 큰 영향을 미치는 돈인 시중 총유동성은 앞서 설명한 대로 측정하기도 통제하기도 어렵다. 따라서 여러 중앙은행들은 통제가 가능하면서도 현실경제와의 관련성이 큰 통화지표를 찾아 이를 중점적으로 관리하거나, 금리조정을 통해 돈의 양을 간접적으로 조절하고 있다. 중앙은행의 설립목적은 물가안정·금융안정·최대고용 등 나라에 따라 조금 다르지만, 통화정책은 비슷한 방식으로 운용된다.

통화량 중심의 통화정책

중심 통화지표를 설정하고 이를 조절 관리하는 통화정책은 1970년 대 후반 많은 나라가 사용했다. 여기에는 통화가 중요하다는 프리드먼 등 통화주의자들의 영향이 컸다. 사용한 중심 통화지표는 나라와 시기마다 다르다. 한국은 현금통화, 요구불예금, 정기예·적금 등이 포함된 광의통화(M2)를 주로 사용했다. 현금통화(본원통화)와 요구불예금만 포함된 협의통화(M1)는 통제하기는 쉽지만 한국처럼 경제가 빠르게 변하는 나라는 불안정하다. 따라서 한국은행은 범위가 넓어 상대적으로 안정성이 높고 어느정도 통제 가능한 M2를 중심 통화지표로 많이 사용했었다.

중앙은행이 통화량 관리대상인 중심 통화지표를 M2로 운용하더라도 직접 공급량을 변화시킬 수 있는 것은 본원통화이다. 따라서 통화량 관리 통화정책은 본원통화의 변화를 통해 광의통화(M2)를 변화시키는 것이 일반적이다.[15] 중앙은행이 본원통화를 조절하는 정책수단은 대출정책, 지급준비율 정책, 공개시장조작 등 세가지가 대표적이다.

대출정책은 중앙은행이 금융기관에 대출하는 금리와 조건을 변경해 본원통화의 양을 조절하는 정책이다. 대출금리를 올리거나 대출조건을 까다롭게 하면 금융기관이 빌려 가는 돈이 적어진다. 이는 금융기관이 신용창조를 할 수 있는 재원이 적어지는 것으로 결국 통화량 축소로 이어진다. 반대로 대출금리를 내리면 통화량이 늘어난다. 중앙은행의

---

15 한국은 1980년대 초반에는 본원통화 변화를 통한 간접적인 통화량 관리가 어려워 금융기관의 대출한도를 직접 통제하는 민간신용 관리제도를 사용하기도 했다.

대출방식이 초기에는 금융기관이 기업에 할인해준 어음을 다시 할인
(재할인)하는 형태로 이루어졌기 때문에 중앙은행의 대출정책을 재할
인정책이라고도 부른다. 현재의 중앙은행 대출은 국공채와 어음을 담
보로 하는 담보대출 형식으로 많이 이루어진다.

　다음으로 지급준비율 정책은 금융기관이 예금의 일부를 예금자의
지급요구 등에 대비해 현금이나 중앙은행 예치금으로 보유해야 하는
비율, 즉 지급준비율을 조정하는 정책이다. 지급준비율을 올리면 앞서
설명했듯이 금융기관의 신용창조 능력이 줄어 본원통화의 변화가 없
더라도 통화량이 줄어든다. 또한 일반적으로 지급준비금은 수익이 발
생하지 않기 때문에 지급준비율을 올리면 금융기관의 수익도 줄어든
다. 반대로 지급준비율을 내리면 금융기관의 대출가능 규모와 통화량
이 늘고 수익도 좋아진다. 지급준비율 정책은 금융기관의 자금운용 규
모와 수익에 광범위한 영향을 미치고 정책의 탄력성이 떨어진다. 이 때
문에 1990년대 이후 선진국에서는 잘 사용하지 않는 정책이다.[16]

　공개시장조작은 중앙은행이 단기금융시장이나 채권시장과 같이 다
수의 시장참여자에게 공개된 시장에서 국공채 등을 사고팔아 본원통
화의 양을 조절하는 정책수단이다. 중앙은행이 채권을 매입하면 채권
가격이 올라 시장금리가 떨어지고, 채권매입 대금이 금융기관에 지급
되므로 본원통화가 공급되는 것이다. 중앙은행이 채권을 팔면 반대로
금리가 오르고, 본원통화와 통화량이 줄어든다.

　채권을 매매하는 방식은 단순매매와 환매조건부 매매 두가지가 있

---

16 지급준비율 정책은 중앙은행이 금융기관에 부과하는 세금과 성격이 비슷하므로 통
　화정책보다는 거시건전성 정책 차원에서 사용하는 것이 바람직할 수 있다.

다. 단순매매는 채권의 소유권이 완전히 이전되는 거래로 통화량을 기조적으로 늘리거나 줄일 때 사용한다. 환매조건부 매매는 일정기간 후 정해진 가격으로 다시 매입하거나 매각할 조건으로 거래하는 것이다. 이는 채권을 담보로 일정기간 돈을 빌리거나 빌려주는 것과 비슷하고 통화량을 단기적으로 조절할 때 사용한다. 예를 들어 중앙은행이 금융기관으로부터 30일 환매조건부로 채권을 매입했다면, 30일 동안 중앙은행이 금융기관에 채권을 담보로 대출한 것과 거의 같다.

공개시장조작은 다른 정책수단에 비해 장점이 많다. 첫째, 시장에서 주어진 조건으로 거래가 이루어지기 때문에 시장 친화적이면서도 중앙은행이 능동적으로 통화량과 시장금리를 조절할 수 있다. 둘째, 공개시장조작은 본원통화의 양을 미세하고 탄력적으로 조절할 수 있다. 필요한 규모에 맞추어 채권매매를 하면 되고, 실시 시기와 횟수, 조건 등을 수시로 조정할 수 있기 때문이다. 셋째, 중앙은행이 채권매매 과정에서 시장참여자들과 계속 정보를 교환할 수 있어 정책판단의 오류를 최소화할 수 있다.

이러한 공개시장조작의 긍정적 효과는 금융시장이 발달되어 있어야 제대로 기대할 수 있다. 즉 중앙은행이 거래할 수 있는 채권의 종류와 만기 등이 다양하고 거래량도 많아야 한다. 그러나 한국은 공개시장조작 여건이 좋지 못해 한국은행이 직접 통화안정증권을 발행하여 거래 채권의 부족 문제 등을 해결하기도 했다.

통화량 중심의 통화정책은 1980년대 들어 급격한 금융혁신의 진행으로 새로운 금융상품이 등장하고, 금융기관 간 영역이 무너지면서 유효성이 크게 저하되었다. 중심 통화지표가 시중 총유동성을 대표하기 점점 어려워지고, 물가와 성장 등 실물경제와의 관계도 약화되었다. 이러한 상황은 중심 통화지표를 바꾸어도 개선되지 않았다. 즉 돈 역할을 하는 금융상품이 다양해지고 계속 변해 돈의 범위가 불안정해진 것이다.

1980년대 후반부터 주요국 중앙은행들은 통화정책을 통화량 중심에서 금리 중심으로 전환했다. 1990년대 중반 이후 현재 대부분의 선진국은 금리 중심 통화정책을 채택하게 되었다.

금리 중심 통화정책

금리는 돈을 빌려 사용한 것에 대한 대가이다. 돈을 빌려준 사람은 그 돈을 사용할 기회의 포기와 돈을 돌려받지 못할 위험 등으로 인해 이자를 받으려 한다. 금리는 돈의 양과 흐름에 따라 변하고, 물가와 생산·투자·소비 등 실물의 움직임에 영향을 준다.[17] 단기금리와 장기금리, 예금 및 대출금리 등은 서로 연결되어 움직인다. 그중 단기시장금리는 중앙은행이 통제하기 쉽고, 다른 금리에 대한 영향력도 크다. 중앙은행들은 유효성이 낮아진 통화량 관리 대신 금리에 보다 많은 관심을 두게 되었다.

금리 중심의 통화정책은 중앙은행이 정책금리의 조정을 통해 여러 시장금리를 변동시키고 돈의 양과 흐름을 조정하는 정책이다. 중앙은행이 정책금리를 변경하면 금융기관들 간의 자금 과부족을 조정하는

---

17 금리는 장기적으로 물가상승률과 경제성장률의 합과 비슷한 움직임을 보인다.

콜시장의 금리가 즉각 반응하고, 이어 양도성예금증서CD 금리와 기업어음CP 등의 단기시장금리도 같은 방향으로 움직인다. 다음으로 채권 등 장기시장금리와 금융기관의 예금금리와 대출금리도 따라 움직인다. 이에 따라 기업투자, 민간소비, 자본 유출입 등이 변동하고 국민소득과 물가, 수출입 등도 영향을 받는다.

중앙은행의 정책금리는 나라마다 조금씩 다르다. 가장 오래전부터 금리 중심 통화정책을 사용했던 미국은 한국의 콜금리와 비슷한 페더럴 펀드 금리Federal Fund rate의 목표를 정책금리로 하고 있다. 한국과 유럽 중앙은행은 중앙은행의 7일물 환매조건부채권 매입의 최저 입찰금리를 정책금리로 하고 있다. 중앙은행은 매일매일 공개시장조작을 통해 정책금리나 목표금리를 제시한 기준에 맞추어 움직이도록 하고 있다.

중앙은행은 2퍼센트 정도의 물가안정, 최대한 고용유지 등과 같은 통화정책의 목표를 설정하고, 이러한 목표의 유지를 위해 정책금리를 조정해간다. 중앙은행의 금리 중심 통화정책이 잘 작동하려면 금융시장이 발달되어 정책금리의 변동이 다른 금리에 효과적으로 영향을 주어야 한다. 또한 경제주체들이 금리변동에 따라 소비나 투자를 민감하게 변동시켜야 한다.

2000년대 중반 미국을 중심으로 세계경제는 중앙은행의 통화정책 목표가 거의 달성되고, 금융시장이 잘 돌아가 외형적으로는 모든 것이 좋아 보였다. 미국, 유럽 등 선진국의 물가상승률은 1퍼센트 내외였고, 고용도 비자발적 실업이 거의 없는 완전고용에 가까운 상태를 유지했다. 은행 등 금융기관과 기업의 수익도 매우 양호했다. 이러한 경제상태가 어떻게 가능한 것인가에 대한 의문이 들 정도였다.

그러나 2007년 하반기부터 미국에서 서브프라임 모기지 사태가 불거지면서 세계의 금융경제 상황은 급변했다. 2008년 들어 수많은 금융기관이 도산하고 주식시장이 폭락했을 뿐 아니라 많은 국가들이 마이너스성장을 기록했다. 수많은 사람들이 파산을 하고 집을 잃었다. 세계경제는 1929년 대공황 이후 최대의 경제위기에 빠졌다. 위기의 원인이 경제 내부에서 안 보이게 축적되고 있었던 것이다.

2008년 세계 금융위기의 원인으로는 글로벌 무역 불균형 지속으로 인한 국제적 과잉 유동성 창출, 저금리로 인한 과다차입과 부동산시장 거품, 투자은행과 파생금융상품에 대한 감독실패, 금융기관의 과도한 위험추구, 신용평가기관의 도덕적 해이, 분배구조의 악화, 저소득층에 대한 무리한 주택 소유 유도 등 참으로 여러가지가 지적되고 있다. 항상 위기 이후에 많은 사람들은 위기의 원인을 분석하고 이야기한다.

양적완화와 통화정책 틀의 변화

미국과 유럽의 중앙은행과 정부는 1929년 대공황의 경험을 바탕으로 신속하게 2008년 위기에 대처했다. 금리를 제로 수준으로 내리고 공적자금 투입 등을 통해 부실 금융기관을 구제했다. 정책금리는 더이상 내릴 수 없는 수준으로 낮아졌는데도 시중의 돈은 부족하고 돈이 잘 돌지 못했다. 그리고 물가는 계속 낮은 수준을 유지했다. 금리 중심의 통화정책이 무력화된 것이다.

미국 등의 중앙은행은 양적완화QE, quantitative easing라고 하여 중앙은행이 본원통화의 양을 직접 늘리는 비전통적인 정책을 시행했다. 양적 완화는 제로금리의 원조국인 일본에서 처음 도입되었다. 일본은 1999년 정책금리를 제로 수준으로 낮추었으나 물가하락과 마이너스성장이 이어지자 2001년 3월부터 수시로 양적완화라는 이름으로 일본은행이 본원통화 공급을 대폭 확대해왔다.

양적완화는 중앙은행이 채권 등을 대규모로 매입하여 중앙은행의 자산과 부채를 늘리는 정책이다. 양적완화를 하면 중앙은행의 대차대조표 규모가 커지고 본원통화가 확대 공급된다. 양적완화는 금리정책이 작동하지 않을 때 본원통화를 늘리는 변형된 통화량 중심의 통화정책이라고 볼 수 있다. 금리정책이 정상화되면서 보유채권 매각 등을 통해 양적완화의 반대정책 즉 본원통화를 축소하는 정책도 시행되는 것이다.[18]

과거 5퍼센트, 10퍼센트 금리 시대에 제로금리는 상상속에서만 존재하는 것이었다. 금리가 제로 수준으로 떨어지면 웬만한 투자는 모두 수익을 낼 수 있어, 투자가 크게 늘어날 것이고 성장이 이루어지고 물가가 오를 것으로 생각했기 때문이다. 일본은 1991년부터 30년 가까이 제로금리 시대를 지속하고 부분적인 마이너스금리 정책도 하고 있다. 미국과 유럽은 제로금리의 지속 기간이 일본보다는 짧지만 상황은 비슷

---

18 미국은 2008년 11월 정책금리를 0~0.25퍼센트로 낮추고 양적완화를 시작했으며, 2010년 8월과 2012년 9월 양적완화 규모를 대폭 늘렸다. 2014년부터는 경기가 조금씩 회복되자 테이퍼링(tapering)이란 이름으로 양적완화 규모를 줄여나갔고, 2015년 12월에는 정책금리를 0.25퍼센트포인트 올려 제로금리 시대를 7년 만에 벗어났다. 2017년 말부터는 금리인상과 양적완화의 반대인 양적축소(quantitative tightening)를 본격 추진하고 있다.

했다. 제로금리 또는 제로금리와 비슷한 저금리 상태가 장기간 지속되고, 부작용도 나타나면서 통화정책의 틀을 근본적으로 바꾸어야 한다는 논의와 생각이 많아지고 있다.

첫째는 통화정책의 목표가 물가안정과 고용확대 이외에 금융안정까지 확대되어야 한다는 주장으로, 이는 대부분 중앙은행에 받아들여지고 있다. 2007년 물가가 안정되고 성장 등이 좋은 상황에서 부동산 거품, 과다한 부채, 금융기관의 과도한 위험추구 등으로 인해 세계 금융위기가 촉발됐기 때문이다. 중앙은행은 이러한 금융 불균형에 적극적으로 관심을 가져야 하며 이를 위해 통화량과 금리 이외에 더 많은 정책수단을 사용해야 한다는 주장이다. 이러한 정책을 거시건전성 정책이라 하고, 정책수단은 전통적인 통화정책과 자기자본 규제와 같은 건전성 감독정책뿐 아니라 LTV주택담보대출비율, DTI총부채상환비율 등 부동산 규제정책, 외화건전성 부담금, 자산지준제도[19] 등도 포함된다.

둘째는 통화정책의 선별적 기능을 강화할 필요가 있다는 것이다. 선진국의 전통적 통화정책은 통화량 중심이건 금리 중심이건 무차별적 효과를 우선했다. 중앙은행이 돈의 총량을 조절하면 돈은 시장을 통해서 시장원리에 의해 각 부문으로 무차별적으로 움직여 영향을 주는 것이었다. 이것이 바람직한 균형을 이루고 효율적이라고 보았다. 그러나 제로금리라는 비정상적 상황은 금융 접근 기회가 큰 소수에게는 이익이지만, 다수의 예금자에게는 저금리의 손실을 주게 된다.[20] 따라서 통

---

[19] 금융기관의 예금 대신 금융기관이 보유하고 있는 대출, 증권 등의 자산을 기준으로 지급준비금을 부과하는 제도로 호황기에 금융기관의 과도한 자산 확대를 방지할 수 있다.

화정책에 이러한 불균형을 시정할 수 있는 선별적 기능이 있어야 한다는 것이다. 즉 중앙은행이 중소기업, 저소득층 등과 같이 돈이 잘 안 도는 특정 부문에 본원통화가 더 흘러가도록 해야 한다는 것이다.

셋째는 초저금리는 금리의 가격기능이 작동하지 않아 오히려 실물경제의 회복을 지연시킬 수 있다는 주장이다. 명목금리 안에는 자금의 기회비용, 리스크 프리미엄, 인플레비용 등이 포함되어 있는데 명목금리가 너무 낮으면 이런 비용요인이 금리에 반영되기 어렵다. 특히 리스크 프리미엄은 저금리 시대라 하여 낮아지는 것이 아닌데 명목금리가 너무 낮아지면 나머지 요인을 반영할 여지가 없어진다. 이렇게 되면 실물부문의 수익률이나 실질성장률과 같은 움직임을 보이는 자연이자율이 '마이너스'가 될 수 있다.[21] 금리가 금융과 실물의 연결고리 역할을 제대로 할 수 없다는 의미다. 결국 금융위기 수습 후 제로금리 기간을 짧게 할수록 금융시장과 실물경제의 정상화가 오히려 빨라질 수 있다는 논리가 된다.

제로금리와 마이너스금리는 자연적이라기보다 중앙은행이 인위적으로 만든 특별한 상황에 가깝다. 장기화되면 경제를 왜곡할 수밖에 없다. 중앙은행 금리정책의 한계를 포함한 통화정책의 근본적 개혁에 대한 논의의 필요성이 높아지고 있다.

---

20 이와 같이 통화정책 효과가 경제주체에 차별적으로 영향을 준다는 점에 주목하여 이러한 현상을 분석할 수 있는 방안으로 이질적 경제주체의 뉴케인시안 모형(Heterogenous Agent New Keynesian Model)이 제시되고 있다.
21 리카르도 카바예로와 에마뉘엘 파리는 이러한 상황을 안전자산 함정(Safety Trap)이라고 주장한다. Ricardo J. Caballero and Emmanuel Farhi, "The Safety Trap," *The Review of Economic Studies* 85(1), Oxford University Press 2017, 223~74면.

06

투기와 투자
돈놀이

많은 사람이 돈을 벌고 싶어 한다. 사업을 해서 성공하거나, 직장에 잘 다니면서 열심히 저축하여 돈을 벌 수 있다. 또한 부모 등으로부터 상속을 받아도 부자가 될 수 있다. 이러한 방법 이외에 돈을 벌 수 있는 것은 아마 투기speculation와 투자investment뿐일 것이다. 투기와 투자는 둘 다 돈을 갖고 돈을 벌려고 하는 돈놀이money game 같은데 어감의 차이는 하늘과 땅이다.

투기와 투자의 구분

투기는 시장을 혼란스럽게 하고 천박할 뿐 아니라 사기나 범죄와 관련된 느낌을 준다. 반면 투자는 건전하고 경제를 좋게 하는 방향으로 돈을 움직이는 느낌이다. 실제 냉정하게 보면 둘의 차이를 구분하기 쉽지 않다. "내가 하면 투자요, 남이 하면 투기"일 수도 있다. 그래도 둘의 차이를 찾아보자.

먼저 투자는 완전히 다른 두가지 개념을 갖고 있는 용어이기 때문에 이를 분명히 할 필요가 있다. 하나는 거시경제학과 국민소득 등에서 소비·저축 등과 함께 사용되는 투자이다. 이는 국민경제의 자본총량을 증가시키기 위해 경제주체들이 기계설비 등을 구입하거나 건축물 등을 새로 만드는 것을 말한다. 또다른 하나는 주식·채권·부동산 등에 대한 투자와 같이 단순히 돈을 벌려는 자금투입이다.

1930~40년대까지는 경제학의 실물자본 형성만 투자라 하고, 나머지 주식과 부동산 투자와 같이 돈 놓고 돈 버는 것은 모두 투기speculation라고 칭했다고 한다. 앞서 살펴본 케인스의 화폐수요이론에서 말하는 '투기적 수요'란 화폐를 증권에 대응한 투자자산의 하나로 보유하려는 의도를 의미한다. 이러한 화폐수요는 경제학에서의 투자가 아니기 때문에 투기라 불렀다. 케인스 시대에는 투자와 투기의 구분이 쉬웠다. 케인스가 말한 투기적 수요의 투기는 현재의 투기와는 느낌이 다를 수밖에 없다.

1950년대부터 채권과 주식, 부동산 등에 투기를 하거나 이를 권유하는 사람들이 자신들의 돈놀이를 좋게 보이기 위해 투자investment란 말을 사용했다고 한다. 이후 투자는 경제학에서 실물자본 형성을 의미하는 투자와 돈놀이의 투자로 나뉘고, 투기와 투자의 개념 구분이 혼란스러워졌다. 투자의 개념을 1950년대 이전으로 단순화시켰으면 좋겠지만 현실은 그렇지 못하기 때문에 투기와 일상에서 쓰는 돈놀이 개념의 투자의 차이를 알아볼 필요가 있다.

투기는 일반적으로 위험을 많이 부담하고 고수익을 추구하는 것, 단기간에 고수익을 기대하는 것, 자금조달 능력이나 사업계획 등을 충분히 검토하지 않고 무리하게 자금을 투입하는 것 등을 의미한다. 반대로 투자는 가능한 위험을 회피하거나 분산하면서 장기적으로 안정적인 수익을 추구하는 것이다. 그러나 고수익과 안정적 수익의 차이, 위험부담과 위험분산의 구분은 경계를 짓기 어려운 경우가 많다. 회색지대가 많이 있고, 고수익과 안정적 수익의 구분은 사후적으로 이루어지는 경우도 많다.

또다른 투기와 투자의 구분 기준도 있다. 투기는 대상물의 가격상승, 즉 시세차익을 주로 기대하는 자금투입이고, 투자는 대상물에서 나오는 수익 즉 배당과 이자·임대료 등의 수입을 주로 기대하는 것이다. 이 기준은 개념적으로 명확하지만 현실에서는 구분하기 어려울 수 있다. 사람들은 일반적으로 가격상승과 대상물의 수익을 동시에 고려하기 때문이다. 다만 투기나 투자를 실행한 사람은 자신이 어디에 중점을 두었는지 즉 투기를 한 것인지 투자를 한 것인지를 알 수 있다.

이러한 투기와 투자의 구분 기준을 말 많은 한국의 부동산투기에 적용해보자. 일반적으로 한국에서는 부동산을 많이 보유한 사람이 투기적이라고 보는 경향이 있는데 꼭 그렇지는 않다.

예를 들어 자산이 100억원인 사람이 40억원의 부동산이 있고 나머지 60억원이 예금과 주식·채권 등에 투자되어 있다면, 이 사람은 위험을 적절히 분산하여 자산을 관리하고 있는 것이다. 또다른 사람은 자산 총액이 10억원인데 9억원이 부동산이다. 이 경우 부동산가격이 오르면 좋지만 예상과 달리 부동산가격이 떨어지면 큰 손실을 입는다. 위험회피가 거의 안 되어 있어 투기적인 것이다.

한국에는 금융자산은 전혀 없고 집만 달랑 한채 있어 투기와는 담 쌓고 살았다는 말을 하는 사람이 꽤 있다. 자신은 투기와 관련 없다고 생각할지 모르지만 실제는 엄청나게 투기적으로 자산운용을 하고 있는 것이다.

다른 예로 두명이 똑같이 15억원으로 부동산을 구입했다고 하자. 한명은 그간 집값이 많이 올랐고 앞으로도 계속 오를 것 같은 곳에 아파트 한채를 사서 1가구 1주택자가 되었다. 또다른 한명은 집값이 안 오르지만 세가 잘 나가는 지역에 3억원짜리 아파트 다섯채를 사서 한채는 자신이 살고 나머지 네채는 세를 놓아 임대료 수입을 올린다. 누가 더 투기성향이 강할까?

앞에 설명한 투기와 투자의 구분에 따르면 시세차익을 생각하고 비싼 집 한채를 구입한 사람이 더 투기적이지만, 한국의 언론 등에서는 집값 상승보다는 임대료 수입을 얻는 다주택자를 더 투기적으로 보는 경향이 있다. 이처럼 부동산투기에 대한 기준은 경제적 의미의 투기와 사람들이 인식하는 투기가 크게 다를 수 있다. 1주택자로 자신은 부동산투기를 하지 않는다고 생각하는 사람도 실제로는 굉장히 투기적일 수 있는 것이다.

논리적으로 보면 투기와 투자의 구분은 실익이 별로 없는 셈이다. 어떤 방식으로든 모두 재산을 지키고 돈을 벌기 위한 것이기 때문이다. 부동산투기를 했느냐의 여부보다는 거래 과정에서 법을 얼마나 잘 지키고 세금을 제대로 냈느냐가 중요하다.

나와 국민경제에 도움이 되는 투기는?

개인에게 도움이 되는 투기는 당연히 돈을 번 투기일 것이다. 흥미롭게도 투자자들이 돈을 버는 투기가 대부분 국민경제에도 도움이 된다. 주식, 외환, 금은 등의 귀금속, 부동산, 곡물 등 투기대상의 가격은 거의 대부분 상당기간 상승과 하락을 반복하는 사이클을 그리며 어떤 방향으로 움직인다.

주식시장 등이 하락 사이클에 빠지면 시장참여자들은 대부분 공포감을 이기지 못하고 주식을 팔아 주가의 하락이 장기화된다. 반대로 주식시장이 상승 사이클에 들어서면 시장참여자들은 주가가 더 오를 것 같은 탐욕으로 주식을 더 사게 되어 상승세가 확대된다. 세상에 계속되는 오르막과 내리막이 없듯이 시간이 지나면 떨어지던 주가는 다시 오르고 오르던 주가는 떨어지는 것이 일반적이다. 상승과 하락이 반복되는 시장에서 돈을 벌려면 하락시장에서 공포를 이겨내고 매입을 해야 하고, 상승시장에서는 탐욕을 자제하고 매각해야 한다.

이렇게 공포와 탐욕을 극복하고 돈을 버는 투기가 자신을 위해서도 분명 좋은 일이지만, 국민경제를 위해서 어떻게 좋은지 알아보자. 주가 등의 하락세가 장기화되고 불안심리가 확산되는 시장에서 공포를 이겨내고 매입하는 사람이 없으면 시장은 장기침체의 늪에 빠져 회복이 어려울 것이다. 반대로 상승세가 장기화되고 다수 시장참여자들이 행복에 빠져 있을 때 탐욕을 떨쳐버리고 매각하는 사람이 없다면 가격이 계속 올라 언젠가 거품이 되어 터질 것이다. 이렇게 되면 주식이나 부동산시장은 진폭이 커지고, 거품의 발생과 붕괴로 국민경제에 큰 부담을 준다. 즉 상승시장의 꼭대기 근처에서 사들이고, 하락장의 바닥 부근에서 매도해버리는 실패한 투자자가 많아지면 시장과 국민경제가 아주 불안정해지는 것이다.

그러나 돈 버는 투기가 국민경제에 도움이 되지 않는 경우도 있다. 바로 한국의 부동산투기다. 한국의 부동산시장은 1997년 이후와 2008년 이후 일시적 침체기를 제외하고는 지속적으로 상승해왔다. 공포가 지배하는 하락장에 대한 경험이 거의 없는 것이다. 부동산을 사놓고 기다리면 거의 대부분 가격이 올랐다. 특히 특정 지역의 부동산은 이러한 경향이 더 뚜렷했다. 이러한 학습경험을 바탕으로 한국 사람들은 계속 부동산을 사들인다. 그러면 다시 부동산가격은 오른다. 가격이 많이 오른 지역에 부동산을 많이 가진 사람은 저절로 부자가 된다. 무주택자 등은 집값·집세 부담이 커지고 국민경제는 경쟁력이 약화된다. 경제정의는 사라지고 소득분배는 악화된다. 경제위기도 올 수 있다.

한국의 부동산투기는 투기한 사람에게는 좋지만 다수 국민과 국민경제에 큰 피해를 준다. 한국의 부동산가격은 끝없이 오를 수 있을까? 이는 자연의 섭리를 거스르는 일인지 모른다. 언젠가 내릴 텐데 언제인지 모를 따름이다. 내릴 때에는 막대한 비용을 내야겠지만 아마 세상의 다른 일과 마찬가지로 돈을 번 사람과 돈을 내는 사람이 다를 수 있다.

부동산투기와 주식투자

부동산과 주식은 둘 다 돈놀이의 주요 대상이면서 국민경제에 꼭 필요한 것이다. 부동산은 주택과 공장의 건립, 농업생산, 도로 등의 건설을 위해 꼭 필요한 국가자산이다. 주식은 기업의 자금조달, 기업의 가치평가와 시장감시 기능 등을 갖고 있어 자본주의국가의 필수품이다. 그렇지만 성격과 가격상승 등이 국민경제에 미치는 영향은 판이하다.

먼저 부동산은 거래가 빈번하지 않아 유동성이 낮고, 지역적 차별성이 강하고 거래비용도 크다. 또한 증권거래소와 같은 중앙 집중된 거래소가 없어 시장이 비효율적일 수밖에 없다. 따라서 외부충격이 있거나 시장환경이 바뀔 때 부동산의 반응은 장기간에 걸쳐 한쪽 방향으로 지속적으로 나타나는 경향이 있다. 여기에다 부동산은 주식과 달리 공매도short selling[22]가 불가능하여 소수의 공격적 투기꾼의 수요만으로도 가격이 계속 상승할 수 있다. 부동산은 공급이 제한되어 있을 뿐 아니라 주택은 착공과 완공 사이의 시차 문제까지 있다. 주택가격이 상승하면 건설업자는 주택공급을 늘리겠지만 건물완공에 시간이 걸려 실제 공급은 가격의 정점을 지난 후에 이루어지기 쉽다. 또한 가격이 하락해도 주택공급은 계속되는 경우가 많다. 이 같은 이유로 부동산시장에서 거품의 발생과 붕괴가 빈번하게 발생한다.

주택 등 부동산시장은 거품의 발생·붕괴 가능성이 클 뿐 아니라 거품붕괴 시 주식시장에 비해 국민경제에 미치는 부작용이 크다. 주택 등 부동산은 주식보다 보유하고 있는 사람이 훨씬 많아 주택가격 하락 시

---

22 공매도는 시장참여자가 자산가격이 너무 높다고 판단되는 경우 거래대상을 소유하지 않았더라도 담보 등을 제공하고 팔 수 있는 제도이다. 공매도는 주식시장 등에서 일반화되어 있어 과도한 가격상승을 막는 순기능과 가격의 급작스러운 하락을 초래하는 역기능이 있다.

소비 감소폭이 더 크다. 또한 주택구입 시 차입에 의존하는 비율이 주식보다 훨씬 많아 주택가격 하락은 가계의 어려움뿐 아니라 금융기관의 부실로 이어질 수 있다. 따라서 주식시장의 거품붕괴는 주식시장의 문제로 끝나는 경우가 많은데 부동산시장의 거품붕괴는 심각한 경기침체나 금융위기로 쉽게 연결된다.[23]

다음으로 주택 등 부동산은 가격이 계속 오르면 주식과 달리 부작용이 심각하다. 주식의 경우 투자를 안 한 사람은 주식가격이 계속 올라도 상대적 박탈감이 있겠지만 직접적 피해는 별로 없다. 오히려 국민경제 전체는 기업의 자금조달이 용이해져 좋아질 수 있다. 반면 부동산가격이 계속 오르면 무주택자들은 집값·집세 부담이 커져 상대적으로 가난해진다. 공장과 사무실의 건설이나 임대에 들어가는 비용이 오르고, 노동자의 임금인상 요구가 커져 기업의 경쟁력이 약화된다. 이외에도 비싼 부동산가격은 젊은 세대의 결혼과 출산 기피, 소득의 세대 간 부당한 이전, 양극화와 빈곤의 대물림 등 많은 부작용을 초래한다.

대체로 부동산가격이 오르면 경제가 위험해지고 주식가격이 오르면 경제가 좋은 것이다. 그런데 한국 국민은 주식에는 별 관심이 없고 부동산투자에 모든 힘을 쏟는다. 한국은 가계자산의 70~80퍼센트가 부동산이다. 이에 비해 미국·일본은 부동산 비중이 30~40퍼센트에 불과하다. 한국 주식의 시가총액은 2017년 1600조원으로 경상GDP의 1.1배

---

23 부동산 거품붕괴가 금융위기 등으로 이어진 주요 선진국의 사례만 보더라도 1980년대 미국 저축대부조합 부실 사례, 1990년대 초반 스웨덴·핀란드 등 북유럽의 금융위기, 1990년대 초 일본의 '잃어버린 20년'의 시작, 2007년 미국의 서브프라임 모기지 사태, 2008년 영국과 아일랜드의 금융위기, 2009년 스페인의 금융불안 등 아주 많다.

정도로 미국과 비슷한 수준이지만, 한국 주식시장의 외국인 투자비율은 32퍼센트 정도로 아주 높다. 특히 삼성전자·포스코·현대자동차·국민은행 등 한국 대표기업의 외국인 주식소유 비중은 50퍼센트를 넘는다. 한국 주식시장은 외국인이 사면 오르고 외국인이 팔면 떨어지는 외국인투자자의 놀이터가 되었다. 국민들이 주식시장을 외면하는 것은 부동산의 수익성이 더 좋다는 것을 경험을 통해 잘 알고 있기 때문이다.

부동산시장의 고수익은 많은 인구, 좁은 토지면적 등 자연적 요인보다는 제도적·정책적 요인이 훨씬 더 크다.

먼저 주식은 배당에 대해 소액이라도 16.4퍼센트의 소득세를 내야 하고, 다른 금융소득과 합해 연간 2000만원이 넘으면 근로소득 등과 합산하여 종합과세 대상이 된다. 이 경우 건강보험의 피부양자가 될 수 없고 보험료도 오른다. 소액 투자자는 산 주식을 팔 때 양도차익이 있어도 세금을 내지 않는다. 이것은 큰 혜택이지만 외국인들이 주도하는 주식시장에서 개미라 불리는 소액 투자자들이 양도차익을 얻기는 매우 어렵다. 더욱이 한국은 소액 주주의 양도차익에 대해 과세하지 않는 대신 주식을 사고팔 때 내는 거래세율을 높게 하고 있다. 소액 투자자들은 주식매매를 통해 수익을 내건 손실을 보건 많은 거래세를 내야 한다. 한국의 주식시장은 개인투자자들에게 장기적인 투자처로서 매력적이지 못하다. 주식시장의 참여자는 소수의 투기성 강한 전업 투자자나, 부동산에 투자하기에는 종자돈이 아직 부족한 사람들이 대부분이다.

반면 부동산은 모든 국민의 사랑받는 돈놀이 장소가 되었다. 한국은 초등학생을 포함 국민의 꿈이 임대사업자인 나라이다. 잘나가는 스포츠나 연예계 스타들의 재산증식 대상은 금융자산이 아니고 부동산이다. 뿐만 아니라 중소기업 경영자마저 경기가 좋을 때 사업을 적당히 정리해 역세권에 빌딩을 사서 임대사업자가 되려 한다. 이렇게 부동산에 돈이 몰리는 것은 부동산이 주식이나 다른 자산에 비해 혜택이 아주 많기 때문이다.

주택 임대소득의 경우 1가구 1주택자는 공시가격 9억원(시가 기준으로 대략 18억원 정도까지) 이하의 주택은 임대소득이 아무리 많아도 법상 비과세이다. 예를 들어 원룸이 20개 있는 원룸주택이 공시가격 9억원 이하이면 1주택자의 경우 임대소득이 연 1억원이 넘어도 과세대상이 아니다. 2주택 이상 보유자나 오피스텔 보유자는 법상 임대소득 과세대상이나 정부는 특별한 이유 없이 세금을 제대로 걷지 않는다. 주택 임대소득세는 보유세나 양도소득세 등의 혜택을 받기 위해 임대사업자로 자진 신고한 아주 소수만 내고 있다.

상가나 상업용 건물의 임대소득세는 걷고 있으나 신고 누락, 임대료 축소 신고,[24] 경비 과다계상 등을 통해 세금을 줄일 수 있다. 세금회피를 위해 많이 사용하는 방법 중 하나가 건물 관리회사를 만들고 자식이나 가족을 임직원으로 채용하는 것이다. 임직원 급여라는 명목으로 임대소득을 줄이고 가족에게 소득을 증여할 수 있다. 이에 비해 주식 등 금융자산은 세금을 회피하기가 쉽지 않다. 금융자산은 대부분 거래관계가 드러나기 때문에 차명계좌를 사용해야 하는데 이는 한계가 있고 위험하다.

부동산의 양도소득세는 시가 9억원 이하 1가구 1주택은 비과세이다.

---

24 상가 등의 임대료 축소 신고를 위해 건물주가 자신의 친척을 세입자 업체의 직원으로 위장 취업시키고 임대료의 일부를 친척 인건비로 받는 사례도 있다고 한다.

시가 9억원 초과분, 2주택자의 양도소득은 과세대상이나 공제항목이 많아 실질적인 세금부담은 크지 않다. 보유세의 경우도 과세 기준 공시지가가 시가에 비해 크게 낮고, 외국에 비해 세율도 낮은 편이다. 부동산은 상속·증여 시 시가에 비해 크게 낮은 공시지가로 과세되는 경우가 많고, 상속 시 공제혜택도 크다. 또한 고위공직자의 재산공개 시에도 금융자산에 비해 크게 유리하다. 부동산은 공시지가로 평가하기 때문에 시가의 절반 정도까지 공개되는 보유재산 규모를 줄일 수 있다.

정책당국은 이렇게 부동산 부문에 보이게 또는 보이지 않게 많은 혜택을 주면서 투기를 조장하고 있는 것이다. 성공한 정치인·관료·교수·기업인 등 한국의 기득권층은 부동산이라는 공통이익을 갖고 카르텔화되어 있다. 정책당국자들은 부동산특혜에 대해 내수경기 부양, 주택보급률 확대, 집세 전가 방지 등 여러가지 이유를 대지만 결국은 자신들의 이익을 지키기 위한 것이다.

한국에서 돈 있는 사람이 부동산투자를 하지 않기 위해서는 엄청난 도덕적 자제심이 있어야 한다. 한국은 돈 있는 사람이 자산의 많은 부분을 주식이나 펀드 등 금융자산에 투자하는 경우는 아주 드물다. 그리고 주식투자를 해서 돈을 많이 벌었다고 언론 등에 알려진 사람도 주식거래 명세서를 통해 돈을 번 사실을 확인할 수 있는 사람은 거의 없다고 한다.

한국의 주식시장이 완전하게 효율적이어서 돈 벌 기회를 찾기 어려운 것일까? 능력 있는 투자자들이 주식시장에 참여하지 않아서일까? 어쨌든 한국에서 워런 버핏Warren Buffett같이 주식투자에 장기적으로 성공한 사람은 상당기간 나오기 어려울 것 같다. 한국 국민이 주식투자를 하지 않는 것은 한국의 기업을 신뢰하지 않는다는 의미도 된다. 국민들이 금융자산을 외면하면 금융산업의 발전이 어렵고, 고령화시대의 고통이 더 커질 수 있다.

한국은 돈놀이판인 주식시장과 부동산시장이 심각한 불균형 상태이다. 부동산시장은 과도한 혜택으로 거품이 꽉 끼어 있고, 주식시장은 정책당국과 국민의 무관심으로 외국인들이 좌지우지하고 있다. 정부는 두 시장의 균형을 잡아주어야 한다. 즉 주식시장, 부동산시장 모두 돈 버는 투기가 국민경제에 도움이 되는 구조가 되게 만들어야 한다. 그러나 한국은 부동산시장에서 투기꾼이 계속 돈을 벌고, 경제는 점점 어려워지고 있다. 무엇인가 크게 잘못된 것이다. 도덕적 자제심 없이 각자가 열심히 자신의 이익을 추구해도 국민경제가 잘 돌아가야, 정책당국이 경제를 잘 운영하는 것이다.

III

금융시장과 금융상품

01

자본주의의 기본 인프라
금융시장

금융시장은 자금의 공급자와 수요자 간의 금융거래가 조직적·체계적으로 이루어지는 구체적 장소나 추상적인 공간을 말한다. 즉 증권거래소와 같은 구체적 장소뿐 아니라, 특정 장소가 아니더라도 수요와 공급이 계속 연결되어 거래가 이루어지는 일정한 범위나 네트워크도 금융시장에 포함한다.

금융시장에서 거래되는 대상물은 주식이나 채권과 같은 금융상품이다. 금융상품은 자금 수요자의 입장에서는 자금을 조달하는 금융수단 financial instruments이고, 돈을 빌려주는 자금 공급자의 입장에서는 투자 대상인 금융자산이 된다.

금융시장에서의 자금공급원은 개인의 저축, 기업과 정부의 여유자금, 재단 등의 운용자금, 외국인 투자자금 등이다. 개인과 기업은 주식의 매매와 같이 직접 금융시장에서 거래하기도 하지만, 펀드 등을 운영하는 자산운용사, 은행과 보험회사, 헤지펀드, 연금과 기금 등을 통해 간접적으로 참여하는 경우가 많다. 이러한 은행과 자산운용사·보험회사·연기금 등을 기관투자자라 하며, 이들이 금융시장의 큰손이다.

자금의 주요 수요자는 기업과 정부, 공공기관 등이다. 이들이 주식과 채권 등 금융수단 즉 금융상품을 발행해 자금을 조달한다. 개인도 자금의 수요자가 될 수 있지만 개인은 주로 은행 등의 대출을 통해 간접적으로 부족자금을 조달한다.

금융시장도 처음에는 일반 상품의 거래시장과 비슷하게 발전했다. 사람들은 일정한 장소에 모여 금융상품이나 외화 등을 거래하게 되었고, 시간이 지나면서 이러한 장소가 거래소와 같은 시장이 된 것이다. 그러나 금융상품은 표준화가 쉽고 서류나 증권 등으로 이루어진 경우가 많아 우편이나 전화로 거래하기가 일반 상품보다 수월하다. 따라서 금융시장은 네트워크 등을 기반으로 한 추상적 시장이 많이 등장하게 되었다.

금융시장은 이렇게 눈에 보이지 않는 추상적 공간이 대부분이어서 사람들에게 잘 드러나지는 않지만, 국민경제에 많은 영향을 미치는 기본 인프라 중 하나이다. 금융시장의 중요 기능은 다음과 같다.

첫째, 금융시장은 자금공급과 자금조달을 효율적으로 연결시키는 통로이다. 금융시장이 크고 효율적일수록 기업과 정부 등 자금 수요자는 저렴하고 빠르게 자금을 조달할 수 있다. 자금 공급자는 더 유동성이 높고 안전하고 수익이 많은 투자대상을 찾기 쉬워진다. 더 많은 자금이 모이면 규모의 경제가 생겨 자금 수요자에게도 좋다. 따라서 금융시장이 발전할수록 국민경제의 생산성이 좋아지고 경쟁력이 강화된

다. 실물경제가 성장을 해도 금융시장이 낙후되어 있는 나라는 자금조
달 구조가 복잡하거나 거액의 자금조달은 외국에서 하는 경우가 많다.
1900년대 초까지 미국도 규모가 큰 자금은 유럽에서 조달했다. 한국은
대기업이나 정부가 대규모로 자금을 조달할 때는 미국이나 유럽, 홍콩
금융시장을 많이 이용한다.

　둘째, 금융시장은 시장규율market discipline이라 불리는 시장에서 스스
로 작동하는 자율적인 감시기능이 있다. 자금 공급자인 투자자는 주식
이나 채권 등 자기가 투자한 자산을 보호하기 위해 자금 수요자인 기
업과 정부 등의 정확한 정보를 항상 수집하고 평가하려 한다. 특히 기
관투자자는 충분한 인력과 자금력, 영업망 등을 갖고 있어 정보를 많이
생산하고 영향력도 크다. 금융시장이 발달할수록 금융자산 가격에 반
영되는 정보의 범위가 확대되고 전파속도도 빨라진다. 즉 주식이나 채
권의 가격에 보다 많은 정보가 즉각 반영된다. 따라서 기업 등 자금 수
요자는 안정적 자금확보 등을 위해 재무건전성 유지, 수익성 강화, 투
명성 확대 등의 노력을 스스로 하게 되는 것이다.

　셋째, 금융시장은 통화정책이 퍼져나가는 통로이다. 금융시장이 효
율적이고 유기적으로 연결되어 있을수록 정책금리 조정 등 통화정책
의 효과가 빠르고 정확하게 나타난다. 즉 정책금리 조정이 단기시장금
리의 변동, 예금과 대출금리의 변동, 장기금리의 변동, 주식가격 및 자
본 유출입의 변동, 소비 및 투자의 변화 등으로 파급되는 메커니즘이
잘 작동하는 것이다. 또한 금융시장이 발달할수록 재정정책도 더 적은
비용으로 유연하게 사용할 수 있다. 정부가 재정적자 보전을 위한 국채
를 더 낮은 금리로 필요할 때마다 쉽게 발행할 수 있기 때문이다.

금융시장의 종류

금융시장은 분류기준에 따라 여러종류로 나눌 수 있다. 먼저 일반적인 방법으로 금융시장은 크게 전통적 금융시장, 외환시장, 파생금융상품 시장의 셋으로 나누고, 다시 전통적 금융시장은 거래되는 금융상품의 만기에 따라 단기금융시장과 장기금융시장으로 나눈다.

단기금융시장은 만기 1년 이내의 금융상품이 거래되는 시장으로 화폐시장money market, 자금시장 등의 이름으로 불린다. 단기금융시장이 화폐시장으로 불리는 이유는 돈(화폐)과 같이 유동성이 높은 금융상품이 거래되는 시장이기 때문이다. 장기금융시장은 만기 1년 이상인 금융상품과 만기가 없는 주식 등이 거래되는 시장으로 자본시장capital market이라 한다. 자본적 성격의 장기자금을 조달하는 시장인 것이다.

외환시장은 미국 달러화나 유로화 등 다른 나라의 통화 즉 외환foreign exchange이 거래되는 시장이다. 금융기관 간 외환매매가 이루어지는 은행간시장inter bank market과 은행과 일반 고객 간의 거래가 이루어지는 대고객시장customer market으로 나뉜다.

파생금융상품 시장은 주식·채권·외환·금리·금은 등에서 파생된 선물과 선물환, 옵션과 스와프 등이 거래되는 시장이다. 주식·채권·외환 등을 기초자산이라 하고, 파생상품 가격은 기초자산의 가치변화에 의해 결정된다. 파생금융상품은 주식·외환 등의 기초자산이 갖고 있는 위험을 회피하기 위한 수단으로 도입된 경우가 많으나, 투기적 수익을 위한 투자대상으로도 쓰이고 있다.

다음은 금융시장을 유통단계에 따라 발행시장과 유통시장으로 나누어볼 수 있다. 발행시장은 주식·채권 등이 발행되면서 최초로 거래된다고 하여 일차시장primary market이라고도 한다. 이렇게 보면 유통시장은 발행된 증권이 이차적으로 거래되는 시장secondary market이다.

발행시장은 기업이나 정부 등 자금 수요자가 신규 자금을 조달할 수 있는 시장이다. 기업공개 등의 신주 발행, 회사채와 국공채 등의 발행이 이루어지는 시장으로 증권회사(투자은행)가 중심적 역할을 한다. 유통시장은 투자자들이 보유하고 있는 주식이나 채권을 매각하여 현금화할 수 있는 시장이다. 유통시장이 활성화될수록 발행시장도 좋아진다. 중고차의 가격이 좋고 거래가 잘되면 신차 판매가 호조를 보이는 것과 같다. 또한 유통시장에서 거래되는 주식이나 채권의 가격은 새로이 발행되는 주식이나 채권의 기준 역할도 한다.

또다른 분류기준으로 보면 금융시장은 금융상품의 거래기준이 표준화되어 있느냐에 따라 장내시장과 장외시장으로 나눌 수 있다.

장내시장은 표준화된 거래규칙을 갖는 증권거래소나 선물거래소 등에 집중되어 매매가 이루어지는 것으로 거래소 시장이라고도 한다. 장내시장은 거래소에 매수·매도 주문이 집중되어 상호작용에 의해 가격이 결정되어 거래정보가 투명하다.

장외시장은 거래소 밖에서 매매 당사자가 서로 접촉하여 개별적인 조건으로 금융상품을 거래하는 시장이다. 거래조건 등을 당사자가 협의하여 신축적으로 정할 수 있다. 장외시장은 매매 당사자가 금융상품의 내용과 가격 등을 직접 협상하는 직접거래 시장이 있고, 거래 중간에 딜러나 브로커가 있는 점두시장over-the-counter market이 있다. 부동산으로 치면 매도자와 매수인이 직접 거래하는 직거래와 부동산 중개사

표 1 금융시장의 다양한 분류

기준	종류	
기본적 분류	전통적 금융시장	단기금융시장(화폐시장): 콜시장, 환매조건부 채권 매매 시장, CD시장, 기업어음 시장
		장기금융시장(자본시장): 채권시장, 주식시장, 통화안정증권 시장, 자산유동화증권 시장
	외환시장	
	파생금융상품 시장	
유통단계	발행시장(primary market)	
	유통시장(secondary market)	
거래기준의 표준화 여부	장내시장(거래소 시장): 주식시장, 선물시장	
	장외시장(직접거래 시장, 점두시장): 단기금융시장, 채권시장, 대부분의 파생금융상품 시장	
중개 금융기관 존재 여부	간접금융시장: 예금, 대출, 펀드, 신탁, 연금, 보험 등	
	직접금융시장: 주식, 채권, 기업어음 등	

무소를 통하는 거래로 나뉘는 것과 같다. 한국은 상장주식과 선물, 일부 옵션 등을 제외하고는 채권, 외환, 다양한 파생금융상품 등이 대부분 장외시장에서 거래되고 있다.

마지막으로 예금과 대출도 크게 보면 금융시장에 포함시킬 수 있다. 예금과 대출은 은행 등 금융기관이 다수의 예금자로부터 자금을 받아, 금융기관 책임하에 대출 대상자를 골라 자금을 공급하는 것이다. 주식과 채권 등 시장형 금융상품을 직접 거래하는 것과는 성격이 다르다. 그러나 예금금리와 대출금리가 자유화되어 있고 예금자나 대출자가 거래은행을 선택하는 폭이 넓어지고 있어, 예금과 대출도 중개기관이 있는 시장상품과 비슷해지고 있다.

예금·대출과 같이 은행 등 금융기관이 중개기관 역할을 하는 금융을 간접금융이라 하고, 이 시장을 간접금융시장이라고도 부른다. 간접금융시장의 금융상품은 예금과 대출 이외에 펀드·신탁·연금·보험 등이 있다. 모두 중개 금융기관을 통해 거래하는 금융상품들이다.

이 부에서는 단기금융시장과 관련 상품, 채권과 채권시장, 주식과 주식시장, 예금과 대출시장, 그리고 파생금융상품 시장을 살펴보고자 한다. 외환시장은 4부 '국제금융'에서 따로 다루어질 것이다.

금융기관의 일터인 머니마켓

단기금융시장

단기금융시장은 금융기관·기업·정부 등이 일시적인 자금 과부족을 해결하기 위해 통상 만기 1년 이내의 금융상품을 거래하는 시장이다. 영어로 머니마켓money market 이라 하며, 돈이 거래되는 시장 즉 쉽게 현금화할 수 있는 금융상품이 거래되는 시장이다.

단기금융시장에는 금융기관·기업·정부·가계 등 모든 경제주체가 참여하고 있지만 금융기관에 더 중요한 시장이다. 금융기관은 다른 경제주체의 자금조달을 지원하고 여유자금을 받아 관리 운용한다. 이러한 과정에서 일시적인 자금 과부족이 항상 발생한다.

효율적인 단기금융시장은 금융기관 등의 일시적인 자금 과부족을 빠르고 저렴하게 조절할 수 있게 해준다. 여유자금이 생기면 여유기간에 맞추어 단기금융시장에서 안전하고 유동성 높은 금융상품에 투자할 수 있다. 자금이 부족하면 필요한 기간만큼 단기금융수단을 통해 쉽게 자금을 조달할 수 있다.

금융시장은 언제든 불안해질 수 있다. 금융불안 시기에는 장기금융상품은 가격변동이 크고 더 위험하다. 신용경색이 발생하면 자금조달이 어려워지지만, 자금운용도 불안해진다. 이런 때에는 단기금융상품에 투자해 시장상황의 변화를 관망하는 것도 중요하다. 유동성 있고 안전한 금융상품을 쉽게 사고팔 수 있는 단기금융시장이 잘 작동해야 금융기관과 시장참여자들의 위험관리가 편해진다. 또한 정책당국의 금융위기 관리와 수습도 쉬워진다.

단기금융시장은 중앙은행의 정책금리 조정 등 통화정책이 일차적으로 반영되는 곳이다. 여러가지 단기시장금리 등 시장지표는 중앙은행의 정책결정을 위한 중요한 정책지표이다. 당연히 단기금융시장이 발달되어 있어야 통화정책의 효율성과 시의성 등이 높아진다. 단기금융시장은 금융기관의 중요한 영업장소이며 중앙은행 등 정책당국이 정책을 펼치는 무대이다.

단기금융시장이 발달되어 돈이 잘 도는 금융 중심지를 머니마켓센터Money Market Center라고 부르며 뉴욕·런던·홍콩 등이 대표적인 도시다. 한국의 금융은 여러 면에서 낙후되어 있지만 단기금융시장의 발전이 더딘 것도 중요한 부분이다. 한국에도 콜시장, 환매조건부채권 매매RP 시장, CD시장, 기업어음 시장, 단기사채 시장, 단기재정증권 시장 등 선진국과 비슷하게 다양한 시장이 형성되어 있다. 그러나 어떤 시장은 시장의 목적과 맞지 않게 운영되고, 어떤 시장은 실적이 매우 부진하여 의미가 없다. 여기에다 각 시장의 연계성이 떨어져 효율적인 자금배분이 이루어지지 못하는 면이 있다.

한국의 주요 단기금융시장의 현황과 금융상품에 대해 간략히 살펴보자.

콜시장

콜call시장은 금융기관들이 일시적인 자금 과부족을 조절하기 위해 상호 간에 초단기로 자금을 빌리고 빌려주는 시장이다. 원래 콜은 중앙은행에 예치해야 할 지급준비금의 과부족을 조절하기 위한 수단으로 주로 사용되기 때문에 콜시장은 지준(지급준비금)시장으로도 불린다.

콜은 한국의 경우 만기가 90일까지 가능한데 거의 대부분 하루짜리(익일물)다. 콜거래는 담보제공 여부에 따라 담보콜과 무담보콜(신용콜)로 구분되는데 실제 거래는 거의 대부분 무담보콜이다. 중앙은행이 대출정책이나 공개시장조작 등을 통해 본원통화 공급을 조절하면 금융기관의 지급준비금이 즉각 변동하고 콜금리도 바로 반응한다. 이러한 이유로 콜금리는 한국과 일본에서 중앙은행의 정책금리로 사용된 적이 있으며, 미국에서는 현재도 콜시장과 같은 페더럴펀드 시장의 금리federal fund rate가 정책금리로 사용되고 있다. 미국은 익일물 무담보 페더럴펀드 금리가 정책목표로 제시한 수준에서 움직이도록 공개시장조작 등을 통해 페더럴펀드 시장을 관리하고 있다.

콜시장에서 자금을 빌려주는 것을 콜론call loan, 자금을 빌리는 것은 콜머니call money라고 한다. 콜시장은 금융기관의 일시적 자금 과부족을 조절하는 시장이므로, 한 금융기관은 어떤 때에는 돈을 빌려주는 콜론

기관이었다가 또 어떤 때에는 돈을 빌리는 콜머니기관이 되는 것이 정상이다. 그러나 한국 콜시장은 특정 기관들이 계속 콜머니를 사용하는 비정상적인 상황이 계속되었다.

수신능력이 약한 증권회사와 외국은행 국내지점은 콜시장에서 쉽게 싼 금리로 돈을 빌려 영업자금으로 사용해왔다. 증권회사와 외은지점은 콜시장을 일시적 자금 과부족 조정이 아닌 지속적인 자금조달 수단으로 사용하고 있는 것이다. 이는 환매조건부채권 매매나 CD시장과 같은 다른 단기금융시장의 발전을 저해한다. 또한 한국은행이 콜금리를 정책금리 수준에서 유지되도록 본원통화를 조절하고 있는 상황에서 증권회사 등이 계속 콜머니를 쓰는 것은 중앙은행의 본원통화가 증권회사 등에 바로 공급되는 것과 같다.

2010년 이후 정책당국이 증권회사 등의 콜시장 참가 제한, 콜머니 한도설정 등의 정책을 추진함에 따라 콜시장이 조금씩 정상화되고 있다.[1] 이에 따라 지급준비금 예치의무가 없는 증권회사 등 비은행 금융기관이 콜시장에서 차지하는 비중이 감소하여 콜시장이 지준시장으로서의 기능이 강화되었다. 또한 단기금융시장에서 콜시장이 차지하는 비중이 감소하고 환매조건부채권 매매 시장 등의 규모가 커졌다. 단기금융시장이 다원화되는 모습이다.

---

1 2010년 7월 증권회사의 콜머니 한도를 자기자본의 100퍼센트로 제한한 데 이어, 2012년 7월부터 추가 제한하여 자기자본의 25퍼센트 이내로 축소했다. 2015년 3월에는 증권회사는 국고채 전문딜러나 한국은행 공개시장조작 대상기관만 콜시장에 참가할 수 있도록 했으며, 콜머니 한도도 자기자본의 15퍼센트로 줄였다. 또한 자산운용사의 콜론 한도도 자산총액의 2퍼센트 이내로 제한했다.

환매조건부채권 매매 시장

환매조건부채권 매매RP 또는 Repo, Repurchase agreement는 미래에 정해진 가격으로 증권을 다시 사고파는 조건으로 증권을 매매하는 것을 말한다. 예를 들어 1개월 후에 101원에 다시 팔 것을 약속하고 증권을 100원에 살 수 있다. 이를 RP매수라 한다. 반대로 1개월 후에 101원에 증권을 다시 사기로 약속하고 100원에 팔 수 있다. 이는 RP매도가 된다.

법적으로 RP거래는 약정기간 동안 대상증권의 소유권이 RP매도자에서 RP매수자로 이전되는 증권의 매매이다. 따라서 RP매도자가 도산 등으로 약속된 거래를 이행하지 못하면 RP매수자는 대상증권을 정리할 수 있다. 그러나 실질적으로 RP거래는 RP매도자가 RP매수자에게 증권을 담보로 제공하고 돈을 빌리는 기능을 수행한다. 즉 RP매도자는 차입자, RP매수자는 대여자, RP 대상증권은 담보의 역할을 하는 자금의 대여와 차입거래와 같다.

RP거래는 매도자에게는 보유하고 있는 증권을 활용해 자금을 싸고 빠르게 빌릴 수 있게 해준다. 매수자에게는 단기 여유자금을 안전하게 운용할 수 있는 기회를 제공한다. 증권을 매개로 다양한 만기의 단기자금을 운영하거나 조달할 수 있어 단기금융시장이 활성화된다. 또한 장기 증권을 보유하고 있는 사람은 일시적으로 자금이 부족하면 증권을 매각하지 않고 RP매도를 통해 부족자금을 해결할 수 있다. 장기 증권을 급하게 팔 때 발생하는 손실을 회피할 수 있는 것이다. 장기 증권투자의 위험성이 낮아지고 증권의 유동성이 높아지는 셈이다. 결국 RP거래가 활성화되면 단기금융시장이 발전하고 장기금융시장과의 연계성도 높아져 금융시장 전체가 효율적으로 변한다.

RP거래는 거래기관을 기준으로 금융기관과 일반 고객 간에 이루어지는 대고객 RP, 금융기관과 금융기관 간에 이루어지는 기관 간 RP, 한국은행과 금융기관 간에 이루어지는 한국은행 RP로 나눌 수 있다. 대고객 RP는 증권회사·은행·우체국 등이 취급하고 있으며, 통장방식으로 이루어져 일반 고객에게는 예금과 비슷하다. 기관 간 RP는 은행·증권회사·보험회사·여신전문 금융기관 등 금융기관과 금융공기업·외국환 평형기금·우체국 등 금융 관련 기관이 참여한다.

한국은행 RP는 한국은행과 금융기관 간의 RP거래로 한국은행이 본원통화 공급과 회수 등을 위해 일상적으로 사용하는 공개시장조작 수단이다. 한국은행의 정책금리도 7일물 RP매매를 기준으로 하고 있다. 한국은행은 시중의 유동성을 흡수하기 위해서는 RP매도를 하고, 유동성을 공급하기 위해서는 RP매입을 한다.

RP거래 대상증권은 대고객 RP의 경우 국채·지방채·공모회사채·자산유동화증권ABS·주택저당증권MBS 등 여러가지이지만, 투자자의 보호를 위해 신용등급이 일정수준(BBB급) 이상이어야 한다. 기관 간 RP의 대상증권은 자유화되어 있으나 실제는 국채·통화안정증권·특수채 등 안전자산이 주로 쓰인다. 한국은행 RP는 대상증권을 엄격히 운용하여 국채·정부보증채·통화안정증권·주택금융공사 MBS로 한정되어 있다. 다만 2008년 세계 금융위기 때와 같은 금융불안 시기에는 한국은행 RP를 보다 활성화하기 위해 대상증권을 일시적으로 은행채 등으로 확대하여 운용하기도 했다.

RP 대상증권은 매일매일 시가평가가 이루어져 증권의 시장가치가

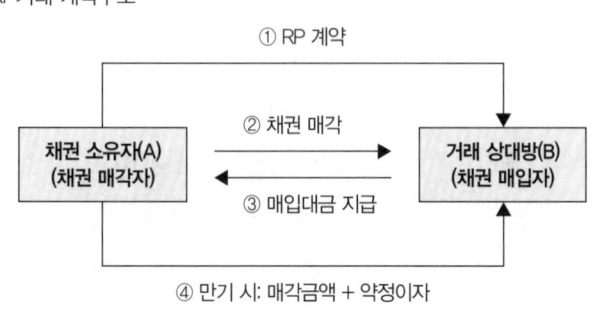

그림 4 RP거래 계약구조

① RP 계약

채권 소유자(A)
(채권 매각자)

② 채권 매각

③ 매입대금 지급

거래 상대방(B)
(채권 매입자)

④ 만기 시: 매각금액 + 약정이자

다시 사거나 팔기로 한 가격(환매가)을 넘어야 RP거래의 안전성이 유지된다. 대고객 RP는 대상증권의 시가가 환매가의 비율 즉 증거금 비율이 105퍼센트 이상을 유지하도록 되어 있고, 한국은행 RP는 대상증권의 종류와 만기에 따라 증거금 비율이 102~110퍼센트로 정해져 있다.

RP거래는 대상증권을 구체적으로 지정하여 거래가 이루어지는 특정담보 RP와 사전에 합의된 증권목록이나 유형 내에서 거래가 이루어지는 일반담보 RP로 구분할 수 있다. RP는 증권을 담보로 하기 때문에 일반적으로 안전성이 높다. 그러나 심각한 금융불안으로 대상증권의 가격이 급락하는 경우, 일반담보 RP거래 시 부실한 증권이 포함되는 경우 등은 거래의 안전성이 크게 위협받을 수 있다.

양도성예금증서 시장

양도성예금증서 시장은 양도성예금증서CD, negotiable certificate of deposit 가 발행 유통되는 시장이다. CD는 다른 사람에게 양도 가능한 정기예금증서로서, 은행이 발행하고 중개는 증권회사나 종합금융회사_{이하 종금}사, 자금중개회사가 담당한다. 한국의 경우 CD만기는 30일 이상만 되면 별다른 제한이 없으나 통상 1년 이내로 발행된다. CD는 정기예금의 일종이나 중도해지가 불가능하다. 그렇지만 양도가 가능하기 때문에 CD 보유자는 유통시장에서 팔아 언제든지 자금을 회수할 수 있다. CD는 한국은행법상 지급준비금 적립대상의 예금에 해당되나[2] 예금자 보호 대상에서는 제외되어 있다.

CD의 최저 액면금액은 특별한 제한이 없으나 은행들이 자체 내규로 500만원, 1000만원 등으로 최저 금액을 정해 운용하고 있다.[3] CD의 실제 발행은 일반 고객의 경우 CD 실물증서를 작성 교부한다. 다만 고객이 보호예수를 신청하면 실물증서는 은행이 보관하고 보호예수 증서나 보관증을 발급해준다. 2006년부터는 CD 실물을 한국예탁결제원에 보관하는 등록발행제가 시행되었다. 은행이 다른 금융기관을 대상으로 발행할 때는 대부분 실물증서를 발행하지 않는 등록발행 방식을 사용한다.

CD는 발행기관인 은행의 입장에서는 일반 정기예금에 비해 거액이고, 예금보험료의 납부부담이 없어 조달비용이 작다. 또한 중도해지가 되지 않아, 예금기간은 단기이지만 안정적인 자금조달 수단이다. CD의 투자자인 개인이나 기관투자자의 입장에서는 거액자금을 안전성과 유동성을 확보하면서 상대적으로 높은 수익률로 운용할 수 있다. 이러한

---

2 CD 중 은행 간 CD는 금융기관 간에 단기자금의 과부족을 조정하기 위해 발행되며 지급준비금 예치의무가 없는 대신 다른 기관이나 개인에게 양도 불가능하다.
3 1984년 6월 CD제도 도입 시에는 최저 발행금액이 1억원이었다.

이유로 은행은 대출 등이 크게 증가할 때 CD발행을 통해 쉽게 부족자금을 조달할 수 있다.

2004~07년간 은행들은 주택담보대출 등 외형확대 경쟁에 주력했고, 부족자금은 CD와 은행채를 통해 해결했다. 당시 CD발행 잔액은 연간 100조원을 상회했다. 이렇게 CD의 발행과 유통이 늘어나면서 CD 유통수익률은 단기금융시장의 주요 금리로 자리 잡게 되었다. CD 유통수익률은 단기금융시장 상황을 잘 반영했고, 주택담보대출의 기준금리가 되었다. 그러나 세계 금융위기와 관련하여 2009년 말에 은행의 건전성 규제 강화 방안이 시행되면서 문제가 생겼다.

은행의 예금과 대출의 비율 즉 예대율 산정 시 CD를 은행예금에서 제외하도록 했다. 이에 따라 CD발행이 급격히 줄고 CD 유통물량도 대폭 감소했다. 당연히 CD 유통수익률은 시장상황과 괴리되었고 주택담보대출의 기준금리로서의 기능을 하지 못하게 되었다. 몇몇 금융기관이 담합을 하면 CD금리를 좌지우지할 수 있는 상황이 되었기 때문이다. 2012년에는 주택담보대출의 일부 차입자와 금융 소비자단체가 은행이 CD금리를 담합하여 대출수익을 늘리고 있다고 검찰과 공정거래위원회 등에 고발했다.[4]

CD시장은 2000년대 중반에는 한국의 단기금융시장 중에서 그나마 시장다운 시장이었다. CD 유통수익률은 주택담보대출 등의 기준금리로 사용되었을 뿐 아니라, 장단기 금리스와프 등의 거래에서 단기시장

---

4 2016년 7월 공정거래위원회는 2012년 7월 이후 4년간 진행되어온 CD금리 담합 의혹에 대하여 사실관계 확인이 곤란하다는 이유로 관련법 위반 여부를 판단할 수 없다고 심의절차를 종료했다.

금리의 기준으로도 사용되었다. 시장원리에 의해 결정되는 CD금리는 주택담보대출 시장과 금리스와프 시장 등의 원활한 작동을 위해 꼭 필요했다. 정책당국은 불필요한 규제로 잘 작동되는 CD시장을 망가뜨렸다. CD는 양도성예금증서라는 이름에서 보듯 분명 예금의 한 종류이다. 그러나 CD를 예금자보호 대상이 아니고 거액의 도매자금 성격이라 하여 예대율 산정 예금에서 제외했다. 이 논리대로면 기업이나 기관 등의 5000만원 초과 예금도 예금자보호가 안 되기 때문에 예대율 산정 예금에서 제외해야 한다.

2010년부터 CD시장이 급격히 위축되고 CD 유통수익률의 신뢰성이 떨어지자 정책당국은 CD시장 활성화를 위해 대형은행에 대해 시장성 CD를 의무적으로 발행하게 했다. 그럼에도 CD시장은 활성화되지 않고 있다. 자생적으로 잘 작동하던 금융시장이 자의적 규제에 의해 한번 망가지면 회생하기 어렵다는 것을 잘 보여주고 있다. 금융시장의 발전을 위해 가장 중요한 인프라는 신뢰와 예측 가능성이다.

기업어음 시장과 전자단기사채 시장

기업어음 시장은 CPcommercial paper라 불리는 기업어음이 발행 유통되는 시장이다. 기업어음은 상품이나 서비스의 외상매매 과정에서 발행되는 상업어음commercial bill[5]과는 달리 기업 등이 단순히 돈을 빌리기

---

5 상업어음은 실질 상거래와 관련이 있다 하여 진성어음이라 불리고, 기업어음(CP)은 융통어음이라 불리기도 한다. 기업어음과 상업어음은 법적으로는 동일한 약속어음이다.

위해 발행하는 어음이다. 기업어음 시장은 발행자issuers, 할인·매출기관dealers, 투자자investors로 구성된다.

발행자는 민간기업·공기업·증권사·카드사·특수목적회사 등으로 돈을 빌리는 사람이다. 발행자는 거래은행으로부터 기업어음이라고 쓰여 있는 어음용지를 받아 돈을 빌리고 어음을 발행한다. 만기일에 은행의 당좌예금 계좌를 통해 빌린 돈을 갚는다. 할인·매출기관은 증권회사와 종금사 등이다. 이들은 기업 등이 발행한 기업어음을 이자와 수수료 등을 미리 받고(할인하여) 매입한 다음 자체 보유하거나 투자자에게 판매한다. 투자자는 개인·자산운용사·은행신탁·증권신탁 등이다.

기업어음은 발행자의 자기 신용으로 간편하게 발행할 수 있는데다 금리 면에서도 일반 대출에 비해 불리하지 않아 기업들이 자금이 신속하게 필요할 때 많이 사용된다. 한편 2000년대 중반부터 기업들이 무담보로 발행하는 기업어음 이외에 대출채권 등을 담보로 한 ABCPasset backed CP, 자산유동화 기업어음 발행이 늘어났다. ABCP는 부동산 PFproject finance 대출채권, 정기예금, 채권과 주식, 신용파생상품 등을 담보(기초자산)로 한 유동화증권이다. 주택담보대출을 기초자산으로 한 MBSmortgage backed securities는 장기 유동화증권인 반면, ABCP는 단기 유동화증권인 것이다.

2015년 이후 ABCP가 기업어음 시장의 70퍼센트 이상을 차지하고 있다. 자기 신용에 의해 발행된 기업어음은 위축되고, 담보가 있는 ABCP가 기업어음 시장을 주도하게 된 것이다. 이렇게 된 데에는 기업어음은 공시의무가 없는데다 부실한 기업 신용평가와 발행기업의 분식회계 등으로 순수 기업어음의 신뢰성이 약화되었기 때문이다. 대표적인 사례가 2012년과 2013년 갑자기 부실화된 웅진과 동양그룹의 기업어음에 대한 투자자들의 손실이다. 2015년 대우조선해양 구조조정 시에도 기업어음 투자자들은 손실을 보았다.

기업어음은 어음의 특성상 발행이 편하지만 투명성과 투자자 보호 장치가 미흡하다. 어음교환을 통해 결제가 이루어지기 때문에 자금이 1일 정도 이후에 들어온다. 발행자가 어음발행 후 신속하게 자금을 사용하기 어렵다. 또한 기업어음은 「어음법」과 「자본시장과 금융투자업에 관한 법률」이하 「자본시장법」을 모두 적용받아 운영상 어려움도 있었다. 이러한 문제를 완화하고 발행과 유통을 더 편리하게 만든 단기금융수단이 전자단기사채이다.

전자단기사채는 「자본시장법」상의 사채이나 실물이 아닌 전자적으로만 발행되는 금융상품으로 2013년 1월 도입되었다. 전자단기사채는 최소 1억원 이상 만기 1년 이내이며 전자 등록발행을 하게 되어 있다. 이런 조건을 갖춘 사채를 전자단기사채라 하여 상법의 사채발행 규정에 대한 특례[6]를 두어 발행절차를 간편하게 만들어준 것이다.

전자단기사채는 발행 시 등록기관인 한국예탁결제원의 인터넷 홈페이지에 종류·종목·금액·발행조건·미상환 잔액·발행한도 등을 공개하도록 되어 있다. 신속 정확한 정보공개를 통해 투자자 보호 가능성이 확대되었다. 여기에다 전자단기사채는 증권과 대금의 동시결제DvP가 이루어져 발행회사가 자금을 발행 당일 사용할 수 있다. 1일물과 같은 초단기 상품도 발행 가능해진 것이다.

---

6 전자단기사채는 발행기업의 대표이사가 이사회에서 정해진 한도 내에서 증권신고서 없이 발행권한을 위임받아 신속히 발행할 수 있다.

전자단기사채는 발행자, 인수·매매기관, 투자자 등이 기업어음과 거의 비슷하다. 전자단기사채는 ABCP가 아닌 순수 기업어음을 대체하고 있다. 또한 1일물 전자단기사채도 발행할 수 있어 비은행 금융기관의 콜시장 의존도 줄일 수 있을 것으로 보인다.

한국의 기업어음 시장은 1972년 8월 '8·3조치'라고 불리는 사채동결조치에 따른 「단기금융업법」에 의해 "단자사"라 불리던 투자금융회사의 설립 이후 제도화되었다. 당시 은행은 진성어음인 상업어음만 할인할 수 있었고, 융통어음인 기업어음은 사채시장에서만 거래되었다. 투자금융회사의 영업 이후 기업어음 시장은 빠르게 성장했으나 크고 작은 사건사고를 많이 만들었다. 1997년 IMF 사태의 주요 원인의 하나도 단자사가 이름을 바꾼 종금사에 대한 감독실패였다. 종금사는 해외에서 단기로 외화를 차입하여 국내에서 장기 설비자금인 리스lease 등에 운영하여 돈을 벌었다. 종금사들은 해외금융 상황이 나빠지자 차입이 불가능해지게 되었다. 이어 외화유동성 부족으로 도산사태에 빠지고, 부실이 은행부문에 전염된 것이다.

현재는 종금사라는 이름으로 독립적으로 영업을 하는 금융기관도 거의 없어졌다. 기업어음은 증권회사의 부수 업무의 하나가 되었다. 앞으로 기업 등의 단기 자금조달은 기업어음보다는 전자단기사채가 주도할 것으로 보인다. ABCP는 자산유동화 상품의 하나로 유지될 것 같다. 원래의 기업어음은 점차 사라질 가능성이 크다. 금융환경과 제도가 바뀌면서 금융시장과 금융상품도 변할 수밖에 없다.

03

전통적인 투자시장
채권시장

　채권은 기업과 정부, 공공기관 등이 여러 사람으로부터 거액의 장기
자금을 조달하기 위해 발행하는 채무증서이다. 채권은 정해진 기간에
정해진 이자와 원금의 지급을 약속한 증권이므로 확정이자부증권fixed
income securities이라고 불린다. 채권은 발행기관·만기·이자율·원리금 지
급방식 등에 따라 여러종류의 증권으로 분류할 수 있다.

　채권시장은 수많은 종류의 채권이 발행 유통되는 시장이다. 채권발
행과 유통은 주로 증권회사가 담당한다. 채권 투자자는 보험회사·연기
금·은행 등의 기관투자자, 개인과 외국인 등 다양하다. 개인들도 증권
회사를 통해 채권을 주식과 같이 직접 사고팔 수 있다. 다만 채권은 종
류가 많고 거래가 빈번하지 않아 수수료가 주식보다 비싸다. 채권이 발
행되어 시장에서 거래되면 주식과 같이 가격이 매일 변동한다. 채권가
격은 발행기관의 신용상태와 만기, 채권의 표면금리, 시장금리 등에 의

해 결정된다.

먼저 채권 발행기관의 신용상태가 나빠지면(신용등급이 떨어지면) 채권의 원리금 회수 가능성이 낮아져 채권의 가격도 떨어진다. 만기는 채권가격에 어느 한 방향으로 영향을 미치지 않는다. 만기가 길면 불확실성이 커져 금리나 신용상태의 변동에 따라 채권가격은 더 크게 변동한다. 즉 만기가 길면 채권가격이 오를 요인이 생기면 가격이 더 많이 오르고, 만기가 짧으면 적게 오른다. 채권의 만기는 시간이 지나면서 줄어드는 것이 일반적이므로 남아 있는 만기 즉 잔존 만기를 의미한다.[7]

다음으로 금리가 채권가격에 미치는 영향은 좀 복잡하다. 시장에서 거래되는 채권은 표면금리·신용상태·만기 등이 모두 반영되어 가격이 결정되어 있다. 이렇게 시장에서 결정된 가격으로 채권을 샀을 때 얼마만큼의 수익이 생기느냐가 채권의 시장수익률이다. 채권은 보유하고 있으면 주는 이자율 즉 채권의 표면금리가 높을수록 채권의 수익이 크고 채권의 가격도 비싸다. 금리가 변동하면 채권의 상대적 수익과 가격은 어떻게 될까?

금리가 오르면 과거 금리 기준으로 결정된 수익률의 채권을 보유하고 있는 사람은 상대적으로 손실을 본다. 높은 금리의 새로운 채권이 과거 금리의 채권보다 수익이 크기 때문이다. 따라서 금리가 오르면 기

---

7 채권의 만기는 채권의 발행 만기와 잔존 만기 이외에 듀레이션(duration)이라고 불리는 현금흐름이 가중된 평균만기 개념도 있다. 듀레이션은 만기 이전에 미리 지급받는 이자 등이 있으면 발행 만기보다 짧게 된다. 발행 만기일에 원리금을 한꺼번에 받는 채권은 듀레이션과 발행 만기가 동일하게 된다.

존 채권의 가격은 떨어진다. 반대로 금리가 내리면 기존 채권의 가격은 비싸진다. 과거 높은 금리로 이자를 주는 기존 채권이 새로운 채권보다 수익이 크기 때문이다. 이러한 금리변동에 따른 채권가격의 변화는 잔존 만기가 길수록 커진다.

금리하락이 예상될 때는 잔존 만기가 장기인 기존 채권에 투자하면 큰 수익을 올릴 수 있다. 그러나 세상의 모든 일과 마찬가지로 미래에 금리가 내릴지 오를지를 예측하는 것은 쉽지 않다. 채권은 일반적으로 신용등급이 낮으면 원리금 상환 가능성이 떨어져 위험한 자산이 된다. 그러나 국채와 같이 신용위험이 적은 채권도 남아 있는 만기가 아주 길면 금리변동에 따라 채권가격이 크게 변할 수 있다. 장기채권은 국채라도 위험자산인 것이다.

채권 투자자는 만기까지 보유할 채권이 아니면 금리변화 등을 반영하여 보유채권을 시장가격으로 평가해야 투자자산의 가치를 바로 파악할 수 있다. 이러한 제도를 채권시가평가제라 하며 금융기관 등 기관투자자는 보유채권의 성격에 따라 이를 의무적으로 적용하도록 하고 있다.

한국의 채권시장은 주식시장에 비해 발전이 더디었다. 1997년 IMF 사태 이전까지 한국정부의 재정상태는 양호했다. 재정적자가 거의 없어 국채를 발행할 필요가 별로 없었다. 국채는 국민주택채권같이 주택의 분양이나 취득 시 강제로 매입하는 소액채권이 대부분이었다. 채권시장의 중심은 신용위험이 낮은 국채이다. 한국은 국채가 정기적으로 충분히 발행되지 못했던 것이 채권시장이 발전하기 어려웠던 이유였다.

국채시장이 활성화되지 않으면 중앙은행의 중요한 통화정책 수단인

공개시장조작을 시행하기 어렵다. 어쩔 수 없이 한국은행은 한국은행이 채무자인 통화안정증권을 발행하여 이를 금융기관과 거래하여 공개시장조작의 대체수단으로 사용했다. 또한 민간기업도 기업의 신용상태가 취약하여 금융기관의 보증을 받은 보증회사채를 주로 발행했다. 기업의 자체 신용에 의한 회사채 시장이 없었던 것이다. 2000년 이전에는 한국 채권시장의 대표금리가 3년 만기 보증회사채의 시장수익률이었다.

1997년 IMF 사태 이후 채권시장의 여건이 크게 바뀌었다. 금융 및 기업 구조조정의 재원 마련을 위해 국채와 부실채권정리기금 채권 등 여러 채권이 발행되었다. 회계제도의 투명성이 높아지고 기업 구조조정이 마무리되면서 기업의 신용상태도 개선되었다. 기업의 자체 신용에 의한 회사채 발행이 가능해졌다. 2008년 세계 금융위기 이후에는 한국정부도 재정적자가 크게 늘어 국채발행 규모는 더 증가했다. 한국의 채권시장은 종류가 다양해지고 규모도 크게 늘어났다. 채권시장에 대한 외국인 투자도 주식시장만큼은 아니지만 꾸준히 늘어나고 있다.

채권의 종류

채권은 발행주체, 지급보증 여부, 이자지급 방법, 특별조건 부가 여부, 담보제공 여부 등에 따라 여러가지 종류로 나뉜다.

먼저 발행주체에 따라 나누어보자. 정부가 발행하는 국고채와 재정증권 등의 국채가 있다. 지방자치단체가 발행하는 채권은 지방채이다.

한국은행이 발행하는 통화안정증권이 있고, 한국전력공사·예금보험공사·도시개발공사 등 법률에 의해 직접 설립된 기관이 발행하는 특수채권이 있다. 은행·증권회사·신용카드사 등 금융기관이 발행하는 금융채와 상법상 주식회사가 발행하는 회사채가 있다. 이 중 채권시장에서 중요한 위치를 차지하는 국채와 회사채에 대해 조금 더 알아보자.

국채는 국고채·재정증권·국민주택채권·보상채권 등이 있다. 국채의 대표인 국고채는 국가재정을 종합 관리하기 위해 만들어진 공공자금관리기금에서 발행하는 채권이다. 발행 만기는 3년, 5년, 10년, 20년, 30년, 50년 등으로 다양하다. 재정증권은 재정 부족자금을 일시 보전하기 위해 발행되는 국채로 만기가 1년 이내(통상 3개월)인 단기증권이다. 국민주택채권은 여러종류가 있는데[8] 부동산등기와 각종 인허가 시 의무매입을 하는 1종이 대부분이고 만기가 5년이다. 보상채권은 공익사업을 위한 토지 등 보상을 위해 발행하는 국채로 만기는 5년 이내이다.

회사채는 공모public offering사채와 사모private placement사채로 나뉜다. 공모는 증권회사 등이 민간기업의 발행 회사채를 전액 인수하여 불특정 다수의 사람에게 파는 방식을 말한다. 공모사채를 발행하는 경우에는 증권신고서를 금융위원회에 제출해야 한다. 사모사채는 발행기업과 최종 매수자(금융기관 등)가 발행조건을 직접 합의하여 발행한다. 사모사채는 최종 매수자가 발행기업에 대출해주는 것과 성격이 동일하다. 회사채의 만기는 전자단기사채를 제외하고는 3년이 일반적이다.

---

8 부동산등기 등과 관련하여 의무 매입하는 1종, 전용면적 85제곱미터를 초과하는 분양 가상한제 적용 아파트 분양 시 의무 매입하는 2종, 택지를 공급받는 자로부터 개발이익을 환수하기 위한 3종이 있다.

현재 회사채는 발행기업의 자체 신용으로 발행되기 때문에 투자자 입장에서 발행기업의 신용이 중요하다. 신용평가기관은 회사채에 신용등급을 부여하여 원리금 회수 가능성에 대한 정보를 제공하고 있다. 회사채 평가등급은 일반적으로 AAA~D까지 10등급으로 분류되며 BBB등급까지는 원리금 지급능력이 양호하다는 투자등급이고, BB등급 이하는 지급능력이 의문시되는 투기등급이다. 이러한 신용평가는 발행기업의 과거 실적이 주로 반영되기 때문에 미래의 지급능력을 담보하는 데는 한계가 있다. 따라서 회사채에 투자할 때는 신용등급 이외에 시장의 평판, 사업전망, 경영진의 자질 등 더 조사하는 것이 좋다.

다음으로 지급보증 여부, 이자지급 방법 등에 따라서도 채권은 여러 종류로 나누어볼 수 있다. 채권 원리금에 대한 제3자의 지급보증이 있는 보증채와 발행주체의 자기 신용에 의해 발행되는 무보증채가 있다. 보증채는 정부가 지급보증한 정부 보증채와 일반 보증채로 구분된다. 일반 보증채는 신용보증기금, 보증보험회사, 은행 등이 지급보증을 한다.

이자지급 방법에 따라서는 이표채, 할인채로 크게 나눌 수 있다. 이표채는 매분기 등과 같이 일정기간마다 이자가 지급되는 채권이다. 과거 인쇄된 채권이 발행될 때 이자수취용 쿠폰이 이자지급 횟수만큼 채권에 붙어 있어 쿠폰채coupon bond라고도 한다. 이표채 중에서 이자지급 기간마다 이자를 지급하지 않고 계산만 해놓았다가 만기에 지급하는 채권도 있다. 이때 이자가 복리로 계산되면 복리채compound interest bond 라고 한다. 이표채 중 지급되는 이자율이 고정되어 있으면 고정금리채권, 시장금리에 따라 변동하면 변동금리채권이라 한다.

할인채는 채권 액면금액에서 만기까지의 이자를 모두 뺀 금액으로 발행되는 채권이다. 이를테면 액면금액 100원짜리 3년 만기 채권을 90원에 발행하는 것이다. 액면가 100원과 발행가 90원의 차이가 3년간의 이자인 것이다. 그리고 채권 만기일 이전에 원금을 미리 상환할 수 있는 분할상환채도 있으며, 채권의 표시통화에 따라 원화표시채권과 외화표시채권으로 나눌 수도 있다.

이밖에 회사채의 경우 원리금의 지급 이외에 발행회사의 주식으로 전환할 수 있는 권리가 부여된 채권은 전환사채CB, convertible bond라 하며, 회사채 발행회사의 신주를 일정한 조건으로 매수할 수 있는 권리가 부여된 채권을 신주인수권부사채BW, bond with warrant라 한다. 회사채의 발행회사가 보유한 제3자 발행 유가증권과 교환할 수 있는 교환사채EB, exchange bond도 있다.

특별한 종류의 채권으로 국채의 경우 원금 및 이자 지급액이 물가에 따라 변하는 물가연동국채가 있다. 물가연동국채는 물가가 일정비율 이상 상승하면 채권원금이 증가하여 채권의 실질가치가 유지된다. 장기투자로 투자기간 동안 큰 폭의 물가상승이 예상되면 투자해볼 만한 채권이다. 한국에서도 2007년 3월부터 발행되고 있지만 투자자의 관심이 많은 편은 아니다.

금융채나 회사채 등의 경우 발행기관이 다른 채무를 모두 갚은 다음 원리금을 갚아도 되는 후순위채권subordinated bond도 있다. 금융기관 등 발행기관의 입장에서는 발행금리가 높지만 채권변제가 후순위이기 때문에 안정적 자금조달원으로 자본금과 비슷하게 사용할 수 있다. 투자자 입장에서는 고수익을 얻을 수 있지만 위험하기 때문에 조심해야 한다. 특히 신용상태가 높지 않은 기관이 장기로 발행하는 후순위채권은 금리가 높아도 잘못하면 원리금을 받지 못할 수 있다.

마지막으로 채권 발행자가 담보를 제공하느냐 여부에 따라 담보부채권과 무담보부채권으로 나눌 수 있다. 담보부채권은 채권자가 담보제공 등을 통해 신용보강을 한 채권이다. 담보부채권의 일종으로 분류되는 자산유동화증권은 자산유동화 회사가 부동산·매출자산·대출자산 등을 기초로 발행하는 채권이다. 자산유동화증권은 1980년대 후반부터 다양한 형태로 발전하여 복잡하고 종류가 많다. 자산유동화증권과 결합된 파생금융상품의 급증과 이에 대한 감독실패가 2008년 세계금융위기 원인의 하나로 지목되고 있다. 다음에는 복잡하고 선진 금융기법의 하나라는 자산유동화증권에 대해 좀더 알아보자.

자산유동화증권

자산유동화증권ABS, asset backed securities은 부동산·매출자산·대출자산·예금 등 유동성이 낮은 자산을 증권화하여 유동성을 높인 것이다. 임대료를 받고 있는 부동산이나 이자가 들어오는 대출처럼 자산으로부터 현금흐름이 있으면, 이런 자산은 거의 모두 자산유동화증권을 만들 수 있다. 자산유동화증권은 자산 보유자가 특수목적회사SPC, special purpose company를 만들어 이 회사에 유동화 대상자산(기초자산)의 법률적 소유권을 양도하는 방식으로 발행된다. 자산유동화증권의 원리금은 일차적으로 기초자산에서 나오는 돈으로부터 상환된다.

자산유동화증권의 큰 장점은 유동성이 낮은 자산의 유동성을 높이는 것도 있지만, 신용보강을 통해 기초자산의 보유자나 기초자산 자체보다 더 높은 신용등급의 증권을 만들 수 있다는 것이다. 신용보강은 금융기관의 지급보증이나 대출약정과 같은 외부적 방식도 있지만, 원리금 지급 순위를 조정하는 내부적 방식이 많이 사용된다.

전형적인 방법은 자산유동화증권을 두종류 이상, 즉 선·후순위로 나누는 것이다.[9] 여러건의 대출을 모아 100억원의 유동화증권을 발행할 때, 선순위 60억원, 중간 순위 30억원, 후순위 10억원으로 나누는 것이다. 100억원의 대출 풀pool에서 나오는 원금과 이자는 선순위 유동화증권의 원리금 지급에 우선 사용된다. 다음에 중간 순위 유동화증권에 사용되고, 남은 것은 후순위 유동화증권의 원리금 지급에 사용하도록 하는 것이다.

기초자산인 100억원 대출채권의 질이 아주 나쁘지 않는 한 선순위 유동화증권 60억원의 원리금 지급에 문제가 생길 가능성은 아주 낮다. 선순위 유동화증권의 신용등급은 기초자산 보유자나 기초자산 전체의 신용등급보다 훨씬 높게 되는 것이다. 이렇게 되면 신용등급이 낮은 기관이나 신용등급이 좋지 않은 대출자산을 갖고도 자산유동화증권을 이용해 더 낮은 금리로 자금을 조달할 수 있다. 자산유동화증권은 저렴한 자금조달 수단일 뿐 아니라 자산을 특수목적회사에 넘겨 금융기관의 자산규모를 줄일 수 있다. 세계시장에서는 1980년대 후반부터 발행

---

9 신용보강 방법은 자산유동화증권을 선·후순위로 나누는 것 이외에 특수목적회사가 보유한 자산보다 적은 금액만 유동화하는 방법(초과 담보), 기초자산의 신용상태가 나빠지면 기초자산 보유자가 자산유동화증권을 매입토록 하는 방법(환매 요구권) 등 여러가지가 있다.

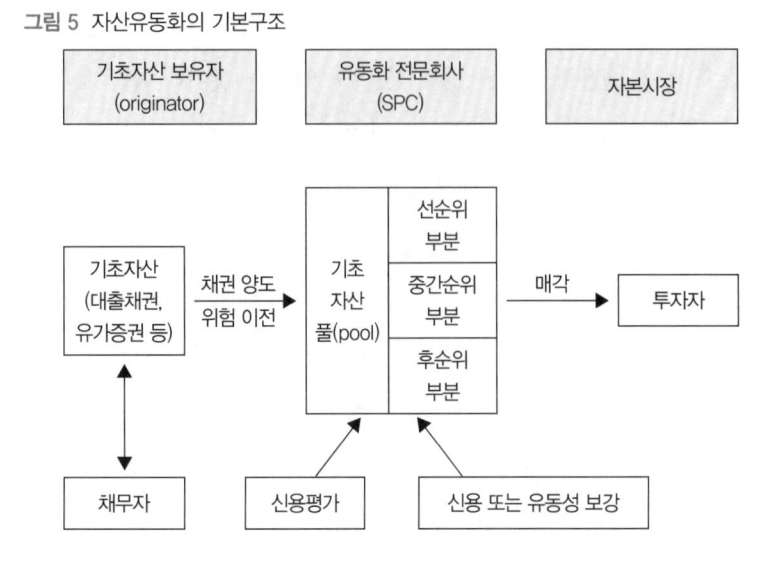

그림 5 자산유동화의 기본구조

이 크게 늘어났다. 한국은 1998년부터 제도가 도입되었고 2000년대 들
어 본격적으로 자산유동화증권이 발행되기 시작했다.

선순위 자산유동화증권의 신용등급이 올라간 것은 위험이 사라진
것이 아니라 위험이 후순위 자산유동화증권에 농축된 것에 불과하다.
자산유동화 기관이 자산유동화 이후 후순위 증권을 다시 매입한다면
(실제 이런 조건으로 자산유동화가 이루어지는 경우가 많다) 자산유동
화 기관의 자산규모는 줄었지만 부담하는 위험규모는 전혀 줄지 않은
것이다. 이렇게 되면 오히려 자산유동화 이후 자산유동화 기관이 보유
하고 있는 전체 자산의 질은 평균적으로 더 나빠진 것이다.

자산유동화증권은 여러 기초자산을 모으고 구조화하는 등 복잡한
증권화 과정을 거쳐 발행된다. 또한 증권의 선·후순위 분할, 다른 기
관의 보증 등 다양한 신용보강이 결합되어 있다. 따라서 일반 채권과

는 달리 숨어 있는 여러 위험요인이 있을 수밖에 없다. 자산유동화증권은 신용위험, 유동성 위험, 법률위험 등의 위험이 일반 채권보다 복잡하다. 이와 함께 증권화 과정에서 많은 기관이 관여되어 있어 하나의 위험이 여러 관계기관을 통해 금융시스템 전체로 쉽게 확산된다. 특히 2008년 세계 금융위기 때와 같이 유동화증권을 기초로 2~3차 유동화가 다시 이루어지는 경우, 자산구조의 불투명성 등으로 인해 외부충격에 따라 내재된 위험이 폭발적으로 파급될 수 있다.

2007년 미국의 서브프라임 모기지 사태는 비우량 주택담보대출을 기초자산으로 자산유동화가 수차례 이루어지고, 이러한 증권이 연쇄 부실화되면서 촉발된 것으로, 이후 세계 금융위기로까지 확산되었다. 이에 선진국과 국제결제은행 등 국제금융기구에서 자산유동화증권에 대한 규제 강화가 추진되고 있다. 기초자산 보유자에 대한 신용위험 평가 강화, 기초자산에 대한 충분한 정보제공, 자산유동화증권에 대한 자기자본 규제 강화 등이다.

자산유동화증권은 증권의 법적 성격과 기초자산의 종류에 따라 여러가지로 나뉜다. 자산유동화증권의 법적 성격이 기업어음인 경우 ABCP, 수익증권인 경우 ABS수익증권 등도 있다. 또한 기초자산이 주택담보대출인 경우 MBS, 채권인 경우 CBOcollateralized bond obligation, 회사채 담보부증권, 은행의 대출채권인 경우 CLOcollateralized loan obligation, 대출채권 담보부증권라고 한다. 신용카드 매출채권을 기초자산으로 한 경우 CARDcertificate of amortizing revolving debts, 자동차 할부대출의 경우에는 오토론 ABSauto-loan ABS, 부실채권non-performing loan인 경우에는 NPL ABS라고 한다. 그리고 채권·대출·MBS 등 여러가지 부채성 자산을 기초로 신용위험을 분리하여 파생상품화한 것은 CDOcollateralized debt obligation, 부채 담보부증권라고 한다. 자산유동화증권은 종류가 많고 복잡하다.

자산유동화증권의 가장 고전적 형태로 주택담보대출을 기초자산으로 한 MBS에 대해 조금 더 알아보자. 주택담보대출은 은행이나 신협 등 저축기관이 주택을 담보로 주택 구입자 등에게 장기로 돈을 빌려주는 것이다. 미국은 일반적으로 20~30년간 고정금리로 주택담보대출이 이루어진다. 은행 등 금융기관의 입장에서 장기의 고정금리대출은 매우 위험한 자산이다. 대출기간 중에 금리가 크게 오르면 금융기관이 망할 수 있기 때문이다.[10]

따라서 금융기관은 주택담보대출을 특수목적회사에 매각하고, 이 주택담보대출을 기초자산으로 MBS를 발행해 위험을 회피할 수 있다. MBS 매각자금은 새로운 대출재원으로 사용할 수 있다. 또한 금융기관이 주택담보대출을 기초자산으로 MBS를 발행한 다음 후순위채를 다시 인수하는 경우 주택담보대출의 신용위험을 회피할 수는 없지만 금리위험은 상당부분 회피할 수 있다. 그리고 투자자 입장에서 MBS는 주택담보대출이 담보역할을 하여 일반 회사채에 비해서 안전한 투자대상이다.

이렇게 좋은 기능을 가진 MBS가 인간의 탐욕으로 인해 2007~08년 서브프라임 모기지 사태와 세계 금융위기를 촉발시키는 금융상품이 되었다. 한국의 주택담보대출은 변동금리대출 비중이 높다. 금융기관

---

[10] 1980년대 미국의 저축대부조합 사태는 금리 급등으로 장기 고정금리 주택담보대출에서 큰 손실이 발생하여 많은 금융기관이 도산한 사건이다(금리위험에 대해서는 본문 284면 참조).

의 입장에서는 금리변동 위험을 부담하지 않기 때문에 MBS를 발행할 유인이 크지 않다. 따라서 한국은 MBS시장이 활성화되지 않고 있어 미국의 서브프라임 모기지 사태와 같은 형태의 위기는 발생하지 않을 것 같다. 그렇다고 한국의 주택담보대출이 안전한 것은 아니다. 금리변동 위험은 사라진 것이 아니고 은행 대신 개별 차입자가 부담하고 있기 때문이다.

04

탐욕과 공포를 극복할 수 있을까?

주식시장

주식시장은 주식회사의 지분권리를 표시하는 증권인 주식이 발행 유통되는 시장이다. 기업은 기업공개와 유상증자 등을 통해 주식시장에서 안정적인 자기 자금(자본금)을 조달한다. 그리고 기업의 가치가 주가의 변동을 통해 평가되고, 이는 기업에 대한 시장규율의 역할을 한다. 주식시장은 채권시장과 함께 자본시장 즉 장기금융시장의 양대 축이기도 하지만, 한편으로 많은 투자자들이 돈을 벌려고 모여드는 거대한 각축장이다. 투자자들의 돈을 벌려는 행위가 시장을 통해 효율적으로 작동하여 기업자금의 조달과 기업의 가치평가 등에 기여하게 되는 것이다.

주식과 채권은 시장에서 직접 장기자금을 조달한다는 면에서는 비슷하지만 발행주체와 법적 권리, 경제적 의미 등이 많이 다르다. 주식은 상법상의 주식회사만이 발행할 수 있으나, 채권은 주식회사 이외에 정부·지방자치단체·특수법인 등 다양한 기관이 발행할 수 있다. 주식 투자자는 주식회사의 주인으로서 배당과 경영참가권, 잔여재산 청구권 등을 갖고, 채권 투자자는 채권자로서 회사 사정과 관계없이 확정된 원금과 이자를 받을 권리를 갖는다.

기업의 입장에서 주식은 확정된 이자를 지급할 필요가 없고 원금상환 의무가 없는 자본으로 채무구조 개선효과도 있어 채권에 비해 훨씬 유리한 자금조달 수단이다. 반면 회사의 경영에 참여할 의사가 없는 투자자의 입장에서 주식은 확정된 이자를 받을 수 없을 뿐 아니라 회사가 망했을 때 다른 채권을 모두 상환한 다음 잔여재산에 대한 청구권만 갖고 있어 채권에 비해 크게 불리하다. 당연히 주식에 투자한 사람은 채권에 비해 더 많은 수익을 얻으려 할 것이다. 기업도 채권보다 주식 투자자에게 더 많은 수익이 나게 해주어야(비용을 더 지급해야) 투자자를 유치할 수 있다. 즉 주식으로 조달한 자금(자본)이 채권으로 조달한 자금(차입금)보다 안정성은 있지만 조달비용은 더 비싼 자금인 것이다.

주식과 채권의 특성이 혼합된 중간 형태의 증권도 있다. 배당우선주식, 원금상환이 약속되어 있는 상환주식 등은 채권 성격을 갖는 주식이다. 회사채 중에는 주식으로 전환할 수 있는 전환사채, 신주를 인수할 수 있는 권리를 갖는 신주인수권부사채 등이 주식 성격을 갖는 채권이다. 후순위채권도 발행자의 입장에서는 자본적 성격을 갖는 자금조달 수단이다.

주식시장도 채권시장과 같이 기업공개IPO, initial public offering와 증자 등을 통해 주식이 새롭게 공급되는 발행시장과 이미 발행된 주식이 투자자 간에 거래되는 유통시장으로 나뉜다. 한국의 주식 유통시장은 기업의 규모, 재무상황 등을 기준으로 유가증권시장, 코스닥시장, 코넥스시장, K-OTC시장으로 구분된다.

유가증권시장은 한국의 대표 주가지수인 코스피KOSPI, Korea Composite Stock Price Index의 산출 기준이 되므로 코스피시장이라고도 한다.[11] 유가증권시장에 상장하기 위해서는 3년 이상의 영업활동, 300억원 이상의 자기자본, 일반 주주 700명 이상 등의 조건과 함께, 매출액·영업이익 등의 경영실적도 일정수준 이상 되어야 한다. 유가증권시장 상장기업은 상장 후에도 일정조건을 계속 충족해야 한다. 유가증권시장을 관리하는 한국거래소는 상장기업의 상장요건 충족 여부와 기업 활동내용의 적시 공시 여부 등을 관찰하여 이를 지키지 못한 경우 상장을 폐지할 수 있다. 상장폐지 전에는 투자자 보호와 상장요건 재충족 기회 제공을 위해 일정기간 관리종목으로 지정할 수 있다.

코스닥KOSDAQ, Korea Securities Dealers Automated Quotations시장[12]은 유망 중소기업, 벤처기업 등을 위한 주식시장으로 유가증권시장에 비해 상장요건이 느슨하다. 자기자본 규모, 소액주주 수 등의 분산요건, 경영성과 등에 대한 조건이 완화되어 있다. 코스닥시장은 투자자 입장에서는 성장성 있는 기업에 대한 투자로 고수익을 올릴 수 있지만 위험도 큰 주식시장이다. 코스닥시장도 상장기업의 상장 후 일정조건 충족 의무, 관리종목 지정, 거래시간과 매매체결 방식, 종합주가지수 작성 등은 유

---

11 유가증권시장은 1956년 3월 대한증권거래소의 설립으로 조흥은행·상업은행 등 시중은행과 한국전력 등 12개 기업의 주식이 상장 거래되면서 시작되었다.
12 코스닥시장은 미국의 나스닥시장을 벤치마킹하여 1996년 7월 개설되었다.

가증권시장과 비슷하거나 동일하게 운영된다.

코넥스KONEX, Korea New Exchange시장은 중소기업에 특화된 시장으로 「중소기업기본법」상 중소기업만 상장이 가능하다. 상장요건에 기업설립 연수, 기업규모, 주식분산 정도 등이 없어 코스닥에 비해 훨씬 간편하게 상장할 수 있다. 상장폐지 요건에 재무상태와 경영성과에 관한 조항이 없어 상장유지가 용이하다. 상장 자문인의 추천을 받으면 코스닥시장으로의 진입도 가능하다. 코넥스시장은 2013년 7월 설립되어 상장기업은 꾸준히 늘고 있으나 거래가 활발하지 않아 종합지수는 작성되지 않고 있다.

K-OTCKorea over-the-counter시장은 비상장주식의 거래를 위한 시장으로 과거 프리보드free board시장을 2014년 7월 이름을 바꾸고 운용방식을 개선한 것이다. K-OTC시장의 거래대상은 자본잠식률 100퍼센트 미만, 매출액 5억 원 이상, 감사의견 적정 등의 조건을 충족하고, 한국금융투자협회에 의해 등록 또는 지정된 비상장주식이다. K-OTC시장은 홍보부족 등으로 기업과 투자자의 관심이 크지 않아 활성화되지는 않고 있다.

한국 주식시장은 유가증권시장 기준 시가총액이 2017년 말 1600조 원으로 경상GDP 대비 110퍼센트 정도이다. 이 비율은 미국·일본보다는 낮으나 독일보다는 높다. 그리고 한국의 주식시장은 외국인투자자들이 주도하고 있다. 많은 개인투자자들이 돈을 벌려고 주식시장에 참여하고 있으나 개인투자자들은 외국인이나 기관투자자에 비해 자금력과 정보력이 부족하고, 제도적인 역차별[13]도 있어 주식시장에서 돈을 벌기 어렵다. 그러나 아주 소수의 개인투자자는 돈을 벌기도 한다.

주식시장에서의 투기는 부동산투기와는 달리 국민경제에 긍정적 효과가 있다. 주식투자는 카지노 등 도박에 비해 거래비용이 아주 저렴하며, 때에 따라서는 승률도 높을 수 있다. 기본적으로 내일의 주식가격이 오를지 내릴지 모르기는 외국인투자자나 개인투자자나 별 차이가 있을 수 없다. 투기성향이 강한 사람이나 탐욕과 공포가 교차하는 시장에서 무엇인가 배워보려는 사람은 도박이나 부동산투기보다 주식시장이 보다 저렴하고 공익적이다.

개인투자자들이 주식시장에 참여해서 돈을 벌어보려면 최소한 다음 정도의 기초지식은 가져야 한다. 많이 안다고 돈을 버는 것은 아니지만 실패 가능성은 줄일 수 있기 때문이다.

주식의 가치평가

주가에 영향을 주는 요인은 아주 많다. 경기·금리·환율·물가·경상수지 등 거시경제 변수, 통화정책과 재정정책 등의 경제정책, 원유가 등 세계 경제동향, 산업동향, 주식의 수요와 공급, 기업의 경영성과, 외국인 투자동향, 국내외 정치상황 등이다. 이러한 요인들의 현재 상황보다 미래 전망이 더 중요하다. 현재의 주가는 기업의 미래수익과 가치의 변화 가능성이 종합적으로 반영된 것이기 때문이다.

주식투자를 위해서는 현재의 주가에 대한 평가가 중요하고, 주가평

---

13 외국인과 기관투자자는 공매도(short selling)를 할 수 있으나 개인투자자는 하지 못한다.

가는 주식시장 전체와 개별종목으로 나누어볼 수 있다. 주식시장 전체의 가치평가는 시가총액이나 종합주가지수 등으로 한다. 시가총액은 주식시장에 상장된 주식 총수에 각각의 시장가격을 곱해 합한 금액이다. 상장된 주식의 총시장가치다. 종합주가지수는 기준 연도의 지수를 100으로 하여 현재의 주가 수준을 평가할 수 있는 지표이다.

한국의 유가증권시장은 코스피라는 한국종합주가지수가 있다. 코스피는 매일매일의 시가총액을 기준 시점1980년 1월 4일 시가총액으로 나누어 산정한 주가지수이다. 신규 상장이나 유상증자 등 가격변동과 직접 관계가 없는 시가총액의 변동은 주가지수의 연속성 유지를 위해 기준 시점의 시가총액을 수정하는 방식으로 반영한다. 그리고 주가지수 선물거래의 대상지수로 코스피200 지수가 별도로 작성되고 있다.

세계 각국의 주식시장은 각 시장을 대표하는 주가지수가 있고 주가지수의 작성방법은 조금씩 다르다. 미국의 다우존스 산업평균지수와 나스닥지수, S&P500, 일본의 니케이225, 영국의 FTSE100, 독일의 DAX30, 홍콩의 항생지수, 중국의 상해종합지수 등이 있다. 요즈음은 ETFexchange traded fund, 상장지수펀드라 하여 이러한 주가지수에 투자할 수 있는 주식상품이 있다. ETF는 투자자들이 개별종목을 선택할 필요 없이 전체적 주식시장의 흐름을 투자대상으로 할 수 있다.

주식투자는 주식형 펀드를 통한 간접투자도 있지만, 고전적인 형태는 삼성전자나 현대자동차와 같은 개별종목에 대한 직접투자이다. 개별종목에 투자를 하려면 이 주식들의 가치평가를 해야 하고, 이를 위해서는 경제환경과 산업전망 등의 분석뿐 아니라 주식발행 기업에 대한 분석도 꼭 필요하다. 발행기업 분석은 기업의 실제가치 또는 내재가치를 분석하는 기본적 분석법과 해당 주식의 주가와 거래량 추이를 분석하는 기술적 분석법이 있다.

기본적 분석은 기업의 실제가치를 분석하여 이것이 현재의 주가에 비해 저평가되어 있는 주식을 찾아 투자하는 것이다. 이를 가치투자라고도 한다. 기업의 실제가치를 분석하기 위해서는 기업의 사업내용과 전망, 경영진의 자질, 기술능력 등과 함께 기업의 수익성, 재무안정성, 성장성 등의 재무분석도 이루어져야 한다. 기업의 실제가치 평가는 많은 정보와 지표에 대한 분석이 필요한 어려운 과제이다.

투자 결정에 사용되는 여러 지표 중 기업의 재무상황과 주가를 간단히 비교하여 만든 두가지 지표가 있다. 하나는 PERprice earnings ratio 라 불리는 주가수익률이다. PER는 해당 기업의 주가를 1주당 연간 세후이익으로 나누어 산출하며, 주가가 1주당 수익의 몇배인지를 나타낸다. PER가 높다는 것은 주당이익에 비해 주식가격이 높다는(고평가) 것이고, PER가 낮다는 것은 주당이익에 비해 주식가격이 낮다는(저평가) 것이다. 일반적으로 PER가 낮은 주식이 앞으로 주가가 상승할 가능성이 크다고 볼 수 있다. 그러나 PER가 낮은 주식은 현재의 수익은 좋지만 미래의 성장성 등이 낮아 시장에서 주가가 낮게 평가되고 있는 것으로도 볼 수 있다. 어느 쪽이 맞을 것인지는 투자자가 기업의 사업전망 등에 대한 분석을 통해 판단해야 하는 일이다.

또다른 지표는 PBRprice book value ratio 라 불리는 주가순자산비율이다. PBR는 주가를 1주당 순자산으로 나눈 것이다. 순자산은 총자산에서 총부채와 실질가치가 없는 부실자산 등을 뺀 금액으로 청산가치 즉 주주에게 돌아갈 몫이다. PBR가 1보다 크면 현재의 주가가 주당 청산가치보다 비싸기 때문에 주식은 고평가된 것이다. 반대로 PBR가 1보다 작으면 저평가된 것으로 볼 수 있다. 그러나 순자산은 기업 대차대조표의 장부가액으로 계산한 것이어서 보유자산이 시장가격으로 평가되지 않았으면 순자산이 실제가치와 괴리될 수 있다. 또한 PBR가 낮다는 것은 순자산은 많지만 미래의 성장성이 낮아 시장에서 자산가치를 저평가하고 있다는 의미도 된다. 결국 이러한 지표들에 대한 최종판단은 투자자의 몫이다.

기업의 실제가치를 평가해 저평가된 주식을 찾아 투자하는 가치투자는 투자의 기본이나 분석해야 할 것들이 너무 많고 정확한 판단도 어렵다. 대안으로 많이 이용되는 것이 기술적 분석이다. 기술적 분석은 차트분석이라고 하며 투자심리와 시장 분위기가 반영되어 있는 주가와 거래량의 흐름을 분석하여 주가의 향방을 예측하는 방법이다. 기술적 분석은 주가의 흐름에 일정한 파동과 순환주기가 있다는 믿음에 근거한다. 이러한 분석은 랠프 엘리엇Ralph N. Elliott, 1871~1948이 1934년에 엘리엇 파동이라는 주가예측 모델을 발표하면서 크게 발전했다.

구체적 분석기법으로 추세선 분석, 지지선과 저항선 분석, 이동평균선 분석, 이격도 분석, 주가와 거래량의 상관분석, 투자심리선 분석 등이 사용된다. 기술적 분석도 이렇게 분석기법이 다양하고 복잡하다. 또한 분석방법과 시각에 따라 주가예측의 방향성이 달라질 수밖에 없어 주식의 매수와 매도 결정이 여전히 어렵다는 문제가 있다. 기술적 분석은 이러한 한계에도 불구하고 많은 주식 투자자들이 심취해 있는 투자기법이다.[14]

많은 기술적 분석 중 일상에서도 많이 활용되는 이동평균선 분석을 간단히 알아보자. 주가 이동평균은 일정기간(10일, 1개월, 3개월, 1년 등) 동안 매일의 주가를 평균한 것이다. 예를 들어 10일 이동평균은 매일 전일의 주가를 더하고 10일 전 하루의 주가를 빼서 총 10일간의 주가를 평균한 것이다. 일반적으로 단기 이동평균선(예컨대 1개월)이 장기 이동평균선(예컨대 1년) 아래에서 위로 돌파하면 주가는 상승세로 전환된다는 것이다. 이러한 상황을 골든크로스golden cross라 하며 선거의 여론조사 동향 등에서도 많이 사용된다. 반대로 단기 이동평균선이 장기 이동평균선을 위에서 아래로 돌파하면 주가는 하락세로 전환된다는 것이다. 이를 데드크로스dead cross라 한다.

단기 이동평균은 여러개 있고 장기 이동평균도 여럿 있다. 사용하는 이동평균에 따라 차트 모양이 달라진다. 골든크로스가 생겼다고 항상 주가가 오르는 것도 아니고 데드크로스가 발생했다고 주가가 항상 내리는 것도 아니다. 현실의 주가는 훨씬 더 변화무쌍하다. 내일의 주가가 오를 확률과 내릴 확률이 각각 50퍼센트라는 전제하에 이루어지는 위험관리가 현실적일 수 있다.

주식·채권·부동산 등 자산의 가치는 그 자산을 보유함으로써 얻을 수 있는 미래수익과 가격상승에 대한 기대에 의해 결정된다. 채권은 대부분 미래수익이 확정되어 있기 때문에 가치평가가 상대적으로 쉽다. 부동산도 미래의 임대수입과 가격상승 기대에 대한 추정이 아주 어렵지는 않다. 그러나 주식은 앞으로 배당을 얼마나 줄지, 미래의 경영성과가 어떻게 될지 예측하기 참으로 어렵다.

---

14 주식에 대한 기술적 분석을 주식 점성술이라고 혹평하는 사람도 있다.

주가가 어디로 움직일지 모르는 주식시장에서 많은 사람이 돈을 벌려고 한다. 온갖 정보를 모아 주식의 가치를 평가하고 수많은 차트를 그려본다. 각 투자자들의 돈 벌려는 노력이 주식시장을 효율적으로 만들고, 기업의 자금조달을 돕고, 시장규율을 잘 작동하게 한다. 바람직한 시장경제의 전형이 될 수 있다. 그러나 작전이나 불공정한 방식으로 시장을 망가뜨리며 돈을 벌려는 사람이 항상 있다. 대주주와 기관투자자, 외국인은 힘의 우위와 내부 정보, 제도적 이점 등을 이용해 주식시장에서 돈을 쉽게 버는 경우가 많다. 개인투자자들은 돈을 벌기 매우 어렵다. 정책당국은 개인투자자들이 불리하지 않은 투자환경을 조성해야 한다.

개인들의 입장에서 볼 때 한국의 주식시장은 부동산에 비해 여러모로 불리하다. 돈 있는 한국 사람이 부동산 대신 주식에 투자하는 경우는 드물다. 개인투자자에 대한 제도적 우대가 있어야 주식시장이 발전할 수 있다. 주식시장이 좋으면 경제가 대체로 잘 돌아가는 것이다. 여기에다 많은 소액 투자자들이 돈을 벌면 더 좋은 일일 것이다.

생활 근처에 있는 금융

예금과 대출

　예금과 대출은 금융의 기본이며 아주 오래전부터 있어왔다. 은행이나 신협, 상호저축은행 등과 같은 금융기관이 예금을 받아 금융기관의 책임으로 대출을 한다. 예금과 대출은 예금자와 대출자가 직접 연결되지 않고 은행 등이 자금을 중개하기 때문에 간접금융이라고 한다.

　사람들은 가까이 있거나 연고가 있고 믿을 만한 금융기관을 골라 예금을 해왔다. 금융기관도 오랜 거래관계가 있고 여러 면에서 믿을 만한 대상을 찾아 대출을 했다. 예금과 대출은 이렇게 금융기관과 예금자, 금융기관과 대출자 간의 신뢰와 오랜 관계를 기반으로 이루어져왔다. 즉 예금과 대출은 금융기관을 중심으로 한 관계형 금융의 형태로 발전된 것이다. 그러나 1980년대 이후 세계 금융시장은 금융혁신으로 인한 다양한 예금·대출상품이 출현하고, IT기술 발달로 인한 공간제약의 감소, 금리자율화와 정보 접근성 강화, 경영효율화를 위한 인력감축 등으로 시장여건이 크게 바뀌었다. 이에 따라 예금·대출도 관계형 금융에서 시장형 금융으로 빠르게 전환되고 있다.

예금자는 예금상품의 금리와 거래 금융기관의 네트워크 등 편의성에 민감하게 반응하게 되었다. 금융기관은 오랜 거래관계보다 담보제공 여부, 보유자산 규모, 다니는 직장 등 외형적 신용평가를 중심으로 대출자를 고르게 되었다. 대출에 필요한 신용평가를 계량화, 전산화하여 비전문가도 쉽게 대출 여부와 가능금액 등을 결정할 수 있게 되었다. 금융기관은 이를 통해 인력감축과 경비절감을 하고, 수익을 늘릴 수 있게 되었다.

한국은 1997년 금융위기 이후 예금·대출의 시장화 현상이 급격하게 진행되었다. 1997년 이전에는 예금금리와 대출금리가 대부분 규제되어 있었고, 주택담보대출 등 가계대출은 엄격히 제한되어 있었다. 예금은 은행·신협·저축은행 등 금융기관 종류별로 금리나 상품의 성격이 거의 동일했다. 대출은 수출지원금융과 같은 특정분야의 지원을 위한 정책금융과 기업대출이 대부분이고 은행별 차이가 없었다.

1998년부터 금리자율화, 개인대출에 대한 규제완화, 다양한 금융상품의 허용 등이 빠르게 이루어졌다. 사람들은 금리와 조건이 다른 여러 금융기관의 예금상품 중에서 자신에 맞는 것을 고를 수 있게 되었다. 또한 은행·신협 등 금융기관은 기업대출에 대한 위험관리를 강화하고 가계대출과 담보대출을 늘렸다. 개인들은 주택담보대출, 마이너스통장 대출, 신용카드론, 자동차 등의 할부금융 등 다양한 대출을 금융기관마다 다른 조건으로 쉽게 접할 수 있게 되었다.

가계가 예금주체에서 차입주체로 변하고 있다. 가계의 금융부채는

2014년 이후 주택담보대출 중심으로 증가속도가 더 빨라졌다. 이제 가계나 한국경제가 감당할 수 있는 수준인지 의심스러운 단계에 와 있다. 개인들은 예금과 대출에 대한 지식이 많이 필요해졌다. 예금과 대출의 종류와 특징, 문제점 등을 알아보자.[15]

예금상품의 종류와 특징

먼저 예금은 고전적인 분류방식으로 수시입출금이 가능한 요구불예금과 정해진 기간 이후에 인출해야 이자 손실이 없는 저축성예금으로 나눌 수 있다. 요구불예금은 기업이 수표나 어음결제에 사용하는 당좌예금과 일반 자금거래에 사용하는 보통예금이 대표적이다. 개인들이 급여계좌나 신용카드 결제계좌로 많이 쓰는 저축예금도 이름에 저축이 들어가 있지만 수시입출금식 예금이다.

저축성예금은 3개월·1년 등과 같이 일정기간 이후 찾을 수 있는 정기예금, 일정기간 동안 여러번 예금하여 목돈을 만드는 정기적금이 대표적이다. 금융기관은 정기예금과 정기적금의 금리, 이자지급 방식, 적립방식 등을 조금씩 바꾸어 다양한 예금상품을 만들고 있다. 정부가 세금우대를 해주는 재형저축 또는 아파트 분양 우선권을 주는 주택청약예금 등도 정기적금이나 정기예금의 한 형태이다.

예금금리는 일반적으로 수시입출금식보다는 저축성예금이, 저축성

---

15 예금과 대출의 종류와 특징은 정대영 『동전에는 옆면도 있다: 정대영의 금융 바로 보기』(한울 2013)의 254~60면을 참조해서 보완했다.

예금 중에서는 의무 예치기간이 장기일수록 금리가 더 높다. 비슷한 예금이라도 비대면 무통장방식의 예금이 취급비용을 낮출 수 있어 금리가 조금 더 높다. 금융기관별로는 신용도가 낮아 보이거나 지점망이 적어 접근성이 떨어지는 경우 높은 금리를 주는 경향이 있다. 상호저축은행이 대표적인 예로 상호저축은행의 거의 모든 예금금리가 은행보다 높다. 신협·새마을금고·지역농협 등은 지점망이 적고 신용도가 낮아 보이지만, 예금에 대한 세금우대가 있어 정기예금의 경우 금리가 은행과 별 차이가 없다.

다음으로 예금을 비증권적 예금과 증권적 예금으로 나눌 수 있다. 비증권적 예금은 주변에 많이 있는 저축예금·당좌예금·정기예금·정기적금 등이다. 일반적으로 예금증서나 예금통장으로 거래하지만 요즘은 무통장방식도 생겨나고 있다. 증권적 예금은 어음이나 채권 등의 유가증권을 매매하는 형태의 예금이다. 환매조건부채권 매매, 표지어음, 양도성예금증서 등이 있다. 은행채 등의 금융채도 법적으로 예금은 아니지만 자금의 조달이라는 면에서 예금과 성격이 비슷하다. 이러한 증권적 예금과 금융채도 고객의 편의를 위해 통장식으로 거래할 수 있다. 증권적 예금과 금융채는 일반 예금보다 금리가 조금 높지만 대부분 중도해지가 안 되고 예금자보호 대상이 아니다.

마지막으로 CMAcash management account, MMFmoney market fund, MMDAmoney market deposit account 등과 같이 펀드형태이면서 실제는 예금과 거의 같은 금융상품이 있다. 이 금융상품들의 취급기관과 법적 성격은 조금씩 다르다. 그러나 고객의 자금을 단기 우량채권, CD, 콜론 등에 투자하여 단기시장금리 수준의 이자를 지급하고 수시입출금이

가능하다는 점에서 비슷하다. CMA, MMF, MMDA는 기업과 개인의 단기 여유자금을 운용하기 좋은 예금형태의 금융상품이다. 이 가운데 CMA는 주로 증권사에서 취급하고 신용카드 발급 등 일부 지급결제 기능도 수행하여 은행의 예금계좌 대용으로도 쓰인다. MMF나 증권사 CMA는 예금자보호 대상이 아니기 때문에 단기금융시장이 크게 불안해지면 원금손실이 발생할 수 있다.

예금은 고수익을 추구하는 투자형 금융상품이 아니기 때문에 금리와 함께 유동성, 안전성이 중요하다.[16] 요즈음은 인터넷뱅킹과 모바일뱅킹의 확산으로 금융기관 점포망의 의미는 약해졌지만 그래도 지점이 많은 은행의 예금이 유동성과 결제 편의성 면에서 유리하다. 예금의 안전성은 예금자보호 대상에 포함되는지 여부가 가장 중요하다. 예금자보호 대상은 금융기관별, 예금상품별로 확인이 필요하다. 보호한도는 1인당 금융기관별로 이자 포함 5000만원이다. 5000만원이 넘거나 예금자보호 대상이 아닌 예금상품에 가입하는 경우 거래 금융기관의 건전성 등 신용상태를 꼭 확인해야 한다. 대형 금융기관이고, 지금 건전성이 좋다고 해도 몇년 후에도 현재의 신용상태를 유지한다는 보장이 없기 때문에 거액 장기예금은 금융기관별로 분산하는 것이 좋다.

---

16 금융시장이 불안하여 주식, 채권 등의 투자를 통해 플러스 수익을 내기 어려운 시기에는 조금이지만 확정 수익을 보장하는 예금도 훌륭한 투자형 금융상품 노릇을 할 수 있다.

대출의 종류와 금리, 접근 가능성

대출은 대출방식, 담보 유무, 표시통화, 금리 적용방식 등에 따라 여러 종류가 있다. 첫째는 어음할인·어음대출·증서대출과 같이 대출방식에 따른 구분이다. 어음할인은 상거래 과정에서 물품대금으로 받은 어음이나 자금융통을 위한 어음을 금융기관이 만기까지의 이자를 제하고 매입하는 방식의 대출이다. 어음대출은 금융기관이 차입자로부터 어음을 받고 돈을 빌려주는 방식이고, 기업에 대한 단기대출에 많이 사용된다. 증서대출은 금융기관이 차입자와 대출증서를 작성하는 방식의 대출로 장기대출이나 개인대출에 많이 사용된다.

둘째는 담보대출과 신용대출이다. 담보대출은 부동산 등의 담보를 잡고 대출하는 것이고, 신용대출은 담보 없이 차입자의 신용만으로 대출하는 것이다. 담보는 주택이나 토지 등의 부동산, 기계 등 설비, 원자재나 상품 등의 재고, 정부기관 등의 지급보증서, 차입자의 예금이나 주식, 연대보증 등의 인적 보증 등이 있다. 한국에서는 물적 담보 없이 연대보증 등 인적 보증만으로 이루어지는 대출도 신용대출이라 부르는데 맞지 않는 말이다. 담보 중에서 가장 나쁜 형태가 채무자 또는 그 가족을 노예 등으로 팔 수 있는 과거의 인신담보이며, 연대보증은 인신담보와 비슷한 면이 있기 때문이다.

셋째는 원화대출과 외화대출이다. 원화대출은 대출금액이 한국 돈인 원화로 표시되고 원금과 이자가 원화로 상환되는 대출이다. 외화대출은 미국 달러화나 일본 엔화와 같이 외국 돈으로 대출이 표시되고 원금과 이자를 외국 돈으로 상환하는 것이다. 외화대출은 해당 통화의 국제금리를 기준으로 대출금리가 결정되므로 장기간 제로금리를 유지하고 있는 일본 엔화대출의 금리가 낮다. 그러나 원리금 상환이 엔화로 이루어지기 때문에 대출 시보다 엔화가치가 오르면 상환 부담이 커진다. 실제 엔화가치는 1~2년 사이에 30~40퍼센트 오르기도 하고 떨어지기도 한다. 엔화나 달러화의 수입이 있는 사람이나 기업이 아닌 경우 금리가 낮다고 외화대출을 받는 것은 조심해야 한다.

넷째는 금리 적용방식에 따라 고정금리대출과 변동금리대출로 구분할 수 있다. 일반적으로 고정금리대출은 대출실행 시 결정된 금리가 만기나 정해진 기간까지 계속된다. 변동금리대출은 3개월 또는 6개월 등의 단위로 CD금리와 같은 기준금리에 맞추어 대출금리가 변동한다. 고정금리대출은 금리변동 위험을 금융기관이 부담하므로 대출금리가 변동금리대출보다 높은 것이 일반적이다. 한국의 주택담보대출은 변동금리의 비중이 높아, 가계가 금리변동 위험을 주로 부담하는 구조였다.

정책당국은 2010년경부터 세제우대 등을 통해 고정금리대출의 비중을 확대해왔다. 그러나 정책금리와 시장금리는 2017년 상반기까지 낮아져 고정금리대출을 받은 사람들이 오히려 손해를 보고, 금융기관들은 큰 이익을 보았다. 정책당국의 좋은 의도가 차입자에게 손실을 끼친 셈이다. 앞으로 금리가 오를지 내릴지는 알기 어렵다. 이런 상황에서 고정금리와 변동금리 선택에 따른 차입자의 손실을 최소할 수 있는 방안이 있어야 한다. 고정금리와 변동금리의 차spread가 작을수록 차입자에게 좋고, 이 차이가 금리 전망에 따라 움직여야 한다.

주택담보대출의 금리변동 위험 부분을 분리한 다음 파생금융상품으로 만들어 시장에서 거래하게 하면 고정금리대출과 변동금리대출 간의 금리차를 축소할 수 있다. 2010년경처럼 시장금리의 하락 가능성이 있고 파생금융상품 투자자들이 이러한 방향으로 투자를 한다면 고정금리와 변동금리의 금리차가 거의 없어질 수 있기 때문이다.

잘 작동되는 대출시장은 금리와 경기의 전망, 시중 유동성 상황, 차입자의 신용상태 등에 따라 대출의 규모와 금리가 탄력적으로 결정되는 시장이다. 예를 들어 차입자의 신용상태가 좋으면 낮은 금리로, 신용상태가 조금 나쁘면 조금 높은 금리로, 신용상태가 매우 나쁘면 아주 높은 금리로 대출을 받을 수 있어야 한다. 즉 신용상태가 나쁜 차입자라도 높은 금리를 부담하면 대출을 받을 수 있어야 대출시장이 잘 작동하는 것이다.

한국의 경우 재벌 소속 기업, 우량 중소기업, 부동산 보유자, 의사나 공무원 등 좋은 직업을 가진 사람들과 같이 외형적으로 신용상태가 양호한 차입자는 대출기회가 과도할 정도로 많다. 반면 창업자, 영세 소상공인, 좋은 직장을 갖지 못한 사람 등은 담보 없이 제도권 금융기관에서 대출받기가 거의 불가능하다. 한국은 대출 접근성이 양극화되어 있는 것이다. 중간 신용자들이 적절한 금리로 대출을 받기 어려워 고리의 개인사채를 이용하는 경우가 많다.

창업자나 영세 소상공인들 중에서도 사업성이 있거나 상환의지가 높아 대출 원리금 상환에 문제가 없는 사람이 꽤 있다. 외형적인 조건이 좋지 않은 차입자에 대해서도 사업의 성공 가능성과 상환의지 등을 평가하여 적절한 금리로 대출해주는 금융기관이 있어야 한다. 매출이 적은 기업이나, 좋은 직장이 없는 사람에 대한 신용평가는 오랜 접촉과 관계유지를 통해서 얻는 정성적 판단이 중요하다. 오랜 관계와 정성적

판단을 기초로 담보가 없거나 부족한 차입자에게 적정 금리로 돈을 빌려주는 것이 관계형 대출이다.[17]

관계형 대출은 숙련된 인력이 필요하고 비용이 드는 금융기법의 하나이다. 한국은 관계형 대출을 주요 업무로 하는 금융기관이 없다. 신협과 새마을금고 등은 설립목적상 공동체나 지역을 기반으로 관계형 금융에 주력해야 하는 상호부조형 금융기관이다. 그러나 신협 등의 금융기관은 1997년 이후 담보대출 비중이 크게 늘어 공동체 금융이나 관계형 금융과는 오히려 거리가 멀어지고 있다.[18]

금융은 원시시대 절박한 상황에 있는 사람들에게 식량·농기구·씨앗 등을 빌려주는 데서 시작되었을 것이다. 현대 대출시장에 대한 평가기준도 영세 소상공인이나 창업자 등과 같이 돈이 절실히 필요한 사람들이 적절한 금리로 대출을 받을 수 있느냐일 것이다. 즉 금융의 포용성 financial inclusion 과 금융 접근성이 대출시장이 잘 작동하는지에 대한 평가기준이다.

한국의 대출시장은 한쪽에선 과잉 가계부채가 국민경제를 짓누르고 있지만, 많은 사람들은 제도권 금융을 이용하지 못하고 사채업자의 약탈적 금융에 피해를 보고 있다. 이렇게 된 것은 서민 정책금융이 부족

---

17 최근 소비지출 행태, SNS 이용 상황, 생활습관 등의 빅데이터를 이용해 대출을 결정하는 방식이 도입되고 있다. 이는 담보나 직장 등을 기준으로 결정하는 대출보다는 중간 신용자에게 도움이 될 수 있다. 상환의지 평가 등 정성적 판단의 보조지표로 활용하면 관계형 대출이 보다 활성화될 수 있다.

18 신협의 경우 1997년 이전에는 신용대출 비중이 50퍼센트 정도는 되었는데 2010년 이후 5퍼센트 수준으로 낮아졌다. 새마을금고 신용대출 비중은 이보다 낮은 3퍼센트 수준으로 알려져 있다.

해서도 아니고, 불법 사금융에 대한 규제가 없어서도 아니다. 이른바 서민 금융기관이라 불리는 신협, 새마을금고, 농·수협 단위조합, 상호저축은행 등이 제 역할을 못하고 있기 때문이다. 여기에다 자조적인 풀뿌리 조직인 협동조합도 금융분야에서는 제도적으로 생겨날 수 없다는 것도 큰 원인이다.[19] 한국의 대출시장은 금융산업의 발전과 금융에 대한 국민의 인식개선을 위해 전면적인 개혁이 필요한 분야이다.

---

[19] 「협동조합 기본법」상 금융 및 보험업은 협동조합을 설립할 수 없게 되어 있다.

농민의 생존수단에서
금융공학의 핵심 부품으로

파생상품

파생상품derivatives[20]은 기초자산underlying assets이라는 다른 상품가격에 의해 가치가 결정되는 이차 상품(즉 파생된 상품)이다. 기초자산은 주식·채권·외환 등 금융상품뿐 아니라 곡물·원유·금은 등 경제적 가치가 있는 것은 거의 모두 가능하다. 파생상품은 이러한 기초자산의 가치변화와 사고팔 권리 등을 상품화한 것이다. 기초자산이 곡물 등 상품인 것은 상품파생이라 하고, 기초자산이 금융상품인 것이 금융파생이다. 파생상품은 곡물 등 상품파생에서 먼저 발달한 다음 금융파생으로 확대되었다.

파생상품의 역사는 오래되었다. 한국에서 예전부터 있었던 밭떼기나 입도선매는 농산물을 수확 전에 미리 정해진 가격으로 거래하는 선

---

20 '파생금융상품' 부분은 정대영 『동전에는 옆면도 있다: 정대영의 금융 바로 보기』의 '파생상품' 부분을 수정 보완했다.

도거래forward contract와 유사하다. 17세기 초 네덜란드에서 발생한 튤립 투기열풍 시기에는 튤립 알뿌리를 일정가격에 사고팔 권리가 매매되어 현대의 옵션거래와 비슷했다.

체계화된 파생상품 거래는 19세기 미국의 곡창지대인 오대호 연안 중심도시인 시카고에서 시작되었다. 당시 곡물가격은 당연히 작황에 따라 폭등과 폭락을 반복했다. 곡물의 공급자인 농부와 수요자인 가공업자 모두 안정적인 경영을 할 수 없어 어려움이 컸다. 필요는 발명의 어머니라고 농부와 가공업자는 사전에 곡물을 미리 정해진 가격으로 사고파는 거래를 했다. 밭떼기가 발전된 형태였다. 편리를 위해 농부와 가공업자가 한곳에 모여 거래를 했는데, 이곳이 1848년에 시카고 상품거래소Chicago Board of Trade로 정식 발족하게 되었다. 시카고 상품거래소는 거래의 안정성을 높이기 위해 곡물의 품질과 계약조건 등을 표준화하고, 증거금 제도를 도입하여 장내파생상품인 선물거래futures trading로 발전시켰다.

곡물에 대한 파생상품 거래가 없었다면 시카고 지역의 농부와 농산물 가공업자들은 계속되는 농산물가격의 폭등과 폭락으로 안정적인 생업이 어려웠을 것이다. 선물거래는 이어 곡물 이외에 축산물·설탕·원유·난방유·금은·구리 등의 상품파생뿐 아니라 주가지수·금리·외환 등 금융파생상품으로 확대되었다. 선물거래소도 시카고 이외에 뉴욕·영국·독일·프랑스·홍콩·싱가포르 등 세계 전역에서 생겨났다.

파생상품은 계속 발전했다. 가격이나 조건 등의 변화가 상품의 가치나 경제활동에 미치는 많은 것들이 파생상품화되었다. 1990년대에는 거래 상대방의 신용상태 변화에 대한 파생상품인 CDS와 같은 신용파생상품도 생겨났다. 1990년대 말에는 날씨와 관련된 파생상품도 나왔다. 기준 온도보다 높은 경우와 낮은 경우, 일조 일수, 서리 온 날, 눈 온 날 등이 파생상품으로 만들어져 있다.

한국의 파생상품은 수출입 등 대외거래의 환율변동 위험회피를 위한 선물환거래가 1970년대부터 활발히 이루어졌다. 다른 파생상품은 거래가 거의 없다가 1990년대 중반 이후 금융자유화와 개방화 등으로 금융부문에서 파생상품 거래가 확대되었다. 1996년 5월 코스피200 주가지수 선물시장이 개설되었고, 1997년 7월에는 코스피200 옵션시장이 개설되어 장내파생상품 시장이 활성화되었다. 금리스와프 등 선물환 이외의 장외파생상품은 1997년 금융위기 이후 빠르게 늘어났다.

이러한 파생상품을 거래하는 목적은 두가지로 나뉜다. 하나는 보유한 위험을 회피hedge하기 위한 거래이고, 다른 하나는 파생상품 거래를 통해 돈을 벌려는 투기거래이다. 위험회피 거래자는 앞의 농부와 농산물 가공업자, 외화로 수출대금을 받을 수출업자, 변동금리로 돈을 빌려 고정금리로 대출하는 금융기관, 날씨에 민감한 의류나 빙과 생산업자 등 아주 다양할 것이다. 투기 거래자는 타인의 위험을 인수해 수익을 올리려는 투자자들이다.

파생상품 시장에 투기 거래자가 없다면 파생상품 거래의 비용이 높아지고 위험을 회피하기 어려운 경우가 발생할 수 있다. 파생금융상품은 투자자 입장에서 소액의 증거금이나 프리미엄만을 부담하고, 훨씬 큰 금액의 기초자산에 투자한 것과 동일한 효과를 가질 수 있다. 이는 차입비율이 높은 투자와 같아 잘하면 적은 돈으로 큰 수익을 올릴 수 있지만 잘못하면 투자원금을 순식간에 날릴 수 있다. 또한 일부 파생상품은 투자손실이 투자원금 이상으로 커지는 경우도 있다. 파생상품에 대한 투기적 거래는 대표적인 고위험 고수익 투자로 잘못하면 개인이나 기업 또는 금융기관을 망하게 할 수 있다.

파생상품은 위험할 뿐 아니라 발전하면서 점점 복잡해지고 있다. 파생상품은 쉽게 변형할 수 있어 금융공학[21]을 통해 새로운 금융상품을 만드는 필수 소재가 되고 있다. 파생상품이 복잡해지면서 일부 파생상품은 정확한 가치측정이 쉽지 않고 전문가조차 이해하기 어렵다. 파생상품은 경제활동에서 나타나는 여러 위험을 회피하는 데 필요할 수 있지만 복잡성과 위험성 때문에 부작용도 크다. 미국의 서브프라임 모기지 관련 파생상품이나 한국 키코 등이 대표적이다.

파생상품 거래 시 주의할 점은 싸게 위험을 회피하기는 매우 어렵다는 사실을 명심하는 것이다. "이것은 정교하게 새로이 만들어진 파생상품이기 때문에 저렴하게 위험을 회피할 수 있다"라고 하는 파생상품을 의심할 필요가 있다. 이런 경우는 거의 대부분 발생확률은 낮지만 아주 큰 위험이 어딘가 숨어 있을 가능성이 크기 때문이다. 세상에 공짜 점심이 없다는 말이 파생상품에도 그대로 적용된다. 그리고 투자자의 경우 자신이 완전히 이해할 수 없는 파생상품에는 투자하지 않는 것이 좋다. 파생상품은 원래 위험한 것인데 모르고 투자하는 것은 더 위험하고 수익을 내기도 더 어렵기 때문이다. 모르고 파생상품에 투자하는 것은 도박을 하는 것과 진배없는 일이다.

---

21 금융공학(financial engineering)이란 단순한 금융상품을 조립 변형해 고객의 다양한 요구에 맞출 수 있는 새로운 금융상품을 만들어내는 작업을 말한다. 공학에서 여러 부품과 소재를 사용해 새로운 제품을 만드는 것에 비유한 말이다.

파생금융상품의 종류

금융상품의 종류는 많고 파생금융상품의 종류도 많다. 금융상품을 포함해 경제적 가치가 있는 상품은 기초자산이 될 수 있고, 파생상품 자체도 기초자산이 될 수 있다. 여기에다 새로운 파생상품에 대한 수요도 계속 생겨났다. 경제가 세계화되고 복잡해질수록 경제주체들은 새로운 위험에 부딪히게 되고 이것을 회피하고자 하기 때문이다.

파생상품의 분류방법도 다양하다. 기초자산이 곡물·원유 등이면 상품파생, 주식·외환 등 금융상품이면 금융파생으로 나뉜다. 금융파생은 주식 관련 파생, 금리 관련 파생, 외환 관련 파생, 신용위험 관련 파생 등으로 나눌 수 있다. 공인된 거래소에서 표준화된 방식으로 거래되는 장내파생상품과 거래 당사자 간 계약조건을 결정하는 장외파생상품으로 나눌 수도 있다. 계약형태에 따라 선도와 선물·옵션·스와프 등으로 구분할 수 있다. 여기서는 계약형태를 기준으로 선도forward와 선물futures, 스와프swap, 옵션option, 신용파생상품credit derivatives, 마지막으로 여러개가 결합된 복합파생상품에 대해 아주 간단히 살펴본다.

첫째는 파생상품의 기본인 선도와 선물이다. 선도와 선물은 미리 정해진 가격으로 일정기간 후 상품이나 금융자산을 사고팔겠다는 계약이다. 즉 농부가 1년 후에 밀을 킬로그램당 10달러로 1000킬로그램을 팔겠다는 계약을 하는 것이다. 선도와 선물의 차이는 선도거래가 양거래 당사자 간의 계약인 장외파생상품인 반면, 선물거래는 거래단위와 계약기간, 품질 등이 표준화되어 거래소에서 거래되는 장내파생상품이라는 점이다. 선도와 선물은 곡물 등 상품에서 시작되었지만 금융부문에서 더 활발히 거래된다.

한국의 대표적인 선도거래는 선물환으로 수출기업이나 수입업체가 수출입 대금의 환율변동 위험을 회피하기 위해 많이 사용된다. 예를 들어 수입업체가 상품을 수입하면서 수입대금 1000만 달러를 6개월 후에 지급하기로 한 경우, 6개월 선물환 1000만 달러를 매입하면 환율을 미리 확정할 수 있다. 이때 미 달러 선물환율은 한국과 미국의 금리차이, 환율전망 등이 반영되어 결정된다. 선도거래인 선물환 대신, 선물거래인 달러화 통화선물 1000만 달러를 매입할 수도 있다. 선물환은 장외상품이기 때문에 거래 외국환은행에서 개별적으로 계약을 하고, 통화선물은 장내상품이기 때문에 한국거래소에서 증거금을 납입하고 매입하면 된다.

이외에도 금융 관련 선도거래와 선물거래는 많다. 미래에 대출받을 계획이 있는 경우 대출금리를 미리 확정하기 위해 선도금리계약forward rate agreement을 체결할 수 있다. 이와 비슷한 선물거래가 유로달러 선물 등 금리선물이다. 또한 국채선물, 주가지수 선물 등도 활발히 거래된다.

둘째는 파생금융상품 중 거래규모가 큰 스와프이다. 스와프는 서로 교환한다는 의미로 일정기간 후에 미리 정해진 조건으로 어떤 물건을 서로 바꾸기로 한 계약이다. 교환대상이 곡물이나 원유 같은 상품이면 상품스와프, 외환이나 채권과 같은 금융상품이면 금융스와프라 한다. 금융스와프 중 금리스와프interest rate swap는 동일 통화의 고정금리 상품과 변동금리 상품을 교환대상으로 한다. 통화스와프cross-currency interest swap는 서로 다른 통화로 표시된 금융상품의 원금과 이자를 교환하는 계약이다.

스와프거래는 시장에서의 비교우위를 이용해 차입비용 등을 줄이는 데 많이 쓰인다. 변동금리로 싸게 빌릴 수 있는 기업은 변동금리로 차입한 다음 금리스와프를 통해 금리를 고정할 수 있다. 달러 차입이 어려운 기업은 원화로 차입한 다음 통화스와프를 이용해 채무의 원리금 지급을 달러로 하는 효과를 얻을 수 있다. 세계 파생상품 중 금리스와프의 거래규모가 가장 큰 것으로 알려져 있다. 일반적으로 스와프는 거래기간이 장기이고 장외파생상품이기 때문에 거래 상대방의 신용이 중요하다. 따라서 스와프시장의 주요 참가자는 신용도가 높은 금융기관이나 대기업 등이다.

셋째는 복잡하고 가치평가가 어렵고 투기성이 강한 옵션이다. 옵션은 어떤 대상을 미리 정해진 가격으로 미래에 사거나 팔 수 있는 권리다. 옵션은 권리이기 때문에 옵션 보유자는 조건이 안 맞으면 권리를 포기할 수 있다. 사거나 팔 대상은 기초자산이라 하고, 상품·금융자산·날씨·신용상태 등 아주 다양하다. 기초자산을 살 권리를 콜옵션call option, 팔 수 있는 권리를 풋옵션put option이라 한다. 기초자산을 사고팔기로 한 가격을 행사가격strike price, 옵션계약에 따른 권리를 행사할 수 있는 기간을 만기expiry라 한다. 옵션의 권리를 사는 사람은 프리미엄을 지급하고, 옵션 프리미엄을 받는 사람은 옵션의 의무를 이행해야 한다.

옵션의 가격인 프리미엄은 일반적으로 변동성이 클수록, 만기가 길어질수록 비싸진다.[22] 변동성이 크고 만기가 길수록 옵션을 판 사람(의무자)이 부담하는 위험이 커지기 때문이다. 반면 옵션을 사는 사람은

---

22 옵션가격은 블랙숄스 모형(Black-Scholes model, 1973)에 따르면 변동성과 만기 이외에 기초자산 가격, 행사가격, 금리 등에 의해 결정된다.

변동성이 크고 만기가 길어지면 수익을 올릴 가능성도 많아지므로 더 많은 프리미엄을 지급할 용의가 생긴다.

옵션은 기초자산에 따라 크게 통화(외환)옵션, 금리옵션, 주가지수옵션, 상품옵션 등으로 구분한다. 한국의 금융상품 중 거래규모로 세계 최고 수준에 오른 것이 코스피200 주가지수 옵션이다. 적은 돈으로 정해진 기간(만기) 내에 주가지수가 일정수준에 도달하면 큰돈을 벌 수 있기 때문에 투기성향이 강한 사람들이 많이 투자하고 있기 때문이다. 주가지수가 오를 것인지 내릴 것인지 맞히기도 어려운데 그것을 정해진 기간 내에 얼마 정도 움직일 것인지를 맞혀야 돈을 벌 수 있으므로 매우 어려운 투기다.

옵션은 다양한 형태로 변형될 수 있다. 예를 들어 만기 전에 주가나 환율 등이 어떤 수준에 이르면 권리가 생겨나는 녹인knock-in 옵션과 반대로 어떤 수준에 권리가 없어지는 녹아웃knock-out 옵션이 있다. 2006~07년 한국 수출기업이 많이 가입해 큰 피해를 본 키코KIKO 계약이 녹인 옵션과 녹아웃 옵션을 결합한 합성옵션이다. 이는 아주 큰 위험이 숨어 있던 파생금융상품 거래로 중소 수출기업이 환율변동 위험을 회피하는 데 사용할 만한 것은 아니었다.

넷째로 좀 생소한 것으로 신용파생상품이다. 대출이나 채권의 신용위험만을 분리하여 만든 파생상품이다. 대출이나 채권 등은 신용위험 이외에 금리위험, 유동성 위험 등을 같이 갖고 있다. 이 중에서 신용위험을 분리하여 가공한 것이다. 대표적인 신용파생상품은 CDScredit default swap로 우리말로는 신용부도(파산)스와프 등으로 번역된다.[23] CDS는 대출 등 준거자산reference entity에 대해 보장매입자protection buyer

가 보장매도자protection seller에게 수수료를 내고 준거자산의 신용에 문제가 생겼을 때 보장받는 파생상품이다.

CDS의 경제적 기능은 보험이나 보증과 유사하다. 예를 들어 그리스 국채 투자자가 그리스 정부의 채무불이행 위험이 크다고 보면 그리스 국채의 CDS를 매입할 수 있다. 그리스 국채의 채무불이행이나 신용등급 하락 시 손해는 CDS를 통해 보상받을 수 있다. 때에 따라서는 그리스 국채라는 준거자산에 투자하지 않은 사람도 그리스 정부의 채무불이행 시 돈을 벌기 위해 그리스 국채 CDS를 매입할 수 있다. 이렇게 준거자산 보유와 관계없이 이루어지는 투기성 CDS를 네이키드naked CDS라 한다.

CDS는 국가나 기업, 금융기관 등의 채무불이행 위험을 보장하는 것이기 때문에 이들의 신용상태가 나빠지면 수수료가 올라간다. 이에 따라 CDS 수수료인 CDS 프리미엄은 국가나 기업 등의 신용상태를 평가하는 지표로도 사용된다. 신용파생상품은 CDS를 기초로 계속 진화하고 있다. CDS를 채권화한 것이 신용연계채권credit linked note이며, 자산유동화증권의 신용위험을 분리한 것이 합성 CDOsynthetic collateralized debt obligation이다.

다섯째는 두개 이상의 금융상품이 결합된 복합파생상품이다. 선물·선도·스와프·옵션 등 다른 파생상품을 합성하거나 주식·채권 등 기초상품과 파생상품을 합성해 만든 복잡한 파생상품이다. 금융공학은 금

---

23 CDS의 번역은 디폴트(default)를 어떻게 번역하느냐에 따라 달라진다. 디폴트는 금융기관이 차입자의 실질적 채무상환 능력이 없다고 판정하는 것이다. 부도, 파산 등과는 다른 개념으로 정확한 우리말을 찾기 어렵다. 도산이라는 말이 적당하기도 하다.

융상품을 조립해 고객의 요구에 맞춰 새로운 금융상품을 만드는 것이고, 복합파생상품은 금융공학의 대표적 결과물이라고 볼 수 있다. 이때 파생금융상품은 변신능력이 뛰어나 새로운 금융상품을 만드는 부품으로 유용하게 쓰인다. 복합파생상품의 종류는 다양하다. 앞서 설명한 키코 이외에 미래에 스와프를 할 수 있는 권리를 갖는 스왑션swaption이 있고, 선물매입과 풋옵션매입이 결합된 합성콜옵션 매입, 옵션을 이용하여 금리를 일정범위 내로 고정하는 금리 상·하한 대출 등이 있다.

그렇다고 복합파생상품이 복잡하고 멀리 있는 것만은 아니다. 간단한 형태로 우리 주변에 많이 와 있다. 은행이나 증권회사에서 예금보다 높은 수익을 준다는 주가지수 연동예금ELD, 주가연계증권ELS 등도 복합파생상품이다. 이것들은 주가가 정해진 조건 내에 있으면 이자를 더 받고 정해진 조건에서 벗어나면 이자를 못 받거나 원금을 손해 볼 수 있다. 즉 ELD는 주가지수 옵션과 예금이 결합된 것으로 예금을 들면서 주가지수 옵션을 매입하는 것이다. 또한 기업 구조조정 과정에서 많이 활용되었던 전환사채나 신주인수권부사채 등도 채권에 주식전환이나 주식매입 권리(콜옵션)가 결합된 복합파생상품이다.

파생상품 시장은 이렇게 다양하고 복잡하고 규모도 커졌다. 기초자산이나 준거자산에서 파생된 이차 시장인 파생상품 시장의 규모가 과도하게 커져 기초자산 시장을 좌우하는 경우가 많아졌다. 즉 꼬리가 몸통을 흔드는 일이 생긴 것이다. 파생상품은 이렇게 종류가 많고 복잡하지만 지금도 계속 새로운 상품이 만들어지고 있다. 투자자나 금융기관들이 현재 부담하고 있는 특정 위험을 회피할 만한 파생상품이 없거나 비용이 너무 클 때는 새로운 상품을 만들어낸다.

새로운 금융상품 개발은 금융공학이라는 이름에 맞게 주로 수학이나 공학 전공자가 담당한다. 금융이 경제학이나 경영학의 영역을 벗어나 공학의 영역으로 확장된 셈이다. 미국에서 수학 전공자의 고임금 직장은 주로 금융분야에서 나온다고 한다. 한국은 새로운 파생금융상품의 개발뿐 아니라 기존 상품의 정확한 가치평가도 제대로 하지 못하는 경우가 많았다. 전문인력이 부족하고 관심과 투자도 적었기 때문이다.

파생상품 등에 대한 한국의 역량부족은 위험회피 거래 등에서 외국 금융기관에 대한 의존도가 커질 뿐 아니라 가끔은 엄청난 손실을 보기도 한다. 1997년 다이아몬드펀드 사건, 2008~09년의 키코사건, 2015년경의 ELS 관련 손실 등이 대표적이다.[24] 금융도 많은 연구개발 투자와 지식의 축적이 필요한 분야이다.

---

24 다이아몬드펀드 사건은 TRS(Total Return Swap)라는 파생금융상품에 대한 투자로 1997년 보람은행·선경증권·한남투신 등을 부실화시켰다. 다이아몬드펀드의 투자기관은 최종적으로 투자원금의 5배 이상 손실을 본 것으로 나타났다. 2008~09년 많은 수출기업을 망하게 했던 키코(KIKO, Knock-in, Knoock-out Option)는 수수료 없이 환위험을 회피할 수 있다고 했지만, 환율이 일정수준 이상 오르면 수출기업이 큰 손해를 보는 복합옵션이었다. ELS는 주가지수나 개별종목의 주가가 일정수준 이하로 떨어지지 않으면 높은 금리를 주고, 일정수준 이하로 떨어지면 원금손실도 발생할 수 있는 상품으로 2015~16년에 국내 많은 투자자와 증권사들이 손실을 보았다.

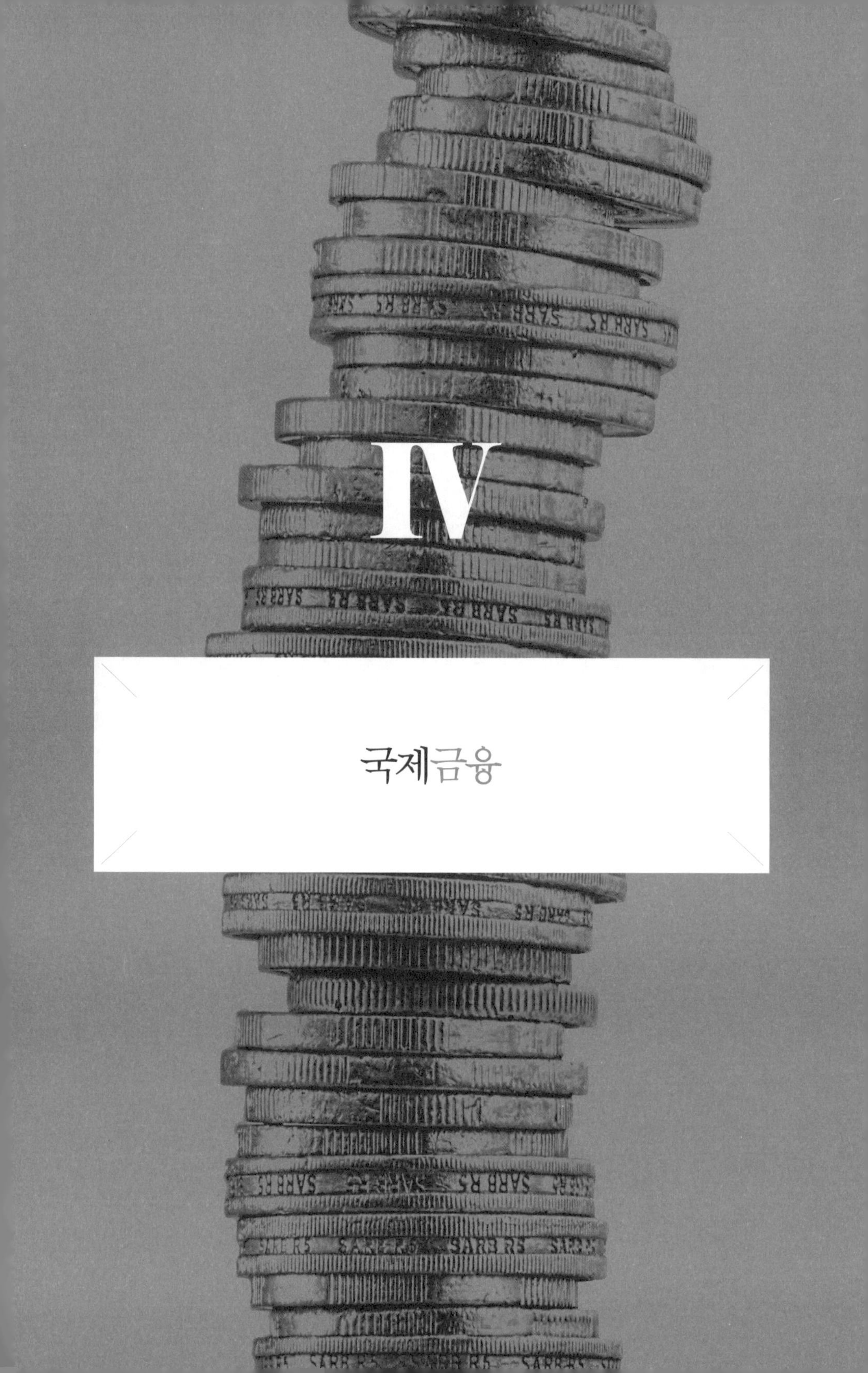

IV

국제금융

01

바쁘게 움직이는 시장
국제금융시장과 외환시장

국제금융은 예금·대출과 자금결제, 증권의 발행과 유통, 보험 등의 금융활동이 국경을 넘어 국제적으로 이루어지는 것을 말한다. 보다 구체적으로 수출입과 관련된 금융과 대금의 결제, 외국인의 예금과 외국인에 대한 대출, 외국인의 주식과 채권 등의 발행과 상장, 외국 금융기관의 부족자금 조달과 여유자금의 운용, 외국인을 위한 보험 등이다. 이러한 금융활동이 활발히 이루어지는 곳을 국제금융시장이라 한다. 외환시장은 미 달러화 등과 같은 외국 돈, 즉 외환이 거래되는 시장으로 여러가지 국제금융 거래가 많을수록 외환거래가 활성화된다.

국제금융시장은 추상적 공간이고 서로 연결되어 있어, 자국 내에 국제금융시장이 발달되어 있지 않아도 기업이나 금융기관은 외국에 있는 국제금융시장을 이용할 수 있고, 외환도 외국의 외환시장에서 거래할 수 있다. 그러나 이 경우 중개기관 등을 통한 간접거래로 비용이 더

들고 정확한 시장정보를 얻기 어렵다. 시차도 발생할 수 있어 거래가 불편하다. 국민경제 전체로 보면 국제금융 거래에 따른 수수료나 세금 등이 해외로 유출된다. 또한 국내의 고용효과도 없다. 국제금융은 좋은 일자리와 부가가치를 만들어내고 세금을 내는 중요한 산업의 하나이다. 국내에 국제금융시장이 발달되어 있으면 수출 이상으로 고용과 성장, 조세수입 등이 늘어날 수 있다.

국제금융시장 역시 국내금융시장과 같이 단기금융시장과 장기금융시장, 직접금융시장과 간접금융시장 등으로 나뉜다. 또한 외국인과의 거래가 중심인 국제금융의 특성을 반영하여, 국제금융시장은 역내시장on-shore market과 역외시장off-shore market으로 나눌 수 있다.

역내시장은 잘 발달된 국내금융시장에 외국인이 참여하여, 국내금융에 국제금융이 혼재되어 거래되는 시장이다. 미국의 뉴욕 국제금융시장이 대표적이며, 프랑크푸르트·상하이 등은 역내시장 성격의 국제금융시장으로 발전하려는 곳이다. 한 나라의 국내금융시장이 국제금융시장 역할도 같이 하며 발전하기 위해서는 몇가지 요건을 갖추어야 한다.

첫째 국내금융시장이 외국인에 대하여 개방되어 있어야 하고, 국제자본거래나 외환거래에 대한 규제도 없어야 한다. 아울러 해당국 통화의 국제 통용성이 클수록 유리하다. 둘째는 국내금융시장의 상품이 다양하고 거래량이 충분해 필요한 거래가 쉽게 이루어져야 한다. 또한 금융상품의 거래비용이 저렴할수록 경쟁력이 있다. 셋째는 정치·사회가 안정되어 있어야 하고, 법과 규제가 투명하고 예측 가능해야 한다. 넷째는 국제금융시장의 하부구조인 통신인프라, 법률과 회계 지원, 언어 소통, 외국인의 거주여건 등이 좋아야 한다.

이에 비해 역외시장은 외국인으로부터 자금을 조달하여 이를 또다른 외국인에게 운영하는 비거주자 간의 국제금융시장이다. 역내시장과 역외시장은 여러 면에서 다르다. 먼저 역외시장은 일반적으로 금리나 지급준비금 적립 등을 국내금융시장과 차별화하여 경쟁력을 확보할 수 있다. 다음으로 역외시장은 국내금융시장이 발달하지 않아도 인프라와 제도만 잘 갖추면 성장할 수 있어 많은 나라들이 도입하고 있다는 것이다. 한국도 1988년 1월 역외시장을 설립했으나, 뒤에 설명할 NDF 시장을 제외하고는 실적이 미미하다.

이러한 역외시장의 종류는 세가지로 나누어볼 수 있다. 첫째, 내외일체형으로 국내금융시장에서 비거주자가 거주자와 차별 없이 자유롭게 거래하는 역외시장이다. 런던과 홍콩 국제금융시장이 대표적인 사례이다. 런던은 제1차 세계대전까지는 지금의 뉴욕과 같이 국내금융을 기반으로 세계금융의 중심지 역할을 했다. 그러나 제2차 세계대전 이후 뉴욕에 자리를 내주고 비거주자 간 거래와 국제간 거래를 중심으로 하는 역외시장으로 발전했다. 이와 함께 거주자와 비거주자 간의 차별이 없어 국내금융도 역외시장 속에서 같이 발전할 수 있게 되었다.

런던 국제금융시장은 1960년대 동구권 달러예금, 미국의 규제회피자금, 중동의 오일머니 등이 유입되어 유로달러[1] 시장을 형성하면서 자연적으로 발전했다. 여기에다 1980년대 빅뱅이라는 금융개혁 조치로 런던은 뉴욕과 함께 세계 양대 국제금융시장으로 자리를 잡게 되었다.

---

1 유로달러는 미국 이외의 지역에 소재한 금융기관에 예치된 미 달러 자금을 말하며, 일본 밖의 금융기관에 예치된 엔화는 유로엔이라 한다. 이렇게 자국 밖에 예치된 자국 통화자금을 유로커런시라 한다.

그러나 2016년 결정된 브렉시트Brexit, 유럽연합 탈퇴로 런던 국제금융시장의 미래가 불투명하게 되었다.

둘째는 내외 분리형 역외시장이다. 내외 분리형은 해외자금의 국내 유출입이 국내금융시장에 미치는 악영향을 차단하거나, 국내금융시장과 역외시장 간의 규제의 차별화를 유지하기 위해 운영되는 방식이다. 내외 분리형 역외시장은 싱가포르가 1968년 도입한 이래 미국·일본·바레인·한국 등에서도 설립되었다.

자국 내 잘 작동되는 세계 제1의 국제금융시장이 있는 미국도 역외시장이 필요했다. 1960년대 이후 런던 등을 중심으로 유로달러 시장이 커지면서 달러화로 표시된 채권이나 대출도 뉴욕보다 런던의 경쟁력이 커지게 되었다. 미국 중앙은행은 1981년 미국 은행들도 별도의 계정을 만들어 외국의 달러자금을 유치해 외국인에게 대출하는 경우, 즉 역외금융을 하는 경우 지급준비금 예치 등을 면제해 경쟁력을 유지할 수 있게 했다. 이것이 미국이 내외 분리형 역외시장을 설립한 이유이다.

셋째는 조세회피형 역외시장이다. 카리브해의 바하마, 케이맨제도, 버진아일랜드, 영국해협 채널제도의 저지 섬과 건지 섬, 북대서양의 버뮤다제도 등이 대표적이다. 이 지역들은 조세회피 등을 위해 금융거래의 형식적인 기장처리book keeping가 이루어지는 금융시장이다. 예를 들어 어떤 기업이 유로달러 채권을 발행할 때 바하마 등에 서류상 회사paper company를 설립하고 그 회사의 이름으로 채권을 발행하면, 채권 투자자가 부담해야 할 이자소득세를 면제받을 수 있다. 채권 투자자는 세금을 줄일 수 있고, 채권 발행기업은 이자비용을 줄일 수 있다.

이러한 역내외 시장 이외에 틈새의 국제금융시장도 있다. 고액의 개인금융private banking 자금을 유치하여 발전한 룩셈부르크와 스위스 금융시장이 있고, 이슬람 금융을 주도하는 쿠알라룸푸르 금융시장, 상품 선물 등 파생상품 시장이 강한 시카고 등이 있다. 국제금융시장은 세계 여러 지역과 다양한 종류의 시장이 서로 연계되어 쉬지 않고 움직인다.

한국은 수출입 규모가 크고 국내 주식시장과 채권시장 등에 대한 외국인 투자도 많지만 의미있는 국제금융시장이 없다. 참여정부 때 서울을 자산 운영업무 중심의 동북아 금융허브로 만들겠다는 정책을 추진했으나 별 성과가 없었다. 한국경제의 장기 안정성과 정책 및 제도에 대한 외국 금융기관의 신뢰가 충분하지 못한 것이 큰 이유일 것이다. 금융의 기본은 신뢰이기 때문이다.

국제금융의 한 부분인 외환시장은 국내에 국제금융시장이 발달되어 있지 않아도 존재해야 한다. 수출입 자금의 결제, 해외송금, 외국인 투자 등의 거래를 위해 국제금융시장과 관계없이 외환거래는 계속 발생하기 때문이다. 외환시장의 구조와 의의, 한국의 특수성에 대해 간략히 알아보자.

외환시장

외환시장은 외환 즉 외국통화를 사고파는 장소나 추상적 공간을 말한다. 보다 구체적으로 외환거래의 체결과 결제, 관련 정보의 교환 등이 이루어지는 공간으로 다음과 같은 세가지 기능을 수행한다.

첫째, 외환시장은 자국의 돈을 다른 나라의 돈으로 바꿀 수 있는 시장이다. 외국과 접촉이 있는 나라는 공식적이든 비공식적이든 외환시장이 존재한다. 개인의 외환소지가 금지되어 있고 외국과의 교역을 엄격히 규제해도 외환은 거래된다. 과거 동유럽 사회주의국가나 지금의 북한에도 외환의 거래가 있고 시장도 형성되어 있다.

둘째, 외환시장은 한 나라 돈의 대외가치가 평가되는 곳이다. 외환시장에서 외환의 수요와 공급에 의해 자국의 돈과 외화의 교환비율 즉 환율이 결정된다. 일부 국가는 자국 돈의 환율을 시장이 아니라 정부의 고시 등에 의해 결정한다. 이 경우는 예외없이 암달러 시장과 같은 별도의 시장이 있고, 이러한 시장에서 결정되는 환율이 따로 있다. 정부의 고시환율과 비공식적인 시장환율의 차이가 몇배에 이르는 경우도 있다.

셋째, 변동환율제도를 채택하고 있는 나라의 경우 외환시장은 환율변동을 통해 국제수지 조절기능도 일부 수행한다. 수출 부진과 수입 과다, 외국인 자금의 유출 등으로 외환시장에서 외환의 공급이 부족하면 환율이 오른다. 환율이 오르면 수출이 늘고 수입이 줄거나 외국인 자금의 유입이 늘어나, 외환공급이 확대되고 국제수지가 개선된다.

외환시장의 참가자는 기업과 개인, 은행 등의 금융기관, 외환중개인 그리고 중앙은행 등 다양하다. 기업과 개인은 수출입과 해외투자, 해외여행과 유학경비 등의 거래를 위해 외환시장에 참가한다. 이들은 외환의 수요자와 공급자 역할을 한다. 수출업자는 외환 공급자, 수입업자는 외환 수요자이다. 해외유학 경비를 보내는 사람은 외환의 수요자, 해외에서 외화송금을 받은 사람은 외환 공급자가 된다(송금받은 외화를 국내에서 원화로 바꾸어 사용하는 경우).

은행, 투자은행 등의 금융기관은 외환시장에서 중심적 역할을 한다. 한국에서는 외환시장에 참여하는 은행이나 증권회사 등의 금융기관을 외국환은행이라 한다. 기업과 개인 등 일반 고객은 외국환은행과 환전, 외화결제 등의 외환거래를 한다. 외국환은행은 고객과의 거래 등을 통해 나타난 자신의 외환포지션[2] 변동을 안정적인 수준으로 조정하기 위해 금융기관 간 외환거래를 한다. 세계적인 대형은행들은 세계의 여러 외환시장에서 다양한 통화에 대한 매입환율과 매도환율을 동시에 제시하면서 24시간 영업을 하고 있다. 이러한 대형은행을 통하면 지역과 시간의 제약 없이 외환을 거래할 수 있다.

외환중개인foreign exchange broker은 수수료를 받고 금융기관 간 외환거래를 중개한다. 금융기관들이 전세계 외환시장에서 실시간으로 변하는 매입환율과 매도환율을 파악하는 데는 시간과 비용이 많이 든다. 또한 금융기관이 어떤 거래 상대방과 직접 외환거래를 하는 경우 자신의 포지션이 상대방에게 알려질 수 있다. 따라서 금융기관은 중개인을 통해 외환을 거래하는 것이 효율적이고 보안유지에 유리하다. 개인이 부동산 거래를 할 때 중개사무소를 통하는 것과 비슷하다. 외환중개인은 정보제공과 중개업무만 하고 외환거래는 의뢰 금융기관이 직접 하기 때문에 환위험에 노출되지 않는다.

중앙은행은 외환보유액이나 발권력을 이용하여 외환시장의 안정을 도모한다. 때에 따라서 일반 참가자와 같이 외환을 매매하기도 한다.

---

2 외환포지션은 외화자산과 외화부채의 차액이다. 외화자산이 더 많으면 외환의 가격이 떨어질 때 자산 손실을 보게 되고, 반대로 외화부채가 더 많으면 외환의 가격이 오를 때 손실을 본다.

예를 들어 외환시장에서 외환의 수요가 급격히 늘어나 환율이 급등하는 경우 보유 외환을 매각하여 외환시장을 안정시킨다. 반대로 외환의 공급이 과도하게 늘어 환율이 너무 빠르게 떨어지면 시장에서 외환을 매입한다. 이러한 외환시장 개입조치는 중앙은행이나 정부가 직접 하기보다 다른 금융기관 등을 통해 간접적으로 하는 경우가 많다. 시장개입 규모와 시기가 바로 공개되면 개입효과가 적어질 수 있기 때문이다.

외환시장은 이런 시장참여자에 따라 은행간시장과 대고객시장으로 구분한다. 은행간시장은 금융기관 간에 이루어지는 도매시장으로 외환중개인을 통하는 경우와 금융기관들이 직거래하는 경우로 나눌 수 있다. 대고객시장은 소매시장의 성격으로 은행과 기업·개인 등 고객 간의 외환거래 시장이다. 외환시장도 정형화된 거래소에서 이루어지는 장내시장과 그밖의 장외시장으로 구분할 수 있다. 외환거래는 통화선물거래나 통화옵션거래 등 일부 파생상품 거래를 제외하고는 거의 모두 장외시장에서 이루어진다.

한편 한국은 경제규모가 커졌지만 원화의 국제화가 이루어지지 않아 NDFNon-Deliverable Forward로 불리는 차액결제 선물환시장이 활성화되어 있다. 원화 NDF 거래는 원화 선물환시장의 변형된 형태로, 만기 시 계약원금의 교환 없이 약정환율과 만기 시 현물환율 간의 차액만을 미 달러화 등과 같이 지정통화로 결제하는 거래이다. 원화 NDF 거래는 원화와 관련된 환위험을 부담하는 외국인이 위험회피를 위해 많이 사용한다. 원화 NDF는 1996년 홍콩 등에서 외국인들 간 거래가 시작되어, 뉴욕·런던 등의 금융기관 간, 이들과 한국 금융기관 간에 거래가 이루어지고 있다. 원화 NDF 거래의 원화환율은 국내 원화환율의 예고

지표 역할도 한다.

외환시장에서 고객과 은행, 중앙은행 간의 거래가 연결되는 과정을 간단히 살펴보자. 수출기업이 수출대금 1억 달러를 받아 은행에서 원화로 바꾸면 이는 대고객시장의 거래이다. 은행은 외화자산이 외화부채를 1억 달러 초과하는 포지션(매입초과 포지션)이 된다. 이 은행은 일반적으로 은행간시장에서 달러를 매각하여 포지션의 균형을 맞춘다. 은행간시장에 달러 공급이 과도하게 늘어나면 중앙은행은 달러를 매입하게 된다. 이렇게 되면 중앙은행의 외환보유액이 늘어나는 것이다.

한국의 외환시장은 미 달러화 이외에 다른 외국통화는 없었다. 그러다가 2014년 12월 원화와 중국 위안화 시장이 서울에 개설되었고, 조금씩 원-위안화의 직거래가 늘어나고 있다. 유로화나 일본 엔화[3]와 같이 원화와 직거래되는 외환시장이 없는 외국통화의 경우, 환율은 달러환율을 통해 간접적으로 산출한다. 즉 원화 대 유로화나 엔화의 환율은, 뉴욕이나 런던 등의 달러화 대 유로화나 엔화의 환율에다 달러화 대 원화의 환율을 대입하여 방정식을 풀듯 계산하는 것이다. 이러한 환율을 재정환율이라 한다.

한국은 잘 작동되는 국제금융시장도 없지만 외환시장에서 직접 거래되는 외환의 종류도 달러화와 위안화에 그치는 등 빈약한 수준이다. 따라서 이 통화들 이외의 외화를 바꾸어야 하는 기업과 개인 등의 경제주체는 더 많은 비용을 부담해야 한다. 적어도 유로화와 엔화의 직거래 외환시장은 있어야 하는데 한국의 국제금융 능력상 쉬워 보이지 않는다.

---

3 엔화의 직거래 외환시장은 1996년 잠깐 개설되었다가 유동성 부족 등으로 폐쇄되었다.

누가 예측해도 맞히기 어렵다

환율

　환율은 한 나라의 통화와 다른 나라 통화의 교환비율이다. 즉 한국
원화와 미국 달러화 등과의 교환비율이다. 한국을 포함한 많은 국가의
환율은 기본적으로 외환시장에서 외국통화(외환)의 수요와 공급에 의
해 결정된다.[4] 국민경제가 개방화됨에 따라 환율변동이 기업이나 개인
의 경제활동에 많은 영향을 미친다. 개인의 경우 해외여행 경비와 유학
비용은 환율의 영향을 바로 받는다. 기업은 수출입과 해외투자, 해외지
사의 현지영업 등이 환율과 밀접하게 연결되어 있다.

---

4 IMF의『환율제도 및 외환규제 연차보고서』에 따르면 각국의 환율제도는 국가 고유의
　법정통화가 없는 나라에서부터 전통적 고정환율제, 미세 조정 고정환율제(크롤링제
　도), 변동환율제, 자유변동환율제 등으로 분류하고 있다. 또한 IMF는 변동환율제 국가
　중 외환당국의 개입이 시장교란 요인 제거 등 예외적인 상황에서 과거 6개월간 3회(매
　회 3영업일 이내)로 이루어지고 개입 관련 정보가 제공될 경우 자유변동환율제로 보
　고 있다.

원-달러의 환율이 오르면 수출기업은 원화로 받는 돈이 많아져 수익성이 좋아진다. 외국인투자자는 같은 외화금액으로 한국에서 더 많은 원화금액을 확보할 수 있어 한국에 대한 투자를 늘릴 유인이 생긴다. 반면 원자재 등을 수입할 때는 더 많은 원화가 필요해 수입물가가 오른다. 개인들은 더 비싼 기름값을 내야 하고 해외여행에 더 많은 돈이 든다. 외화로 돈을 빌린 기업이나 금융기관 등은 외화원리금 상환에 더 많은 원화가 필요하다. 환율의 상승이나 하락에 따라 어떤 사람이나 특정 부문은 이익이나 손해를 본다. 환율변동에 사람들이 많은 관심을 갖는 이유이다. 일부 사람은 달러 등을 돈벌이를 위한 투기대상으로 하고 있어, 대외거래와 관련 없이도 환율변동을 주시하고 있다.

금리·주가·환율 등 금융시장의 가격변수에 대한 예측은 모두 쉽지 않지만 그중 환율이 가장 어려운 것 같다. 환율에 영향을 미치는 변수는 매우 많다. 물가·성장·국제수지 등 각국 경제의 기초여건, 금리·주가·통화량 등 금융시장 동향, 금융기관과 기업 등의 수익성과 건전성, 국제 자금이동, 경제정책의 신뢰성과 외환시장 개입, 국내외 정치상황, 한국의 경우 남북관계 등 아주 많다. 이러한 요인들이 시시각각 변하면서 다른 방향으로 환율에 영향을 주기 때문에 고도의 인공지능이 나와도 내일의 환율은 예측하기 어려울 것 같다. 환율예측은 아이큐 50인 사람이 하든 200인 사람이 하든, 또 박사학위 여러개 가진 사람이 하든 별반 차이가 없다. 누가 해도 틀리기 쉽고 맞는다 하더라도 실력으로 맞힌 것이 아니다. 우연히 맞힌 것이기 때문이다.

이렇게 예측이 어려운 환율도 경험적·이론적으로 대략의 방향을 알 수 있는 기준은 몇가지 있다.

첫째, 환율은 한 나라 법정통화의 대외가치를 나타내기 때문에 그 나라에 대한 총체적 신뢰가 반영되어 움직인다. 성장과 고용, 물가와 국제수지 등 경제의 기초여건이 튼튼하고 정치·사회적으로 안정되어 있는 국가의 돈이 신뢰를 받는다. 세계 여러 나라의 사람들이 보유하려 할 것이다. 당연히 이렇게 튼튼한 나라의 돈은 장기적, 기조적으로 가치가 오르고 환율이 떨어진다. 역사적으로 이런 나라는 유로 도입 이전의 독일과 스위스·일본·미국 등이다. 이 나라들의 돈은 시장에서 안전통화로 인식되어 금융시장이 불안할 때 더 가치가 오른다. 시장이 불안해지면 사람들은 수익보다 안전을 우선하기 때문이다.

둘째, 중기적으로 보면 각 나라의 물가상승률 차이가 환율에 큰 영향을 준다. 물가가 많이 오른 나라의 돈은 가치가 떨어지고 물가가 안정되어 있는 나라의 돈은 가치가 오른다. 물가가 많이 오른 나라는 같은 돈을 갖고 살 수 있는 물건의 양이 적어지기 때문에 돈의 대외가치도 떨어지는 것이다. 이러한 환율결정이론을 구매력평가이론purchasing power parity theory이라고 한다. 물가를 결정하는 요인이 기술진보, 시장구조, 소비행태 등 다양하기 때문에 물가요인이 환율에 모두 반영되지는 않는다. 그러나 구매력평가이론은 중장기적인 환율의 움직임을 설명하는 데는 유용하다.

구매력평가이론을 대중적으로 적용하는 방법이 빅맥지수Big Mac index 이다. 빅맥지수는 '빅맥'이라는 맥도날드 햄버거의 가격이 환율의 개입이 없다면 국가별로 동일해야 한다는 가정에서 출발한다. 빅맥지수는 각국의 빅맥가격을 미국 달러 환율로 나누어 산출한다. 한 나라의 빅맥지수가 미국 빅맥가격보다 높으면 그 나라 통화는 고평가된 것이고, 반대로 빅맥지수가 낮은 나라는 통화가 저평가된 것이다. 간단히 햄버거라는 상품의 구매력을 갖고 각국 통화의 환율수준을 비교해볼 수 있는 것이다.

셋째, 단기적으로 보면 각국 금리수준의 차이가 환율을 변동시킨다. 금리가 높은 나라는 채권 등의 수익이 높아 외국인 투자자금이 들어오고 외환공급도 늘어난다. 금리가 높은 나라의 통화가치가 오르게 되는 것이다. 이렇게 금리차이에 의해 환율이 변동한다는 이론을 금리평가이론interest rate parity theory이라 한다. 금리평가이론은 금융시장이 통합되어 있어 전세계 어느 금융시장에서나 동일한 금융상품의 경우 가격이 동일해진다는 논리를 바탕으로 하고 있다. 즉 국제간 자본이동에 의해 각국 채권의 기대수익이 같아진다는 것이다.

국경을 넘어 투자가 이루어질 때 중요한 것은 투자금 회수 시의 환율이다. 고정환율제가 아니라면 환율은 변동할 것이다. 투자 시점보다 환율이 불리해진다면 금리차이만큼 수익이 나지 않을 것이므로 선물환 등을 이용하여 환위험을 회피하게 된다.

종합하면 현재 환율과 미래 환율, 국제간 금리차이 간의 관계에 의해 금리평가이론이 작동하는 것이다. 현실적으로 금리평가이론은 각국 채권의 위험도 차이, 과세 문제, 국제간 자본이동의 제약 등으로 인해 한계는 있지만 단기적으로 환율 움직임을 설명하는 데 유용하다.

환율결정에 관한 여러 이론이 있고, 많은 전문가들이 예측기법을 이야기하지만 현실의 환율예측은 앞서 설명한 대로 매우 어렵고 잘 맞지 않는 일이다. 기업이나 개인 등의 경제주체는 변화무쌍한 환율에 대해 어떻게 대응해야 할까? 아마 가장 중요한 것은 환율이 항상 어떻게 변할지 모른다는 것을 받아들이는 일일 것이다. 그리고 환율이 기업에 손실을 주는 방향으로 크게 변해도 기업이 망하지 않을 정도로 환율변동 위험을 회피해놓아야 한다.

가장 위험한 일은 이른바 전문가라는 사람들이 환율이 어떻게 움직일 것이라는 예측에 맞추어 포지션을 한쪽 방향으로 관리하는 일이다. 환율을 전망하고 대응책을 마련하는 것은 중요하다. 그러나 섣불리 한쪽에 모든 것을 거는 것은 도박이지 계속기업이 선택할 일은 아니다. 환율전망은 어려운 일이고 큰 의미가 없는 일일지라도 환율에 대해 많이 아는 것은 기업의 경영 등을 위해 좋을 것 같다. 조금 복잡하지만 여러가지 환율에 대해 알아보자.

환율의 종류

현실경제에는 많은 종류의 환율이 존재한다. 일반인이나 기업들이 많이 접하는 환율은 은행에서 해외송금을 하거나 해외여행 등을 위해 달러를 바꿀 때 적용되는 환율이다. 이때의 환율을 매도환율이라 하며, 매입과 매도는 은행을 기준으로 이야기한다. 반대로 해외에서 송금받은 달러나 수출대금을 원화로 바꿀 때 적용되는 환율은 매입환율이라 한다. 매도환율과 매입환율의 차이는 매매율차라 한다.

매매율차에는 은행의 거래비용과 수익, 환율변동 위험 등이 포함되어 있다. 현찰의 매매율차는 현찰의 보관·관리비용 때문에 송금이나 계좌이체 등에 적용되는 매매율차보다 더 크다. 또한 외환시장에서 거래가 잘 되지 않는 통화, 직거래 외환시장이 없는 통화의 매매율차가 더 크다. 따라서 동남아시아 국가 등으로 여행할 때는 한국에서 해당국 통화를 바꾸어 가는 것보다 미 달러화로 바꾸어 가 현지에서 해당국 통화로 다시 환전하는 것이 오히려 비용이 적게 드는 경우도 있다.

다음으로 외환시장에서 많이 사용되는 환율 구분으로 현물환율spot exchange rate과 선물환율forward exchange rate이 있다. 현물환율은 거래 당사자가 외환매매 계약을 체결한 후 2영업일 이내에 결제가 완료되는 환율이다. 앞서 설명한 매도·매입환율 등은 일반적으로 현물환율을 의미한다. 선물환율은 외환매매 계약체결 후 2영업일이 경과한 다음, 어떤 특정 시점에 결제가 이루어지는 환율이다. 즉 미래의 정해진 날에 결제가 되는 환율이다.

현물환율과 선물환율 관계는 앞서 설명한 금리평가이론에 의해 다음과 같은 관계식으로 표시할 수 있다. 즉 자국(A국) 채권에 투자한 수익과 해외(B국) 채권에 투자한 수익은 금리와 환율이 반영되어 다음과 같이 동일해져야 한다.

$$1 + iA = F/S(1 + iB)$$

F: 선물환율, S: 현물환율, iA: 국내(A국) 금리, iB: 해외(B국) 금리

이 식은 다시 다음 식으로 정리된다.

$$F = S\frac{1 + iA}{1 + iB} \quad \text{또는} \quad \frac{F - S}{S} ≒ iA - iB$$

(F−S)/S는 선물환율과 현물환율의 차이를 현물환율로 나누어준 것으로 스와프레이트swap rate라 한다. 이론적으로 금리가 높은 나라는 선물환율이 현물환율보다 높고 스와프레이트가 플러스를 나타낸다. 그러나 현실에서는 외화유동성 사정과 환율전망, 외환거래에 대한 규제 등에 따라 선물환율과 현물환율의 관계가 국내외 금리차와 다르게 움직일 수 있다.[5]

다음으로 구매력, 수출 경쟁력 등과 관계있는 환율로는 실질환율과 실효환율의 개념이 있다. 실질환율real exchange rate은 외환시장에서 결정된 명목환율에 각국의 물가상승률 차이를 반영한 환율이다.[6] 실질환율은 구매력평가이론을 근거로 한 환율이며, 시장의 명목환율 움직임에 각국의 물가상승률이 제대로 반영되면 실질환율과 명목환율은 차이가 없게 된다. 물가의 영향이 제대로 반영되지 못해 실질환율이 하락(자국 실질 통화가치의 상승)하면 자국 상품의 가격이 상대적으로 비싸져 수출 경쟁력이 약화된다.

실효환율effective exchange rate은 자국통화와 여러 교역상대국 통화 간의 환율을 무역 비중으로 가중 평균한 환율이다. 수출 경쟁력에 영향을 미치는 환율은 한 나라만의 환율이 아니다. 한국기업의 수출 경쟁력은 원-달러 환율 이외에 원-엔 환율, 원-위안 환율, 원-유로 환율 등의 영향을 같이 받는다. 실효환율은 교역이 많은 여러 나라의 환율 움직임이

---

5 국내에 주식투자 등으로 외화자금이 많이 들어와 외화유동성이 풍부해지면 현물환 매도, 선물환 매입 거래가 증가하고 선물환율이 떨어져 국내외 금리차와 관계없이 스와프레이트가 마이너스가 될 수도 있다. 반대로 외화유동성 사정이 나빠지면 스와프레이트가 플러스가 된다.

6 실질환율 = 명목환율×상대국 물가수준/자국 물가수준

반영되어 있어 환율요인에 의한 수출 경쟁력을 평가할 수 있다. 실효환율은 각 외국통화의 명목환율 수준이 다르기 때문에 어떤 기준 시점과 비교한 지수형태로 표시된다.

실질실효환율은 명목실효환율에서 물가상승률 차이를 제거한 실질 개념의 실효환율이다. 실질실효환율도 지수형태로 표시된다.[7] 실질실효환율은 구매력평가와 주요국의 교역가중치가 반영되어 있어 국민경제의 균형을 평가하는 환율로 활용되고 있다. 그러나 구매력 차이가 환율에 반영되는 데는 시간이 많이 걸리는데다 물가지수 작성방법의 차이와 국가별 가중치 등에 따라 실질실효환율이 달라지는 문제가 있다. 따라서 국민경제의 균형을 평가하는 또다른 환율로서는 기조적 균형환율Fundamental Equilibrium Exchange Rate 개념도 있다.

기조적 균형환율은 한 나라의 대내균형과 대외균형이 동시에 달성되는 환율이다. 대내균형은 물가상승을 가속화하지 않으면서 잠재 GDP 수준의 생산활동이 이루어지는 상태를 말하며, 대외균형은 경상수지가 균형 수준에 있거나 적자 상태에 있더라도 감당할 정도이고 자본유입 등에 의해 지속 가능한 상태이다. 기조적 균형환율은 국민경제가 장기적으로 대내외의 안정을 동시에 유지할 수 있게 하는 환율이다.

환율의 예측과 현재 환율이 적정 또는 균형 수준인지를 평가하는 것은 매우 어려운 일이다. 그러나 장기적으로 환율이 어떤 방향으로 움직여야 다수 국민에게 좋은 일이고, 나라경제가 잘 돌아가고 있는 것인지는 알기 쉽다. 환율도 부동산가격이나 물가와 같이 오르거나 내리면 어

---

[7] 실질실효환율 지수=명목실효환율 지수/구매력평가 지수×100

느 한쪽이 손실을 보고 다른 쪽은 이익을 본다. 따라서 환율은 가능한 적게 변동하고 안정되어 있는 것이 좋다. 그리고 환율이 어느 한쪽으로 움직여야 한다면 아주 조금씩 떨어지는 것(자국 통화가치가 오르는 것)이 좋다. 이는 자국 돈의 신뢰가 높아지는 것이고, 국민경제가 튼튼하다는 것이고, 국부가 증가하는 것이며, 다수 소비자들의 후생과 복지가 커지는 것이기 때문이다.

미국 달러화의 미래는?

국제통화제도

국제통화제도는 국제간의 결제에 사용되는 통화와 환율, 국제간 자금결제 등과 관련된 제도와 규범을 말한다. 따라서 국제통화제도는 국제교역과 자본거래를 뒷받침할 수 있는 정도의 안정적인 국제유동성이 공급되고, 환율이 크게 변동하지 않아야 잘 작동된다고 할 수 있다.

현재의 국제통화제도는 미 달러화가 기축통화 역할을 하며, 무역과 국제금융에서 결제통화와 준비통화로 널리 사용된다. 미 달러화는 금은 등과 교환되지 않는 불환지폐로 미국 중앙은행이 자유로이 발행할 수 있는 화폐이다.

환율제도는 각국이 고정환율제, 변동환율제 등을 자유롭게 채택할 수 있다. 미국·유로지역·일본·영국·오스트레일리아 등 주요 선진국은 자국통화의 환율이 외환시장에서 결정되는 자유변동환율제를 채택하고 있다. 한국·브라질·터키·뉴질랜드 등은 환율이 기본적으로는 외환시장에서 결정되지만 정부의 개입 여지가 있는 변동환율제를 적용하고 있다. 고정환율제 또는 고정된 환율을 미세하게 조정하는 크롤링crawling 제도[8]를 채택하고 있는 나라도 여전히 많지만 현재 세계 환율제도의 주류는 변동환율제이다.

국제간 자금결제는 세계 주요은행 간에 연결되어 있는 환거래 네트워크를 일차적으로 사용한다. 환거래 네트워크를 통한 결제는 세계 주요은행들이 환거래 계약에 따라 당좌예금 계좌를 개설하고, 국제통신기관인 스위프트SWIFT[9]를 통한 전문 지급지시에 의거 외화자금을 결제하는 것이다. 이러한 환거래은행 방식의 외환결제는 개별은행 간 거래로 시간이 많이 걸리고 결제위험에 노출된다. 따라서 여러 나라가 외환동시결제시스템을 도입하고 있지만 세계가 통합된 외환 동시결제시스템을 구축하는 데는 앞으로 시간이 많이 걸릴 것이다. 외환 동시결제시스템과는 별도로 앞서 설명한 블록체인의 분산원장 방식을 외환결제에 적용하여 거래의 위험성과 시간을 줄이는 방안도 추진되고 있다.

달러 기축통화와 변동환율제도를 중심으로 한 현재의 국제통화제도는 킹스턴체제라 불리며 많은 변천을 거쳐 나타난 것이다.

세계 최초의 체계적인 국제통화제도는 19세기 영국에서 시작된 금

---

8 2014년 10월 IMF의 환율보고서에 따르면 고정환율제를 채택하고 있는 국가는 카타르·사우디아라비아·베네수엘라·덴마크 등 44개국이며, 크롤링제도를 채택하고 있는 국가는 중국·아르헨티나·우즈베키스탄 등 17개국이다.

9 스위프트는 1973년 은행 간 국제금융 거래의 전문 송수신을 위해 유럽지역 은행들이 벨기에에 설립한 금융 통신망 협회(SWIFT, Society for Worldwide Interbank Financial Telecommunication)이다. 스위프트는 통신 플랫폼과 정형화된 전문양식을 제공하고 있다.

본위제도이다. 이전에는 경제력과 군사력이 강한 나라의 돈이나 금·은·동 등의 귀금속, 다양한 형태의 상품화폐가 국제 결제통화로 사용되었다. 그중에서 은이 동서양의 광범위한 지역에서 오랫동안 중요 결제통화 역할을 했다. 은은 18세기까지 세계 최대의 경제대국이고 비단과 차, 도자기 등 세계 주요 교역품의 수출국인 중국에서 널리 화폐로 사용되었다. 유럽은 대항해시대 이후 아메리카대륙에서 은이 많이 유입되었지만, 중국과의 무역적자 등으로 18세기 들어 경제규모에 비해 은의 양(돈의 양)이 부족해졌다. 특히 영국은 식민지로부터 은 유입이 적어, 은 부족이 심해지자 1816년 금본위제를 채택했다.

영국은 1844년 영란은행에 은행권의 독점적 발행권을 주고, 영란은행 은행권의 금 태환을 보장하여 보다 체계화된 금본위제로 이행했다. 금본위제는 1870년대 프랑스·독일 등으로 확대되어 세계경제의 중심 통화제도로 자리 잡게 되었다. 금본위제는 제1차 세계대전으로 중지되었다가 종전 후 부분적으로 복원되었다. 그러나 1929년 세계 대공황과 제2차 세계대전의 발발로 금본위제는 완전히 붕괴했다.

새로운 국제통화제도 도입을 위한 논의가 제2차 세계대전이 끝나가면서 활발히 진행되었다. 1944년 7월 연합국 44개국은 미국 브레턴우즈Bretton Woods에서 국제통화기금IMF의 설립에 합의하고 새로운 국제통화제도를 출범시켰다. 새로운 국제통화제도는 브레턴우즈 체제라 불리고, 금달러본위제와 고정환율제를 기본골격으로 했다. 브레턴우즈 체제는 IMF 협정문이라는 성문화된 국제협약을 근거로 한 인위적 제도로, 국제거래 관행과 시장원리에 뿌리를 둔 금본위제와는 달랐다.

브레턴우즈 체제하에서 미 달러화는 기축통화로 가치가 금에 고정

(순금 1온스당 35달러)되고 금 태환이 가능했다. 각국의 통화가치는 금 가격 또는 미 달러화에 고정하고, 각국의 정책당국은 환율의 변동폭을 기준율의 상하 1퍼센트 범위 내로 유지할 의무를 갖게 되었다. 단 국제수지가 기조적으로 불균형 상태에 있으면 IMF와 협의를 거쳐 정해진 기준율을 10퍼센트 범위 내에서 조정할 수 있었다.

브레턴우즈 체제는 환율을 안정적으로 유지하면서 외환거래를 자유화하고 미 달러화를 국제 결제통화로 사용하는 것이었다. 브레턴우즈 체제가 지향하는 이런 경제상황은 모순적이어서 유지되기 어려웠다. 외환거래 자유화가 진전되고 국제 자본거래가 늘어나면 환율의 안정은 어려워진다. 국제유동성의 공급확대와 미 달러화의 신인도는 서로 상충하게 되어 있다.[10] 1960년대 후반에 들어 국제 자본거래가 늘어나고 베트남전쟁 등의 여파로 인한 미국의 경상수지가 확대되자 금값 상승과 환율 불안, 미 달러화의 신인도 저하가 나타났다.

미국과 유럽국가는 금시장 개입, IMF의 특별인출권SDR 창출 등을 통해 국제통화제도의 안정을 도모했으나 역부족이었다. 1971년 8월 15일 미국정부가 경제 긴급조치로 금 태환을 정지하면서 브레턴우즈 체제는 사실상 붕괴했다. 이후 미 달러의 금평가 조정, 환율변동폭 확대 등을 통해 브레턴우즈 체제를 복구하려는 시도가 있었으나 별 효과가 없었다. 1973년 2월 미국이 달러를 10퍼센트 평가절하하고, 1973년 3월에는 유럽공동체가 ERMEuropean Exchange Rate Mechanism, 유럽환율조정장치

---

10 벨기에 경제학자 로베르 트리팽(Robert Triffin, 1911~93)이 1960년대 주장한 이론으로 트리핀 딜레마라 한다. 기축통화의 유동성 확대를 위해서는 기축통화국의 경상수지 적자가 필요하고, 이는 기축통화의 신뢰 저하를 가져온다는 것이다.

이라고 불리는 공동 환율제를 도입하면서 국제통화제도는 근본적으로 바뀌게 되었다. 전세계적인 고정환율제에서 변동환율제나 각국이 선택하는 독자적인 환율제도로 전환된 것이다.

IMF는 1974년 변동환율제 운용지침을 제정했고, 1976년 1월에 자메이카의 수도 킹스턴에서 환율제도와 IMF의 신용제도 등에 합의하게 되었다. 이를 기반으로 1978년 4월부터 지금의 킹스턴체제가 출범했다. 킹스턴체제의 핵심은 변동환율제가 일반화되었다는 것과 금이 더 이상 국제통화의 공통 가치기준으로 역할을 하지 않는다는 것이다.[11] 이러한 변동환율제 중심의 현 국제통화제도는 각국의 기초여건과 고정환율 간의 괴리가 일시에 조정되는 위험은 줄었지만, 시장에서 결정되는 환율이 어떻게 움직일지 모르는 불확실성을 갖게 되었다.

미 달러화는 금과의 연결이 없어지고 변동성이 커졌지만 국제결제수단이나 대외 준비자산으로서의 지위를 대부분 유지하고 있다. 미 달러화의 이러한 기축통화 역할은 미국의 경제력과 군사력, 금융산업의 경쟁력과 지배력, 정치·사회·문화 시스템의 우월성 등 복합적 요인을 기반으로 하고 있다. 기축통화인 미 달러화의 가치는 미국의 경제성과와 국제금융시장의 상황에 따라 변동한다. 때에 따라서는 미국의 경상수지와 재정수지의 적자 문제의 부각 등으로 미 달러화의 가치가 장기간 하락하기도 한다. 그러나 얼마 지나면 달러화의 가치는 회복되는 경우가 많았다. 세계경제의 규모가 커지고 교역과 자본이동이 증가하면

---

11 1985년 9월 플라자합의 이후 1999년까지는 미국·일본·독일·프랑스·영국 등의 통화 간에는 암묵적인 목표환율 수준이 있어 완전 자유변동환율제로 보기는 어려운 면도 있었다.

서 기축통화로서 달러화의 수요가 늘어났기 때문이다.

미국은 경상수지와 재정적자의 규모가 과도해 기축통화국이 아니라면 금융위기와 재정위기가 여러번 발생했어야 한다. 반대로 보면 미국은 쌍둥이 적자를 통해 세계경제가 필요로 하는 국제유동성을 공급하고 있는 상황이다. 이러한 불확실성 속에서 미 달러화의 역할을 포함한 국제통화제도의 개편 논의는 계속되고 있다.

국제통화제도의 개편 논의와 달러화의 미래

국제통화제도의 개편 논의는 1971년 브레턴우즈 체제의 붕괴 이후 시작되었고, 국제금융시장이 크게 불안해지면 관심이 커지곤 했다. 개편 논의는 크게 보면 두가지 문제에서 출발하고 있다.

하나는 변동환율제가 갖는 불확실성으로 인해 국제교역과 자본이동이 위축된다는 것이다. 이 주장은 환율변동 위험을 회피할 수 있는 여러 가지 금융기법이 발전함으로써 설득력을 잃고 있다. 변동환율제가 도입된 1970년대 이후에도 국제교역과 자본이동은 계속 늘어나고 있다.

또다른 하나는 금과의 태환성이 없는 미 달러화가 기축통화 역할을 계속하는 것에 대한 다른 나라들의 불만이다. 미 달러화로 표시된 준비자산(외환보유액)의 가치하락 가능성과 화폐주조이익Seigniorage 등 기축통화 혜택의 독점 문제가 대표적이다. 여기에다 세계경제가 커짐에 따라 준비통화와 결제통화로서의 미 달러화에 대한 수요는 늘어나는데, 달러 공급은 미국의 경상수지 적자 등 경제상황에 의해 결정되기 때문에 불균형 문제가 항상 있다. 특히 금융위기 시에는 달러유동성이 급격히 부족해지기 쉽다.

국제통화제도의 개편은 과거 케인스가 제안했던 방코르Bancor와 같은 세계통화의 도입과 세계 중앙은행의 설립 방안, IMF 특별인출권SDR의 역할 확대 방안, 금본위제로의 복귀 방안 등 세가지가 제시되어 있다.

첫째, 세계통화의 도입과 세계 중앙은행의 설립은 국제통화제도가 단일국가의 통화제도와 같이 운영되는 것이기 때문에 드러난 문제를 대부분 해결할 수 있다. 그러나 이에 대한 합의는 불가능할 정도로 많은 어려움이 있을 것이다. 이는 역사·문화·경제적으로 동질성이 큰 유럽연합 국가들이 유로라는 단일통화와 유럽중앙은행을 만드는 데 들어간 어려움을 보면 잘 알 수 있다. 또한 그리스 사태에서도 보듯이 단일통화와 단일 중앙은행의 원활한 운용도 쉽지 않다. 세계 단일통화와 단일 중앙은행은 이상적이긴 하지만 현실성이 전혀 없다.

둘째, 소수의 극단주의자들이 주장하는 금본위제로의 복귀도 부작용이 너무 많고 가능성이 거의 없다. 금본위제는 특정 국가의 화폐주조이익 등의 독점을 막고 기축통화의 가치가 보장된다는 장점이 있다. 그러나 금본위제는 금 보유량에 따라 국제유동성이 편재되고 금의 공급량이 경제성장에 못 미치면 금값(돈값)이 지속적으로 상승하는 디플레이션에 빠지게 된다. 디플레이션은 인플레이션 못지않게 고통스럽다. 더 큰 문제는 심각한 경기후퇴기나 금융위기 시 중앙은행을 통한 신속하고 충분한 유동성 공급이 불가능해져 위기 탈출이 어려워진다는 것이다.

또한 현실적으로 무역이나 자본이동 시 결제는 비용과 시간 등의 문제로 금 현물로는 할 수 없을 것이다. 금 현물 대신 어떤 증서나 계좌이체 등을 이용해야 하는데 이런 증서와 계좌의 신뢰성을 보장해야 하는 문제가 있다. 은행 등 금융기관의 계좌를 이용하는 경우 계좌에 예치되어 있는 금의 신뢰성이 금융기관의 신뢰성에 의해 결정될 것이다. 대안으로 16세기 유럽에서 예금과 표준화폐 발행, 자금이체 업무만을 하던 공립은행과 같은 국제 금대체기관을 설립하는 방안을 생각할 수 있다. 설립비용 분담과 운용주체 등에 대한 합의도 쉽지 않겠지만, 설립된다 하더라도 완전한 신뢰성 확보가 어렵다. 역사적으로 예금과 자금이체만 하던 은행들이 잘못된 자금운용으로 거의 대부분 부실화되었기 때문이다. 금본위제로의 복귀는 비트코인 등 가상화폐가 미 달러화를 대체하고 세계화폐가 되는 것보다 가능성이 적을 것 같다.

셋째는 SDR[12]의 역할을 강화하여 기축통화로 사용하는 방안이다. 이는 2009년 3월 중국이 명시적으로 제안했고, 브라질·러시아 등의 국가와 조지프 스티글리츠Joseph E. Stiglitz, 1943~ 등의 여러 학자가 동의하고 있는 방안이기도 하다. 이 방안도 실질적인 실현 가능성은 별로 없다. SDR가 준비통화, 결제통화로 일상적으로 사용되고 이를 위한 국제 청산계정이 만들어지면 기축통화로서 미 달러화의 지위가 급격히 위축될 것이다. SDR가 계정에서만 사용되는 화폐단위를 넘어 증서 등의

---

12 SDR(Special Drawing Rights)는 IMF가 1969년 7월 국제유동성 추가 창출과 새로운 준비자산으로서의 역할을 위해 도입했다. SDR는 도입 시 '1SDR=1달러=금 1/35온스'였으나 1974년 이후부터 주요국 통화가치에 연동한다. 2016년 10월 이후 미국 달러화, 유로화, 일본 엔화, 영국 파운드화, 중국 위안화 등 5개국 통화를 기준으로 SDR의 가치가 매일 결정된다. SDR는 국가별 배분액 등을 기준으로 미 달러 등과 교환해 사용할 수 있고, IMF로부터 받은 대출의 원리금 상환용으로도 쓸 수 있다.

실물형태로 사용된다면 세계화폐와 별 차이가 없어진다. 이런 방안이 실행되기 위해서는 IMF와 SDR의 지분이 가장 많은 미국이 동의해야 하는데 현실적으로 미국이 달러 대신 SDR를 기축통화로 채택할 가능성은 없다고 봐야 한다. SDR는 국가별 한도 증가 등을 통해 활용 폭이 커질 수 있으나, 기축통화로 사용되는 것은 앞으로도 계속 연구와 논의 대상으로만 남을 것이다.

다음으로 미 달러화의 기축통화 역할은 지속된다 하더라도 준비통화 등으로 다른 통화의 사용을 늘려 기축통화가 다극화되도록 하는 것이다. 지금도 브레턴우즈 체제와 달리 달러가 완전 독주하는 상태는 아니기 때문에 다극화가 조금은 진전되어 있다고 볼 수 있다. 그리고 기축통화의 다극화가 상당히 진전되면 국제통화제도의 개편 없이도 기축통화로서의 미 달러화의 지위가 많이 변화되는 것이다.

미국 달러화를 대체할 수 있는 통화는 유로화, 영국 파운드화, 일본 엔화, 중국 위안화 그리고 혹시 비트코인 등의 가상화폐일 수도 있다. 이 중 파운드화는 영국의 경제규모가 작은데다, 브렉시트 등으로 금융산업의 위축 가능성도 있어 국제통화로서의 위상이 약해지고 있다. 엔화는 일본경제의 활력이 떨어지는데다 금융부문의 낙후성과 과도한 규제 등으로 인해 국제통화로서의 역할이 별로 없다. 이 두 통화가 달러화를 대체할 수 있는 기회가 앞으로 늘어나기는 매우 어려울 것이다.

유로화는 독일·프랑스·이탈리아 등 유럽 19개국이 공동으로 사용하는 통화로 1999년 탄생 이후 위상이 높아져왔다. 2008년 세계 금융위기 이후 미국경제의 한계와 문제가 드러나자 유로화가 달러화를 대체할 수 있겠다는 유럽인들의 희망이 잠깐 있었다. 그러나 2010년경부터 그리스 등 남유럽국가의 재정위기가 계속 불거지고 이를 수습하는 과정에서 유럽 내의 반유럽연합 정서가 커졌다. 이와 함께 유럽통합의 동력이 줄어들고 유로화의 기축통화 가능성도 낮아졌다.[13] 그럼에도 유럽의 정치적·경제적 안정성이 높고 유로 사용지역이 넓어 준기축통화의 역할은 계속되고 있다.

2016년 6월 영국의 유럽연합 탈퇴 국민투표가 가결되었다. 영국의 유럽연합 탈퇴 협상과 이후의 사태변화가 유로화의 미래에 많은 영향을 미칠 것 같다. 프랑크푸르트·파리 등 유럽 대륙지역에 런던을 능가하는 국제금융시장이 생겨나고, 독일·프랑스 등 유럽연합 핵심국가[14]들의 결속이 더 강해진다면 유로화의 위상은 다시 높아질 수도 있다.

중국의 위안화는 앞으로 국제통화로서 더 많이 사용될 것이 확실하다. 중국이 장기적으로 세계 제1의 경제대국으로 성장할 가능성이 있고, 2016년 10월에는 중국 위안화가 SDR 평가의 기준화폐에 포함되었기 때문이다. 여기에다 2016년 초에 국제 투기자본이 위안화에 대해 대규모 공세를 했으나 중국정부가 잘 방어하여, 중국경제의 기초여건과 정책당국의 능력이 양호하다는 것을 보여주었다. 그러나 중국경제의 자유도와 투명성이 낮은 점, 금융산업의 낙후성, 정치민주화가 요원한

---

13 2010년부터 이어지는 남유럽국가의 재정위기를 달러 패권을 지키기 위한 음모론으로 해석하는 시각도 있다. 1992년 유럽 외환위기도 당시 마스트리흐트 조약 체결 등 단일통화 출범을 위한 유럽의 노력을 무산시키기 위한 음모였다는 주장과 뿌리가 비슷하다.

14 유럽연합 핵심국가는 프랑스·독일·베네룩스 3국에 이탈리아를 포함할 수 있다. 이 국가들은 역사적으로 로마제국 이후 서기 800년대 초 샤를마뉴대제가 프랑크왕국으로 유럽을 잠깐 통일했던 지역이다.

점을 감안할 때 위안화가 미 달러화를 대체하는 일은 아주 먼 미래나 가능할 것 같다.

마지막으로 비트코인 등 가상화폐는 이제 막 시작했을 뿐이다. 과학기술의 발전으로 미래의 가능성은 있지만 넘어야 할 난제가 너무 많다. 종합해보면 미 달러화의 기축통화로서의 지위는 상당기간 지속될 것으로 보인다. 미국은 음모든 힘을 통해서든 기축통화로서의 달러화의 위상에 도전하는 대안의 출현을 막으려 할 것이다. 미국이 기축통화국의 지위를 잃으면 제국으로서의 미국의 앞날도 어려워질 것이기 때문이다.

돈이 국내에서건 국제적으로건 널리 쓰이고 보유되기 위한 필수요소는 신뢰다. 그러나 신뢰는 음모나 힘만으로 쉽게 얻을 수 있는 것이 아니다. 제국이 멸망해도 돈에 대한 신뢰가 있으면 그 돈은 계속 사용될 수 있다. 로마제국 멸망 이후에도 귀금속 함량 등에서 믿을 수 있었던 일부 로마주화는 프랑크왕국 시대까지 500년 이상 더 사용되었다.[15]

세계를 지배했던 모든 제국이 끝이 있었다는 사실은 미국에도 적용될 것이다. 미 달러화가 기축통화로서의 지위를 먼저 잃을지 미국이 제국의 지위를 먼저 잃을지는 알 수 없다. 결국 미 달러화의 미래는 신뢰의 문제이고, 신뢰는 어떤 면에서 상대적이기도 하다. 미 달러화의 지위를 넘보는 돈이 언제 어떻게 더 많은 신뢰를 확보할 수 있느냐가 달러화의 미래를 결정할 것 같다.

---

15 니얼 퍼거슨『금융의 지배: 세계 금융사 이야기』, 김선영 옮김, 민음사 2010, 29면.

04

그들도 우리와 다를 것이 없다
세계금융의 지배자

    음모론은 정치·경제·사회 등 여러 분야에 다양하게 존재한다. 그중 금융음모론은 뿌리가 깊고 광범위하게 퍼져 있어 꽤 많은 사람들이 사실처럼 받아들인다. 금융음모론의 대략은 이렇다.

    로스차일드 가문으로 대표되는 유대계 실력자들이 프리메이슨과 같은 비밀결사 조직을 만들어 세계의 금융, 나아가 세계의 경제와 정치까지 좌지우지한다. 이들은 세계 대형 금융기관의 주인일 뿐 아니라 이들의 구성원이나 대리인이 미국 중앙은행Fed, 연준을 통제하고 있다. 그리고 세계 중앙은행들의 협력기구인 국제결제은행BIS까지 뒤에서 마음대로 조종하는 세계금융의 실질적 지배자이다. 당연히 한국 등 많은 나라의 금융은 이들의 손아귀에서 놀아날 수밖에 없고, 이들의 먹잇감이 될 수밖에 없다는 것이다.

    음모나, 음모 비슷한 계획이나 작전 등은 금융뿐 아니라 정치·경제·

사회 등 사람 사는 세상에 항상 존재한다. 그러나 음모가 음모론으로 자리를 잡으려면 음모를 계획대로 실현시켜야 하고, 음모를 꾸민 사람들이 그런 능력이 있어야 한다.

먼저 음모론의 시작에 많이 등장하는 로스차일드 가문에 대해 간단히 알아보자. 이 금융가문은 1744년 프랑크푸르트에서 태어난 유대인 마이어 로트실트Mayer A. Rothschild와 그의 다섯 아들에 의해 성장했으며, 19세기 막대한 부를 축적하고 유럽에서 엄청난 영향력을 행사했다. 그러나 1·2차 세계대전을 겪으면서 위축되어 지금은 거액개인금융private bank과 와인산업을 제외하고는 눈에 잘 띄지 않는다. 로스차일드 가문의 사람들 중 재산을 잘 관리한 사람들은 여전히 엄청난 부자이겠지만, 현재 세계적인 영향력이 있는 금융기관이나 기업의 주인은 없는 것 같다.

로스차일드 가문은 19세기 후반부터 쇠퇴의 기미가 나타났다. 이탈리아 통일전쟁의 결과 나폴리왕국이 소멸하자 나폴리에 있던 로스차일드 상회는 1860년 이탈리아 사업을 접었다. 1901년에는 로스차일드 가문의 발생지인 프랑크푸르트 상회도 문을 닫았다. 로스차일드가는 창업자의 유언에 따라 아들만 경영에 참가하게 되어 있었다. 프랑크푸르트 상회는 창업자의 큰아들 암셀이 경영하다 아들이 없자 조카 두명을 데려다 후계자로 삼았으나 두명의 조카마저 아들이 없어 문을 닫은 것이다. 1938년에는 오스트리아 빈의 로스차일드 상회가 히틀러의 등장으로 많은 재산을 빼앗기고 가문 사람들은 흩어졌다.

여기에다 결정적인 실수는 세계경제의 새로운 중심지인 미국에서 성공하지 못한 것이다. 남북전쟁 당시 로스차일드 가문은 전세에 따라 입장이 조금씩 바뀌었지만 주로 남부를 지지하는 쪽이었다. 1940년대 뉴욕 월가에 조그맣게 진출했으나 큰 성과를 올리지 못했다. 이렇게 보면 로스차일드 가문 사람들도 중세의 메디치가문과 비슷하게 한때에 능력과 운이 엄청 좋았던 것은 확실하다. 그러나 다른 사람을 초월하는 능력과 운이 계속 대물림되지는 않은 것 같다.

그리고 유대계의 대형 금융기관들도 금융위기 등으로 많이 망했다. 2008년 세계 금융위기 시 세계 5대 은행 중 세개가 망했는데, 그중 리먼브라더스와 베어스턴스가 유대계이다. 유럽 거액개인금융 중 가장 크고 200년 이상의 역사를 갖고 있는 살오펜하임Sal Oppenheim 은행이 있다. 살오펜하임은 로스차일드 가문과도 관계가 있으며, 유럽의 많은 부자들이 거래하고 싶어 하는 은행이었다. 그러나 이 은행도 몇번의 잘못된 투자로 2008년 도산하여 도이체방크에 흡수 합병되었다. 많은 자금력과 정보를 가진 유대계 금융재벌도 잘못하면 바로 망하는 것이 금융기관 경영이다.

다음으로 국제결제은행, 미 연준의 총수나 구성원이 뛰어난 사람들이긴 하지만 인간인지라 내일 일이 어떻게 될지 모르기는 일반인과 마찬가지다. 좋은 예의 하나가 2006년 BIS의 중앙은행 총재회의일 것이다.

이때는 2008년 세계 금융위기의 위험요인이 한창 축적되던 시기로 시장참여자들이 계속 고수익 고위험 투자를 추구하여 위험스프레드가 역사상 최저 수준으로 낮아졌다. BIS 총재회의에서 과도하게 낮아진 위험스프레드가 지속 가능한 것인지 위기의 전조인지 등에 대한 논의가 있었다. 한쪽은 위험관리 기법의 발달 등으로 금융산업의 위험수용 능력이 높아져 감내할 만한 수준이라는 평가였고, 다른 쪽은 현재의 과도한 고위험 추구는 지속될 수 없다는 의견이었다. 회의는 어느 쪽이 맞는지 결론을 내지 못하고 시장을 좀더 지켜보자는 수준에서 끝났다. 2011년 장클로드 트리셰Jean-Claude Trichet 유럽중앙은행 총재는 퇴임 시, 당시에 더 많은 고민과 토의를 통해 대비했다면 2008년 세계 금융위기를 막거나 충격을 크게 낮출 수 있었다고 회고했다. 일이 지난 다음에 뒤를 돌아보며 평가하는 일은 어렵지 않다.

또다른 예는 2010년 초에 많이 논의되던 출구전략Exit Strategy이다. 출구전략은 2008년 세계 금융위기 이후 제로금리와 과감한 양적완화 조치로 2009년 말 경기가 조금 회복되자 단계적으로 돈의 양을 줄이려던 정책이다. 당시 BIS 총재회의에서 미 연준의 벤 버냉키Ben S. Bernanke 총재에게 다른 나라 중앙은행 총재가 어떤 기준과 속도로 출구전략을 하는 것이 좋겠냐고 물었다. 버냉키 총재의 답변은 "나도 잘 몰라 고민 중이다. 좋은 생각이 있으면 이야기해달라"는 것이었다. 얼마 지나지 않아 유럽 재정위기 등으로 세계경기가 다시 위축되자 출구전략 논의는 사라졌다. 버냉키 총재는 그로부터 4년이 지난 2014년 5월 테이퍼링 tapering[16]이라는 새로운 이름으로 양적완화 축소를 다시 제기했다.

버냉키나 트리셰는 중앙은행의 수장이고 당대 최고의 경제전문가이다. 그러나 이들도 6개월, 1년 후의 경제가 어찌 변할지 예측할 수 없다는 사실을 보여주는 일화이다. 세계금융의 실력자들도 계획이나 준비, 또는 음모 같은 것을 꾸밀 수는 있겠지만 이들도 인간이기 때문에 성공을 완전히 담보하지 못한다. 다만 좀더 많은 정보를 찾고 여러 가능성을 점검하여 실패확률을 줄여가는 노력은 하고 있는 것 같다. 그리고

---

16 테이퍼링은 점점 강도를 줄인다는 의미로 제로금리와 양적완화 정책을 통해 비정상적으로 돈을 많이 풀어온 통화정책을 단계적으로 정상화시키는 정책이다.

이는 누구든 할 수 있고 해야 하는 일이다.

그러면 누가 세계금융의 지배자일까? 세계금융도 국내금융과 차이가 없을 것 같다. 공권력을 가진 규제집단과 자본력을 가진 시장세력일 것이다.

행정부나 국회, 중앙은행 등 규제집단은 법과 제도, 재정투입과 발권력을 통해 국내금융에 큰 영향을 미친다. 특히 금융시장이 불안하거나 위기가 왔을 때는 규제기관의 역할은 절대적이다. 그리고 대형 금융기관, 연기금, 각종 펀드 등 시장의 큰손은 시장세력으로 금융시장에 지속적인 영향을 미친다. 시장세력들이 서로 다른 판단을 하고 다른 방향으로 투자할 때는 시장이 안정적이다. 그러나 이들이 한쪽으로 쏠리면 거품을 만들고, 때에 따라서는 위기를 초래하기도 한다. 개미라고 불리는 개인투자자들도 힘이 모아지면 조금은 영향을 줄 수 있다.

세계금융은 세계정부가 없고 세계 중앙은행이 없기 때문에 주요국 정부와 중앙은행이 협조를 통해 규제집단 역할을 한다. 대형 금융기관, 헤지펀드, 국부펀드와 세계적인 연기금, 주요국 중앙은행의 외환보유액 등이 세계 금융시장의 큰손이다. 주요국의 정부와 중앙은행이 합의된 의견을 도출하고 지속적인 협조체계를 갖추면 세계금융에 대해서도 국내금융과 비슷하게 규제집단으로서 역할을 할 수 있다.

1985년 9월 G5 국가(미국·일본·독일·프랑스·영국)가 플라자합의[17]를 통해 일본 엔화와 독일 마르크화의 강세를 유도했다. 즉 환율제도가

---

17 1985년 9월 22일 뉴욕 플라자호텔에서 열린 G5 재무장관과 중앙은행 총재들의 주요국 환율운영에 대한 합의. 합의 1년이 지나 미 달러화의 가치가 엔화와 마르크화에 대해 절반 가까이 하락했다.

자유변동환율제의 원칙이 무시되고 일종의 목표환율제로 운영된 것이다. 1987년에는 반대로 루브르합의를 통해 미 달러화의 과도한 약세를 막고 주요국 환율의 안정을 도모하기도 했다.

G5, G7 등 세계 주요국은 이후에도 여러 정책의 합의와 공조를 통해 세계금융을 어느정도 통제해왔다. 그러나 2000년대에 들어 중국경제의 부상 등 세계경제의 다극화가 진행되면서 G5나 G7의 영향력이 크게 축소되었다. 2008년 세계 금융위기 이후에는 한국도 포함된 G20 재무장관 및 중앙은행총재 회의가 세계경제와 금융분야의 주요정책 결정기구 역할을 하고 있다.[18] G20은 G5 등에 비해 참여국가가 많아지면서 구체적 정책에 대한 합의가 어려워지고 있다. 세계금융에 대한 규제집단의 영향력과 실행력이 약화된 셈이다.

상대적으로 세계금융에 대한 시장세력의 영향력은 커지게 되었다. 국제금융시장은 큰손들의 급격한 움직임에 따라 불안정해지고 있다. 2010년 이후 그리스 등 남유럽국가의 재정위기가 여러차례 불거졌고, 저유가와 국제 원자재 가격의 하락으로 2013~14년에는 브라질과 러시아, 인도네시아 등의 금융시장이 크게 불안했다. 잘나가던 인도와 터키 등도 통화가치 하락 등의 어려움을 겪었다. 2016년 초에는 세계 제2의 경제대국인 중국 위안화에 대한 헤지펀드의 대대적인 공격이 있었다. 위안화의 가치가 약간 하락하고 중국 외환보유액이 조금 감소했다.

금융시장의 투기세력은 시장의 변동성이 커질수록 돈을 벌 기회가 많아진다. 반면 환율과 금리 등 금융시장의 가격변수가 안정되어야 기

---

18 G20 재무장관 및 중앙은행총재 회의는 1999년부터 개최되었지만 2008년부터 G20 정상회의가 정례화되면서 권위를 인정받게 되었다.

업과 가계 등 일반 경제주체의 경제활동이 편안하고 효율성이 높아진다. 세계금융에 대한 규제집단의 영향력이 커져야 한다. 글로벌 금융안전망[19]의 대폭 확대, 국제 자본이동에 대한 주요국의 공동 저율과세 등과 같은 국제금융시장을 안정시킬 수 있는 제도의 도입이 필요하다. 세계금융도 국내금융과 같이 규제집단과 시장세력이 적당히 상호견제를 할 수 있어야 안정성과 복원력이 커진다. 한두 국가의 국내금융에 대한 규제만으로 세계금융을 통제하는 것은 한계가 있다. 특히 세계금융의 시장세력이 어느 한 방향으로 쏠리면 개별국가의 정책수단만으로 통제하기 어렵다. 금융분야에서의 국가 간 공조체제가 점점 중요해지고 있다.

양털 깎기냐, 정신 차린 것이냐

양털 깎기란 국제 투기자본이 특정 국가나 지역에 신용공급 확대 등을 통해 의도적으로 자산거품을 만든 후 일시에 자금을 회수하여 자산가격을 폭락시키고 헐값으로 떨어진 자산을 매입하는 것을 비유한 말이다. 국제 투기자본은 쉽게 돈을 벌고 당하는 국가는 속수무책으로 털을 깎이는 양의 신세라는 것이다.

신용공급의 확대와 부동산 등 자산의 거품 발생, 거품의 붕괴와 자금

---

19 글로벌 금융안전망은 개별국가의 외화유동성 부족 시 외화유동성을 지원받을 수 있는 제도로 각국의 외환보유액, 중앙은행 간의 통화스와프, IMF 등 국제금융기구의 자금지원제도 등이다.

의 급격한 회수는 금융위기 과정에서 나타나는 전형적인 시장의 모습이다. 경기가 확장기에 들어서면 생산과 고용이 늘어나고 낙관론이 퍼지면서 투자가 늘어난다. 생산과 고용, 투자의 증가는 소득과 소비의 증가로 이어지고 이는 다시 생산과 고용, 투자를 증가시키는 경기의 누적적 확대 과정이 나타난다. 이때 낙관론이 더 광범위하게 퍼지고 대출 확대, 외자유입 등으로 신용공급이 크게 늘어나면 경기가 과열되고 부동산과 주식 등 자산시장의 거품이 발생한다.

그러다 나쁜 소식이 있거나 경제주체들이 그간 잘 안 보이던 경제의 문제점을 인식하고 조심하게 되면 경기위축과 자산가격 하락, 신용공급 축소 등이 나타나면서 경기가 후퇴한다. 경기과열이 심하고 거품의 크기가 클수록 경기위축과 자산가격의 하락이 빠르게 나타난다. 이 과정에서 경기 확장기에 차입 등에 의존해 사업을 확장하거나 자산에 투자한 사람은 큰 손실을 보게 된다. 이러한 현상은 경제의 개방화와 국제화 등으로 외국자본이 가세하면 더 심화될 수 있다.

한국경제에 엄청난 충격을 준 1997년 동아시아 금융위기를 살펴보자. 한국·대만·홍콩·싱가포르는 1980년대 후반부터 아시아의 네마리 용이라 불리며 높은 성장세를 지속했다. 태국·인도네시아·필리핀 등의 동남아시아 국가의 경기도 덩달아 좋아졌다. 동아시아 지역의 생산·투자·수출이 장기간 호조를 보였고 외국인 투자자금의 유입도 계속 증가했다. 1990년대 중반을 지나면서 일부 외국인투자자들이 이 국가들의 문제점들을 느끼기 시작했다. 차입에 의한 과잉투자로 기업과 금융기관의 건전성이 약화되고, 저축보다 투자가 많아 경상수지 적자가 심해지는 나라도 있었다. 여기에다 기업회계와 금융, 재정 등의 기초통계가 부실해 경제의 신뢰성과 투명성도 문제가 있어 보였다. 눈치 빠른 일부 투자자들이 먼저 자금을 회수하고 위험을 분산했다. 뒤늦게 정신 차린 많은 투자자들이 자금을 회수하게 되자 금융위기가 촉발된 것이다.

1997년 동아시아 금융위기는 태국·인도네시아 등에서 먼저 시작해 확산되었다. 네마리 용 중 홍콩·싱가포르·대만은 심한 감기몸살 정도로 끝났지만, 한국은 IMF 구제금융을 받고 수많은 금융기관과 기업이 도산하는 심각한 경제위기 상황에 빠졌다. 이러한 사태가 국제 투기세력의 음모에 의한 정교한 양털 깎기 과정인지, 투기세력도 경제흐름에 편승하여 돈을 벌다가 조금 먼저 정신 차린 것인지 알 수는 없다. 이것이 음모라면 여러 국가를 10년 정도 어느 방향으로 끌고 가다가 한순간 나락으로 떨어뜨린 것이다. 하느님도 하기 어려운 일인 것 같다.

2010년경부터 불거진 그리스 재정위기 사례를 살펴보자. 그리스는 오래전부터 높은 물가와 낮은 경쟁력, 재정수지와 경상수지의 적자 등으로 경제가 늘 불안했다. 예전 그리스 돈인 드라크마는 계속 평가절하될 수밖에 없었다. 드라크마화로 표시된 그리스 국채는 금리가 높아도 드라크마의 평가절하 가능성으로 외국인투자자들이 선호하지 않는 투자대상이었다. 그러나 2000년 그리스가 어렵게[20] 드라크마 대신 유럽 단일통화인 유로를 사용하게 되자 상황이 변했다. 그리스도 유로화로 표시된 국채를 발행하게 되어 그리스 국채의 환율변동 위험이 크게 낮아졌다. 그리스 국채는 고수익 투자자산으로 인식되어 2000년대 중반

---

20 유로를 사용하기 위해서는 각 국가의 물가상승률·금리수준·재정적자 등이 일정수준을 충족해야 하는데, 그리스는 통계조작에 가까운 방법을 사용해 이 기준을 통과한 것으로 뒤에 알려졌다.

에는 투자은행 사이에서 가장 인기있는 투자대상의 하나였다. 그리스 국채와 독일 국채와의 금리차가 과거 4퍼센트포인트 정도에서 2007년에는 1퍼센트포인트로 좁혀졌다. 그리스는 외국인 투자자금이 유입되고 차입금리가 낮아짐에 따라 성장과 고용이 늘고 부동산가격이 상승하는 등 유례없는 호황을 누렸다.

그러나 2008년 세계 금융위기 이후 일부 투자자들이 그리스 국채에 대해 의문을 갖게 되었다. 유로화 사용으로 그리스 국채가 환율변동 위험은 낮아졌지만 경상수지 적자와 재정적자가 계속되어 원리금 상환이 어려울 수 있다는 것을 깨달은 것이다. 또한 그리스는 환율인상을 통해 경쟁력을 조정할 수 없으므로, 임금조정과 재정정책으로 불균형을 시정해야 하나 이것은 거의 불가능하다는 것을 투자자들이 알게 된 것이다. 이러한 인식이 시장에 퍼지자 인기 투자상품이던 그리스 국채는 금리가 정크본드 수준으로 급등하고 투자자들의 기피대상이 되었다. 조세수입 기반이 취약한 그리스는 재정위기에 빠져 IMF 등으로부터 몇차례 구제금융을 받게 되었다.

그리스 재정위기는 일부 경제여건이 비슷한 포르투갈·이탈리아·스페인으로 전염되어 남유럽 재정위기로 확산되었다.[21] 그리스가 2000년대 초중반 경제여건이 좋을 때 흥청망청하지 않고 세제개혁, 기업 경쟁력 제고 등의 구조조정을 했다면 결과는 크게 달라졌을 것이다. 여기에다 그리스의 유로화 사용은 더 쉽게 재정위기에 빠지는 원인이 되었다.

유럽중앙은행은 재정적자를 중앙은행 차입에 의존하지 못하도록,

---

21 포르투갈·이탈리아·그리스·스페인 4개국을 합하여 2010년 유럽 재정위기 당시 피그스(PIGS)로 불리기도 했다.

회원국 중앙은행이 국채를 정부로부터 직접 인수할 수 없게 했다. 과거에는 그리스 정부가 국채를 시장에서 팔지 못하면 그리스 중앙은행이 국채를 사줄 수 있었는데, 유로화 사용으로 이것이 불가능해진 것이다. 유로화 사용국 중앙은행은 다른 나라와 달리 정부의 은행 기능이 크게 제약되어 있다. 그리스 재정위기는 이렇게 여러 요인들이 복합되어 장기화되었고, 다른 남유럽국가들도 경제적 어려움을 겪었다.

이것도 정교하게 짜인 국제 투기세력의 양털 깎기 과정인지, 투기세력들이 각자 알아서 좋은 상황에서 한때 돈을 잘 벌다 뒤늦게 정신 차린 것인지 알 수 없다. 비슷한 사례는 브릭스BRICs라 불리는 브라질·러시아·인도·중국 등에서도 있었다. 이 국가들은 2000년대 후반에 엄청난 외국자금이 유입되었다가 2010년대 초반부터 간헐적인 자본유출이 있었다. 그러나 나라가 큰데다 적절한 정책대응으로 인해 심각한 금융위기로까지는 번지지 않았다.

금융위기는 선진국, 후진국을 구분하지 않고 발생한다. 세계 최대의 경제대국이고 금융 선진국인 미국에서도 2007년 서브프라임 모기지 사태를 포함해 여러차례 금융위기가 있었다. 일부 음모론자들은 미국의 금융위기도 서민들을 희생시키는 양털 깎기 과정이라고 본다. 세계 주요국가 중 제2차 세계대전 이후 심각한 금융위기를 겪지 않고 양털 깎기를 당하지 않은 나라는 독일·프랑스·네덜란드·벨기에·대만·싱가포르 등이다. 이 국가들에 대한 양털 깎기 시도가 없었는지 시도는 했지만 실패했는지는 알 수 없다. 그중 독일은 홀로코스트를 일으킨 국가로 유대계 금융자본이 한두번쯤은 크게 양털 깎기를 시도했어야 하는 국가이다.

국제금융시장에서도 국내금융시장과 같이 큰손들은 작전과 음모 등을 포함해 온갖 노력을 다해 돈을 벌려고 하나 성공하는 경우는 많지 않다. 헤지펀드들도 계속 생겨나고 수없이 망해서 문을 닫는다. 아주 소수의 헤지펀드만 장기간 돈을 번다. 이 펀드들도 서로 살아남고 더 많은 돈을 벌기 위해 치열한 경쟁을 한다. 잘못된 투자 결정이 이어지거나 경제상황이 당초 전망과 크게 달라지면 정보력과 자본력이 뛰어난 헤지펀드도 쉽게 망한다.

　대표적인 사례가 LTCMLong-Term Capital Management 사태이다. LTCM은 1994년 노벨 경제학상 수상자, 미국 중앙은행과 투자은행 출신 고위직원 등 당대 최고 전문가들이 만든 헤지펀드이다. LTCM에는 설립자들의 명성에 힘입어 많은 자금이 모였고 1996년까지는 수익도 높았다. 그러나 1997년 동아시아 금융위기와 1998년 러시아의 대외채무 지급정지(모라토리엄) 등으로 시장이 자신들의 전망과 다르게 장기간 움직이자 유동성 부족으로 도산하게 되었다.[22] LTCM은 다시 모으기 어려울 정도의 드림팀으로 경영진을 구성하고, 많은 정보와 자금력이 있었지만 5년도 버티지 못했다.

　이렇게 볼 때 어떤 투기세력이 음모를 꾸미고 몇년에 걸쳐 계획대로 시장을 끌고 갈 수 있어야 양털 깎기가 성공하는데 이것은 인간의 경지를 뛰어넘는 일이다. 일을 꾸미는 것은 인간이지만, 일을 성사시키는 것은 하늘에 달렸다는 제갈공명의 말이 금융에도 적용될 것이다. 양털 깎기는 잘못된 경제운용과 정책대응의 실패로 경제를 망친 세력이 자

---

22 LTCM 사태의 보다 자세한 내용은 본문 300~01면과 정대영『동전에는 옆면도 있다: 정대영의 금융 바로 보기』, 한울 2013, 89~92면 참조.

신들의 잘못을 남의 탓으로 돌리기 위해 만들어낸 구실일지도 모른다.

국제 투기세력보다 해당국의 정책당국자와 정치인, 경제전문가들이 먼저 정신 차리면 투기세력의 공격도 별문제 되지 않을 것이다. 이를 위해서는 경제가 좋을 때, 외국인 투자자금이 많이 들어올 때 문제점을 찾아보고 대비할 수 있는 능력과 통찰력이 필요하다. 다음에는 여기에서 등장한 미국 중앙은행과 유럽중앙은행, 국제금융기구인 국제통화기금과 국제결제은행에 대해 살펴보자.

05

진짜 모습을 찾아
Fed와 ECB, IMF와 BIS

앞서 살펴본 대로 G20 재무장관 및 중앙은행총재 회의가 세계금융의 공식적인 규제기관이지만, 회원국의 수가 많은 협의조직이라 실행력이 약하다. 오히려 미국과 유럽연합 국가의 정부와 중앙은행의 움직임이 중요하고, 국제금융기구인 국제통화기금과 국제결제은행의 역할이 커지고 있다.

그러나 미국의 중앙은행인 연준Fed은 음모론적 시각에서 쓰인 책이나 자료 등에 의해 잘못 알려진 지식이 많다. 유로 19개 회원국의 공동 중앙은행인 유럽중앙은행ECB에 대해서는 한국 사람들의 관심이 적어 별로 알려진 내용이 없다. 국제통화기금은 1997년 한국의 금융위기가 IMF 사태로 불리면서 일반인이 많이 접하는 단어가 되었다. 그러나 업무와 조직 등의 지식은 부족하다. 국제결제은행은 1997년 이후 금융 구조조정 과정에서 은행의 생존과 퇴출 기준으로 BIS비율로 불리는 자기

자본 규제제도가 사용되면서 사람들이 관심을 갖게 되었다. 그러나 업무내용 등 정확한 지식보다는 음모론적인 이야기가 더 널리 퍼져 있다.

다행히 필자는 미 연준, 유럽중앙은행, 국제통화기금, 국제결제은행 등을 방문하거나 근무 직원을 만날 기회가 많았다. 특히 국제결제은행은 2007년 가을에서 2011년 초까지 업무적으로 많이 방문했다. 이곳은 업무상 자주 방문하는 사람에게는 사진이 부착된 별도의 출입증을 발급하고 있어, 여권을 맡기고 출입증을 받으면 회의기간 동안 건물을 편하게 드나들고, 다른 사무실도 방문할 수 있다. BIS 총재회의 중에는 버냉키, 트리셰 등 세계 주요국 중앙은행 총재의 이야기를 들을 수 있었다. 회의 중 점심은 구내식당에서 많이 하는데 총재들도 특별한 약속이 없으면 같이 식판을 들고 줄을 서서 배식을 받는다. 국제결제은행은 특별하지도 비밀스럽지도 않은 기관이다.

Fed

미국 중앙은행의 정식명칭은 연방준비제도Federal Reserve System이고 줄인 말로 미국에서는 'Fed'가 널리 사용되고, 한국에서는 '연준'이라고 많이 쓴다. Fed는 통화정책, 금융안정, 금융감독, 소비자 보호 등의 기능을 하는데다 세계 기축통화의 발권력을 가진 기관이다. 미국뿐 아니라 세계의 경제와 금융에 가장 큰 영향을 미치는 기관이다. 미국 중앙은행인 Fed의 설립 기본목적은 최대한 고용과 물가안정이다. 이를 달성하기 위한 정책금리 조정 등 통화정책은 미국의 고용·생산·소비 등의 경제활동과 금융시장에 직접 영향을 준다. 이어서 바로 세계경제와 국제금융시장에 정책의 효과가 파급된다.

중앙은행은 이론적으로는 발권력을 근거로 얼마든지 시장개입 등을 할 수 있으나 현실적으로 두가지 점에서 제약이 있다. 첫째는 통화정책의 목표인 물가안정이나 금융안정 등을 저해하지 않아야 한다는 것이다. 둘째는 외환시장 개입은 외환보유액이 많아도 한계가 있다는 것이다. 한국의 경우 2008년 세계 금융위기 시 외환보유액이 2600억 달러를 상회했지만 시장을 통제할 수 없어 원화환율이 50퍼센트 이상 오르는 등 준외환위기 상황에 빠졌다. 기축통화국인 미국의 중앙은행인 Fed는 두번째의 제약이 없어 자국 경제상황을 고려하지 않는다면 세계 금융시장을 뜻대로 움직일 수 있다. 세계금융의 진정한 강자 역할을 할 수 있는 것이다.

이러한 Fed에 대해 음모론과 관련이 있는 두가지 이상한 오해가 꽤 일반화되어 있다. 첫번째는 Fed가 민간기구로서 국가나 국민을 위한 것이 아니라 주주인 민간은행 특히 유대계 금융인의 이익을 위해 움직인다는 것이다. 두번째는 Fed가 미 달러를 발행하는데, 미국정부는 Fed에 이자를 내고 Fed의 달러를 받아 유통시킨다는 것이다.

먼저 첫번째 오해를 살펴보자. Fed는 1913년 오랜 논의 끝에 중앙집권적 공권력에 대한 거부감이 강한 미국적 정서가 반영되어 탄생했다. 중앙은행이지만 다른 나라에서 많이 사용되는 중앙은행이나 국가은행이라는 이름이 없다. Fed는 국가조직으로 본부 역할을 하는 워싱턴의 연방준비제도이사회이하 연준이사회와 주식회사 형태의 12개 지역의 연방은행이 결합된 특별한 형태이다.

연준이사회는 의회에 책임지는 국가조직이며, 일곱명의 이사로 구성된다. 이사는 상원의 인준을 받아 대통령이 임명하여 임기는 14년이다. 연준이사회 의장(미국 중앙은행 총재)도 상원의 인준을 받아 대통령이 임명하여 당연직 이사가 된다. Fed 본부인 연준이사회는 명실상부한 국가조직으로 의회와 대통령에 의해 통제된다. 또한 연준이사회는 다른 나라 중앙은행과 같이 통화정책 등의 수행을 위한 조사연구 부서와 실무부서를 보유하고 있다.

지역연방은행은 미국에 12개가 있으며 해당 지역에서 Fed의 회원으로 가입한 은행이 주주인 주식회사이다.[23] 주주들이 지역연방은행의 이사 여섯명을 선임한다. 그중 세명은 금융부문의 이익을 대표하고, 세명은 산업·노동·농업 각 부문의 이익을 대표하도록 구성한다. 워싱턴의 연준이사회는 각 지역연방은행에 세명씩의 이사를 선임하여, 총 아홉명의 이사가 지역연방은행을 운영한다. 그리고 본부의 연준 이사 일곱명과 지역연방은행 총재 네명(지역별 순번제)과 뉴욕연방은행 총재(상시) 등 총 12명이 미국의 기준금리 등을 결정하는 연방공개시장위원회FOMC의 구성원이 된다. 이러한 지배구조로 인해 Fed가 지역연방은행의 주주인 민간은행의 이익을 위한 기구라는 오해가 있다.

Fed도 다른 나라 중앙은행과 같이 주요 의사결정은 본부인 연준이사회(지급준비율·재할인금리 등)와 연방공개시장위원회(정책금리·공개시장조작)에서 이루어진다. 지역연방은행은 이를 집행하는 역할을 수행한다. 지역연방은행 총재도 주주들이 바로 임명하는 것이 아니라

---

23 해당 지역 은행들이 Fed 회원이 되기 위해서는 자기자본금과 잉여금의 6퍼센트를 지역연방은행에 출자하여 주주가 되어야 한다.

본부인 연준이사회의 승인을 받게 되어 있고, 관행적으로 임명과정에서 연준이사회 의장(총재)의 영향력이 많이 반영된다. 또한 지역연방은행 주주인 민간은행은 법으로 정해진 6퍼센트[24]의 배당을 받는 것 이외에는 지역연방은행의 재산에 대한 어떠한 청구권도 없다. 지역연방은행 주식은 매각할 수도 담보로 제공할 수도 없다. 민간은행은 주주이긴 하지만 주주의 권리가 크게 제약되어 있다. 주주 권한은 Fed 가맹을 위한 회원의 권리 정도이다.

지역연방은행은 주식회사이지만 일반 기업과는 달리 공적인 성격을 갖는 기구인 셈이다. 미국 중앙은행인 Fed도 지배구조가 조금 복잡하지만, 워싱턴의 연준이사회를 본부로 하고 자율권이 강한 12개 지방조직을 갖는 일반적인 중앙은행 형태라고 볼 수 있다. 그리고 월가로 대표되는 민간은행에 대한 입장도 Fed가 정치권이나 행정부보다 엄격하고 규제적이다.

일례로 폴 볼커Paul A. Volcker는 1980년대 Fed 의장으로서 의회 등 정치권의 엄청난 반대에도 불구하고 고금리정책을 장기간 지속하여 물가안정과 금융구조 개혁을 달성했다. 이 과정에서 볼커는 월가의 금융인들로부터 엄청난 욕을 먹었다. 그리고 2008년 금융위기 이후에는 볼커룰이라는 금융개혁 방안을 수립하여 투자은행 등의 고위험 투자를 엄격히 규제하도록 했다. 트럼프 행정부는 선거 때부터 계속 월가를 위한 금융규제 완화를 주장한 반면, 당시 재닛 옐런Janet Yellen Fed 의장은 이

---

[24] 2016년부터 자산규모 100억 달러 이상인 은행은 6퍼센트와 10년 만기 국채수익률 중 낮은 금리를 기준으로 배당금을 산정하도록 되어, 대형은행의 배당률은 2017년 기준 절반 이하로 낮아졌다(FRB, *FRB Combined Financial Statements*, FRB 2015).

에 대해 직간접적으로 반대했다. Fed보다는 오히려 정치권과 행정부가 더 미국 민간은행의 이익을 위해 움직이고 있는 모습이다.

다음으로 미 재무부가 Fed가 발행한 달러를 받아 유통하고 이에 대해 이자를 지급한다는 오해에 대해 살펴보자. 미국도 다른 나라와 같이 중앙은행인 Fed가 미 달러의 지폐를 발행하고, 미국정부는 경제주체의 하나로서 달러를 결제수단으로 사용할 뿐이다. 미국정부도 세금 등을 걷어 정부지출에 충당한다. 조세 등의 수입이 부족하면 국채를 발행하고, 국채에 대해서는 이자를 지급한다. 미국 국채의 보유자는 한국과 중국 등 수많은 외국인과 미국 내의 기업과 개인, 금융기관과 Fed 등 아주 많다. 이들에 대해 모두 이자를 지급한다. 이것은 시장경제 체제를 채택하고 있는 국가는 모두 동일하다. 미국정부는 다른 나라 정부와 같이 국채에 대해서 이자를 지급하고 있지만, 화폐에 대해서는 이자를 지급하지 않는다.

아마 이 오해는 Fed 손익계산서의 한 항목("Interest on Fereral Reserve Note")을 잘못 해석해서 나온 듯하다. 여기서 '인터레스트'Interest는 화폐의 '이자'가 아니고 화폐발행에 대한 '대가'라는 뜻이다. 이 항목은 미국정부가 Fed에게 주는 이자가 아니고, 거꾸로 Fed가 화폐발행권을 준 정부에게 내는 돈이다. Fed는 발권력을 근거로 중앙은행을 운영하고 수익이 나면, 주주에게 정해진 배당을 주고 약간은 내부 적립하고 나머지는 모두 정부에 납입하게 되어 있다. 이익금을 정부에 납부하는 제도는 한국은행을 비롯해 많은 나라의 중앙은행이 채택하고 있다.

Fed가 설립 이후 2016년까지 주주인 민간은행에 배당한 돈은 229억 달러인데, 미국정부에 화폐발행 대가로 낸 돈은 그것의 60배 이상인

1조 3900억 달러이다. 또한 100억 달러 이상의 잉여금은 정부에 납부하게 되어 있어, Fed는 2015년에 화폐발행 대가와 함께 260억 달러를 정부에 추가로 납부했다. 대략 Fed 순이익의 95퍼센트 정도가 미국정부에 납부되고 있다. 경제적으로도 Fed는 주주보다는 국가와 국민을 위해 존재하는 기관임을 알 수 있다.

ECB

ECB는 유럽중앙은행European Central Bank으로 독일·프랑스·네덜란드 등 19개국이 자국의 통화주권을 포기하고 단일통화 발행과 단일 통화정책을 수행하는 공동 중앙은행이다. 유럽중앙은행과 19개 회원국 중앙은행을 합하여 유로시스템Euro System이라 하고, 단일통화인 유로를 사용하는 국가들을 합하여 유로지역Euro Area이라 한다. ECB는 독일 프랑크푸르트에 본부를 두고 1999년 1월 설립되었으며, 단일통화인 유로화 실물은 2002년 1월부터 사용되고 있다.

각 회원국은 자국법에 따라 별도의 중앙은행제도를 유지하고 회원국 중앙은행의 법적 성격은 나라에 따라 주식회사, 공적기구 등으로 다르다. 다만 ECB의 업무와 밀접한 중앙은행의 독립성, 정부에 대한 대출금지, 통화정책 운용방법 등은 유럽통합조약(마스트리흐트 조약)에 따라 통일되어 있다. ECB는 총재와 부총재, 네명의 집행이사, 19개 회원국 중앙은행 총재로 구성되는 정책위원회가 최고 의사결정기구이다.[25] ECB는 직접 조사연구와 정책결정을 위한 실무조직을 운영하고 있다.

정책위원회에서는 정책금리, 중앙은행 대출 등 주요 사항을 결정하고 각 회원국 중앙은행이 이를 집행한다. 각 회원국 중앙은행은 통화정책의 집행 이외에 회원국별로 법에서 부여된 금융감독과 금융안정 기능 등도 수행한다. ECB와 Fed는 회원국 중앙은행과 지역연방은행의 자율성이 크고 본부가 정책결정만 주도한다는 점에서 유사하나 다음의 두가지가 크게 다르다.

첫째, Fed의 설립목적이 최대 고용과 물가안정인데 비해 ECB의 설립목적은 물가안정 하나이다. ECB는 물가안정을 저해하지 않는 범위 내에서만 다른 정책목표를 지원할 수 있다. 이것은 1923년 하이퍼인플레이션의 경험이 강하게 남아 있는 독일 중앙은행제도가 ECB의 모델이 되었기 때문이다.

둘째, ECB와 회원국 중앙은행은 회원국 정부에 대한 대출과 회원국 국채를 직접 인수할 수 없게 되어 있다. 즉 ECB는 Fed나 다른 나라 중앙은행과는 달리 중앙은행의 기본기능 중 하나인 정부의 은행 기능을 거의 수행하지 않는다. ECB의 정부에 대한 대출금지도 독일의 과거 하이퍼인플레이션과 관계가 있다. 일반적으로 하이퍼인플레이션은 정부의 과도한 중앙은행 차입으로부터 발생하기 때문이다.

ECB가 정부은행의 기능을 하지 않는 제도적 제약이 2010년부터 여러차례 불거진 그리스 등 남유럽국가 재정위기의 실질적 원인이기도

---

25 19개국은 크게 경제규모 등에 따라 두 그룹으로 나누어 월별 순번제로 투표권을 행사한다. 독일·프랑스·이탈리아·스페인·네덜란드 5개국은 4개의 투표권을 갖고, 나머지 14개국은 11개 투표권을 갖는다.

하다. 유럽과 미국 등 세계 주요국은 19세기 중반 중앙은행제도가 정착된 이후 재정위기 가능성이 크게 낮아졌다. 정부가 조세수입 등이 부족하면 국채를 발행하고, 국채가 안 팔리면 최악의 경우 중앙은행이 인수하면 되었다. 그런데 유로화 사용국은 중앙은행이 국채를 직접 인수할 수 없기 때문에 특정 국가가 시장에서 국채발행이 어려워지면 바로 국채금리의 급등이나 재정위기 상황에 빠질 수 있게 된다.

2010년 이후 남유럽국가의 재정위기가 이어지고 이의 수습과정에서 많은 혼란과 회원국 간의 갈등이 있었다. 유럽 19개국의 단일통화인 유로화나 이들의 중앙은행인 ECB의 장래에 대해 회의적인 생각을 가진 사람이 생겨나고 있다. 또한 2016년에는 유로화 사용국은 아니지만 영국에서 브렉시트에 대한 국민투표가 통과됨에 따라 유럽연합의 미래가 더 불확실해졌다.

유럽통합은 1952년의 유럽석탄철강공동체ECSC로 시작해 유럽공동체EC, 유럽경제통화동맹EMU, 유럽연합EU의 단계로 조금씩 발전했다. 유럽의 단일통화와 공동 중앙은행도 오랜 논의를 거쳐 1991년 마스트리흐트 조약에 의해 구체적 실행방안이 확정되었다. 당시에는 독일·프랑스 등이 통화주권을 포기하고 공동 중앙은행을 만들 수 있으리라는 것을 믿는 사람이 많지 않았다. 그러나 수많은 쟁점을 대화와 타협을 통해 해결하고, 여러 국가 국민의 지지를 받아 1999년 ECB와 유로를 탄생시켰다.

지금까지 유럽이 이룬 통합은 유럽대륙에서 1·2차 세계대전과 같은 참화를 방지하기 위해 활동가·지식인·정치인들이 장기간 노력한 결과이다. 무력이 아닌 대화로 문제를 해결하고 이를 뒷받침할 수 있는 여러 제도적 장치를 유럽대륙에 구축하는 것을 목표로 했다. 단일통화와 유럽중앙은행도 어렵게 이룬 중요한 결과물의 하나이다.

단일통화의 도입과 ECB의 설립과정에도 많은 타협과 양보가 있었다. 독일 마르크화는 제2차 세계대전 패전국가인 독일 번영의 상징이고 독일 국민의 자존심이었다. 독일이 세계에서 가장 신뢰받는 통화의 하나인 마르크화를 포기하고 단일통화를 채택하기는 쉽지 않은 일이었다. 프랑스 등은 독일에 많은 것을 양보했다. ECB의 소재지를 독일 프랑크푸르트로 하고[26] ECB의 기본골격을 독일 분데스방크로 하고, 단일통화의 명칭도 에퀴ECU[27]에서 유로Euro로 바꾼 것 등이다.

한편 독일도 양보를 하여 ECB가 과도하게 독일화되는 것을 방지하기 위해 ECB의 출범 초기에는 총재를 독일인이 하지 않기로 했다. ECB의 초대 총재는 네덜란드의 빔 다위센베르흐Wim Duisenberg였고, 2대 총재는 프랑스의 장클로드 트리셰였다. 2011년에 임기를 시작하는 제3대 총재는 독일인이 맡을 때가 되었다는 공감대가 형성되었고, 당시 분데스방크 총재이던 악셀 베버Axel Weber가 유력했다.

그러나 2011년경은 그리스 등 남유럽국가의 재정위기가 심각했던 시기였다. 이 국가들의 국채는 중앙은행이 직접 인수할 수 없기 때문에 일단 발행된 국채를 그리스 중앙은행 등이 시장에서 매입하여 국채

---

26 네덜란드·벨기에·프랑스·이탈리아·룩셈부르크 등 유럽연합의 많은 국가가 ECB를 자국 내 유치하려 했다. 영국마저 ECB 본부를 런던에 둔다면 단일통화에 참여할 수 있다는 말을 할 정도였다.

27 에퀴(ECU, European Currency Unit)는 유로 도입 이전 유럽연합 국가들의 각국 통화 간 결제편의를 위한 계산단위로 사용된 명칭이다. 이는 과거 프랑스의 화폐 이름이기도 하여 독일이 거부감을 갖고 있었다.

금리의 과도한 상승을 막고 있었다. ECB 규정상 시장에서의 국채매입은 가능하지만, 이것도 공개시장조작 등을 위해 단기로 사고파는 것을 전제로 한다는 것이 독일 등 규정을 엄격하게 해석하는 나라의 입장이었다. 따라서 그리스 중앙은행과 같이 시장에서 매입 후 장기 보유하는 것은 ECB 규정의 정신에 위배된다는 것이고, 독일 분데스방크 총재인 베버도 같은 생각이었다.

베버 총재는 자신이 ECB 총재로 가면 다른 회원국 총재와 의견 조율이 어렵고 그리스 재정위기도 더 심화시킬 수 있다고 생각하여 총재 자리를 포기했다. ECB 총재는 국가원수급 예우를 받고, 많은 중앙은행 사람들이 원하는 자리인데, ECB의 원활한 운영과 유럽통합을 위해 포기한 것이다. ECB 총재는 마리오 드라기Mario Draghi 이탈리아 중앙은행 총재가 맡아 타협을 통해 그리스 등 남유럽 재정위기를 해결해나가고 있다.

유로와 ECB가 계속 존속할지, 미래에 해체될지 단정하기 쉽지 않다. 2010년 남유럽 재정위기가 불거지면서부터 상당수의 미국과 영국 학자들이 그리스의 유로화 탈퇴 등 단일통화제도의 붕괴를 예상했다. 그러나 2018년 현재까지 남유럽국가의 재정위기는 조금씩 완화되고, ECB는 잘 굴러가고 있다. 시간이 걸리더라도 대화와 타협을 통해 문제를 해결하고 목표를 이룬다는 유럽통합의 정신이 남아 있는 것을 볼 때 ECB의 미래가 어둡지만은 않을 것 같다.

IMF

국제통화기금IMF, International Monetary Fund은 1944년 출범한 브레턴우즈 체제를 관리 유지하기 위한 국제금융기구로 설립되었다. 브레턴우즈 체제의 핵심은 기축통화인 미 달러화가 금의 가치에 고정되고, 다른 나라의 통화는 미 달러화나 금에 고정된 고정환율제였다.

IMF는 고정환율제도의 관리와 감시, 국제수지 불균형 국가에 대한 단기 조정자금 지원이 설립 당시의 역할이었다. 1971년 달러의 금 태환이 정지되고 1973년부터 환율제도는 각국이 선택하고 주요 선진국이 변동환율제를 채택하면서 IMF의 기능도 바뀌었다. 현재는 세계경제와 회원국 경제정책에 대한 조사와 감시, 확대된 금융지원 기능이 주요 업무이다.

IMF는 가입자격에 특별한 제한이 없으며, 안정적인 환율제도 유지와 경상거래에 대한 제한 철폐 등 회원국의 의무사항을 준수할 의사가 있는 나라는 모두 가입이 가능하다. 의무사항에 대한 준수 의사와 함께 가입신청서를 제출한 나라는 이사회 승인과 총회의 결의를 통해 가입이 결정되고, 할당된 쿼터금액[28]을 납입함으로써 정식 회원국이 된다. 2017년 말 IMF 회원국은 189개국이다.

회원국은 경상거래의 대외지급 제한 등의 정도에 따라 IMF 8조국과 14조국 중 선택하여 IMF에 통보한다. 8조국은 경상거래상의 대외지급 제한 및 차별적 통화조치를 시행하지 않고 외국인이 보유하고 있는 자

---

28 쿼터(Quota)는 회원국의 IMF에 대한 출자금으로서 IMF의 대출재원으로 활용되고 투표권과 IMF 신용수혜 한도설정의 기준이 된다.

국통화의 교환성을 보장해야 한다. 14조국은 이러한 조항을 이행할 수 없는 회원국으로 경상거래의 대외지급 제한 등을 잠정적으로 유지할 수 있다. 한국은 1954년 8월 IMF에 가입해 14조국으로 있다가, 1988년 11월 8조국으로 이행했다.

IMF는 본부가 워싱턴에 있으며 최고 의사결정기구인 총회와 이사회, 총재와 부총재 산하의 집행부서 등으로 구성되어 있다. 총재는 관행적으로 유럽국가 국민이 맡아오고 있다. 총회는 회원국이 임명한 위원[29]으로 구성되고, 각 회원국은 배분된 쿼터를 기준으로 투표권을 행사한다. 총회 의결사항은 주로 서면투표로 결정되고, 총투표권의 3분의 2 이상을 보유한 과반수 회원국의 투표참여와 행사된 투표권의 과반수 찬성이 있어야 한다. 총투표권의 15퍼센트 이상을 가진 나라(미국 16.5퍼센트)는 결정된 중요 사항에 단독으로 거부권을 행사할 수 있다. IMF는 미국정부의 의지에 반하는 결정을 할 수 없게 되어 있는 것이다.

IMF의 주요 업무는 현재 위기예방을 위한 감시활동, 회원국에 대한 금융지원 활동, 세계은행World Bank[30] 등과 함께하는 저소득국가에 대한 지원이다.

감시활동은 크게 양자 간 감시활동과 다자간 감시활동으로 나뉜다. 양자 간 감시활동은 개별 회원국의 국제수지 균형과 환율제도의 안정성 측면에서 회원국 정책과 경제상황을 점검하는 것이다. 양자 간 감시

---

29 통상 회원국의 재무장관이 위원, 중앙은행 총재가 대리위원으로 임명된다.
30 세계은행은 국제부흥개발은행(IBRD)과 국제개발협회(IDA) 등으로 구성되어 있고, 개발도상국 생활수준 향상을 위한 개발자금 지원을 목적으로 1945년 설립되었다.

활동은 1년 또는 2년 단위로 이루어지는 정례협의와 회원국의 금융기관과 금융시장의 안정성을 점검하는 금융부문 평가 프로그램이 있다. 금융부문 평가는 2010년부터 세계 금융시스템에 중요한 영향을 주는 25개국에 대해 매 5년 단위로 의무적으로 이루어지고 있다. 한국은 금융부문 중요도 평가에서 191개국 중 19위를 차지하여 금융부문 안정성 평가 의무대상국에 포함되었다.

다자간 감시활동은 국제통화체제의 안정적 운영을 위해 세계 경제 및 금융 상황을 감시하는 여러가지 과정이다. 다자간 감시활동 결과는 일반적으로 1년에 두번씩 『세계 경제전망 보고서』『세계 금융안정 보고서』『재정모니터링 보고서』형태로 발행된다. 이외에 미국·유로지역·중국·일본·영국 등 5대 경제권의 경제활동과 정책대응이 여타국 경제에 미치는 전이효과를 점검해 발표하는 보고서*Spillover Report*가 있다. 또한 관련 기관과 같이 분석하는 조기경보 분석, 금융·경제위기의 충격에 대한 취약성 분석, 회원국의 균형환율 수준에 대한 평가분석 등이 있다. 이 중 취약성 분석과 균형환율 수준 평가분석은 대외발표를 하지 않고 있다.

IMF의 금융지원은 회원국 상황에 따라 다양한 형태로 운용되고 있다. 전통적 대출제도로는 스탠바이 협약SBA과 확대금융제도EFF, Extended Fund Facility가 있다. 그리고 2008년 세계 금융위기 이후 도입된 탄력대출제도FCL와 예방적 유동성 지원제도PLL가 있다. FCL과 PLL은 위기발생 초기에 신속한 자금지원이 이루어질 수 있는 위기예방 대출제도이다. 이외에 긴급 지원금융인 특별대출제도와 저소득국가에 대한 장기 저리자금 지원인 빈곤감축 및 성장지원 기금PRGT 등이 있다.

회원국이 IMF로부터 대출을 받으려면 사전에 경제정책 프로그램을 IMF와 합의하고 이를 준수해야 한다.[31] 대출기간은 정해져 있지만 국제수지 상황이 개선되면 만기 전이라도 상환해야 한다. 대출은 SDR나 미 달러 등으로 이루어지는데 이를 차입국가가 자국통화로 매입하는 방식이다. 따라서 대출상환은 SDR나 여타 교환성 있는 통화로 IMF가 보유하고 있는 차입국의 통화를 다시 사는 방식으로 이루어진다.

IMF의 금융지원 조건은 대상국가와 시기에 따라 크게 변화했다. 1997년 한국 금융위기 시 IMF의 금융지원 조건은 매우 가혹했다. 강력한 통화·재정의 긴축정책과 고금리·고환율 정책, 엄격한 금융기관 및 기업의 구조조정 등은 한국 국민에게 큰 고통을 주었다. 1997년 말 한국의 금리와 환율상승은 충격적이었다. 3년 만기 회사채 유통수익률은 1997년 6월 11퍼센트대에서 12월 23일 31.1퍼센트로 상승했다. 91일물 기업어음 금리는 1997년 6월 12퍼센트 정도에서 1997년 말 41퍼센트까지 상승했다.

살인적인 고금리로 인해 재무구조가 부실한 기업뿐 아니라 정상적인 기업도 수없이 도산했다. 금융 구조조정 등으로 신용경색이 장기화되면서 기업의 어려움도 장기화되었다. 환율은 1997년 중반 900원대에서 12월 24일 최고치인 1965원까지 상승했다. 이러한 환율상승은 수출기업에는 도움이 되었지만 내수기업의 도산, 국내물가의 폭등, 외국인들의 국내기업 헐값 매수기회 제공 등 심각한 부작용이 있었다. 양털

---

31 위기예방 대출제도인 FCL과 PLL은 대출조건이 미리 결정되어 있다. 경제 기초여건과 정책이 건전한 회원국에 대해 위기발생 이전에 수혜자격을 승인해주고 필요시 즉각 자금을 지원할 수 있는 대출이다.

깎기가 있었다면 IMF가 기회를 만들어준 셈이다.

이에 비해 2010~11년 그리스 등 남유럽국가의 재정위기 시 IMF와 유럽연합의 금융지원 조건은 유화적이었다. 소득세와 부가가치세의 소폭 인상, 공무원의 신규채용 중지, 공무원 급여의 동결 및 소폭 삭감, 노령연금과 생계비 지원 등과 같은 복지의 일부 축소가 대부분이었다. 이러한 조건들마저 국민의 저항이 커서 제대로 이행되지 않았다. IMF는 금융지원 조건이 이렇게 자의적으로 운용된 것에 대한 합리화 수단 등으로 2008년 이후 도입된 위기예방 대출은 대출조건과 대출절차를 표준화했다.

IMF의 대출조건이 완화되고 있다고는 하지만 한국이 IMF로부터 다시 대출받는 것은 한국 국민의 정서상 쉽지 않을 것이다. 금융위기 시에도 IMF의 자금지원이 필요없는 국민경제를 만드는 것이 필요하다. 이를 위해서는 일차적으로 외환보유액을 늘리는 것인데 외환보유액 유지에는 비용이 들고[32] 외환보유액이 많아도 심각한 금융위기 시에는 충분한 방어막이 되지 못할 수도 있다. 또한 한 나라의 외환보유액 축적은 다른 나라에 어려움을 줄 수 있다. 한 나라의 외환보유액이 계속 증가한다는 것은 다른 나라의 경상수지 적자나 자본유출이 지속된다는 것을 의미하기 때문이다. 세계경제 전체로는 불균형이 심화되어 바람직하지 못하다. 따라서 IMF 금융지원제도가 세계 여러 국가의

---

[32] 한국은행이 달러 등 외환보유액을 쌓기 위해서 이를 원화로 매입하게 되는데 이 경우 원화가 많이 풀리게 되므로 통화안정증권을 발행하여 환수한다. 통화안정증권 금리가 외환보유액의 조달 금리이고, 외환보유액을 운용해서 통화안정증권 금리보다 수익을 올리지 못하면 비용이 발생하는 것이다.

금융안전망으로 작동할 수 있게 정비해야 한다. 금융지원 조건이 도덕적 해이를 유발하면 안 되겠지만 너무 가혹해서도 안 된다. 무엇보다 나라에 따라 조건이 바뀌어서는 안 되며 공평해야 한다.

마지막으로 IMF는 1990년대 말부터 저소득국가의 빈곤완화에 대한 지원도 시작했다. 외채가 과다한 빈곤국에 대한 외채경감과 빈곤국의 경제개발 등을 위한『빈곤완화 전략 보고서』채택이 대표적이다. 외채경감 전략은 세계은행, 아프리카 개발은행과 공동으로 추진하고 있으며 각국 정부와 국제기구, 민간 금융기관도 참여하고 있다.『빈곤완화 전략 보고서』는 해당국 정부의 주도하에 시민단체 등이 참여하여 작성하는 경제개발과 빈곤완화를 위한 종합전략 보고서이다. IMF와 세계은행은 이 보고서를 근거로 장기 저리자금을 지원한다.

BIS

국제결제은행BIS, Bank for International Settlements은 업무성격상 일반인의 관심을 끌 만한 국제기구가 아니었다. 그러나 한국이 1997년 금융위기 이후 금융 구조조정 과정에서 BIS자기자본비율로 알려진 자본적정성 지표로 은행의 퇴출과 생존을 결정함으로써 많은 사람이 BIS를 알게 되었다. 여기에다 일부 사람들이 BIS를 음모론과 연결시키면서 관심이 더 커졌다. BIS 관련 음모론적 이야기는 유대계 금융기관에 의해 조종되는 Fed가 세계금융을 통제하기 위해 사용하는 조직이 BIS라는 것이다. BIS는 일반인이 생각하는 것처럼 힘있는 조직이 아니고, BIS자기

자본비율 규제도 BIS가 아닌 바젤은행감독위원회BCBS, 이하 바젤위원회에서 제안하는 제도이다.

BIS는 1930년 5월 제1차 세계대전 후 독일의 배상문제를 처리하기 위해 스위스 바젤에 설립된 중앙은행 간 협력기구이다. BIS는 정부 간 협정에 의해 설립된 국제기구이면서 스위스 국내법에 의한 주식회사이다. 다만 스위스 정부는 과세와 재산수용 등을 적용하지 않는 치외법권적 특혜를 주고 있다. BIS는 독일의 전쟁배상 문제를 비정치적으로 해결하기 위해 정부의 개입이 금지되어 있다. 정부의 구성원이 BIS 이사로 취임할 수 없고, 각국 정부는 BIS로부터 대출을 받을 수 없을 뿐 아니라 예금계좌 개설도 금지되어 있다.

BIS는 과거 미국과 유럽국가를 중심으로 운영되어 폐쇄적 성격이었으나 1990년대 중반 이후 신흥시장국에 문호를 개방하고 있다. 한국은행은 1996년에 회원[33]으로 가입했다. 2017년 말 현재 총회원국은 60개국이다.

BIS는 독일의 배상문제가 종결된 이후에는 중앙은행 간 협력, 중앙은행 직원 연수, 조사연구, 중앙은행과 국제금융기구 및 국제 상업은행 등과의 예금·대출 업무, 국제 금융협정의 이행 대리인 역할 등을 수행하고 있다. BIS의 중요 행사는 1년에 6회 정도 개최되는 중앙은행 총재회의이다. 이는 회원국 중앙은행 총재들이 모여 세계 금융경제 동향에 대해 의견을 교환하는 회의로, BIS의 조사연구 부서에서 사전에 시의성 있는 경제분석 자료를 제공해 회의 수준을 높이고 있다.

---

[33] BIS의 가입은 신규 발행되는 주식의 일부를 인수하거나 이미 발행된 주식을 양도받음으로써 가능한데 이는 이사회에서 3분의 2 이상의 찬성을 얻어야 한다.

BIS는 최고 의사결정기구인 총회와 운영을 담당하는 이사회, 일반 업무를 담당하는 집행부서로 구성되어 있다. 총회는 주식회사이기 때문에 1주당 1투표권을 보유한다. BIS 운영의 실질적 권한을 갖는 이사회는 창설 6개국인 벨기에·프랑스·독일·이탈리아·영국·미국의 중앙은행 총재가 여섯명의 당연직 이사이고, 지명직 이사 여섯명, 선출직 이사 일곱명 등 총 열아홉명으로 구성되어 있다. 지명직 이사는 6개국 창설 회원국의 중앙은행 총재가 각각 자국의 경제계를 대표하는 사람 중에서 한명씩 지명한다. 선출직 이사는 2016년 기준 캐나다·중국·일본·멕시코·스웨덴·스위스 중앙은행 총재와 ECB 총재이다. 결국 BIS의 실질적인 운영조직인 이사회는 벨기에·프랑스·독일 등 창설 6개국 중앙은행 총재에 의해 움직이는 셈이다.

미국 중앙은행 Fed는 이사회의 창설 회원국에 포함되지만, BIS의 주식을 보유하지 않고 있다. BIS 설립 당시 미국의회가 Fed의 BIS 가입을 인준하지 않아 J.P.모건 등 민간 상업은행이 BIS 설립헌장에 대신 서명하고 주식대금을 납입했다. J.P.모건은행 등 민간이 보유한 BIS 주식은 2001년 1월 BIS 주식 소유를 중앙은행으로만 제한한 BIS 정관 개정에 따라 회원국 중앙은행에 배분했다.[34] 이러한 이유 등으로 Fed는 BIS 활동에 소극적이었고 1994년 9월 이전에는 이사회 멤버이면서 이사회에도 불참했다. 현재는 이사회나 중앙은행 총재회의 등에는 참여하고 있

---

34 미국 금융기관 이외에 벨기에·프랑스 등의 금융기관도 BIS 주식을 보유했으며, 벨기에·프랑스의 민간 보유주식은 벨기에와 프랑스 중앙은행이 인수했다. 그러나 미국 금융기관이 보유했던 주식은 Fed가 인수하지 않음에 따라 여타 회원국 중앙은행에 배분했다.

으나 유럽국가들에 비해 참여빈도는 떨어진다.

BIS 이사회 의장과 사무총장은 설립 이후 지금까지 거의 대부분 프랑스·영국·벨기에 등 유럽 사람이 하고 있다. 여기에다 흥미있는 일은 BIS 최고위직의 하나인 조사연구 책임자가 한국인으로 2015년부터 재직 중이다. 고위직에 동양인이 가기는 처음인 것이다. 이러한 BIS의 지배구조와 인력구성, 업무 등을 볼 때 BIS의 세계금융에 대한 영향력은 IMF나 Fed 등에 비해 크지 않다. 더욱더 유대계 민간은행이 BIS 의사결정과 업무를 특정한 방향으로 조종하기 위해 개입할 가능성은 없어 보인다.

BIS는 중앙은행 간 국제적 협력조직인데다 정부의 참여가 배제되어 있어 실행력 있는 조치를 하기 어렵다. BIS는 중립적이고 시의성 있는 연구자료를 발표하고, 이를 바탕으로 중앙은행 총재나 직원들이 심도 있는 논의를 함으로써 각국의 통화정책이나 금융정책에 간접적인 영향을 미치고 있다. 그리고 은행의 국제적인 공통 감독기준을 제시하는 바젤위원회는 BIS의 연락 및 업무서비스 등의 실무지원을 받고 있지만, 지배구조상 BIS의 지시를 받는 기관은 아니다.

바젤위원회는 1974년 독일 헤르슈타트은행 도산사건이 발생하고, 국제적으로 공통된 은행 감독기준 마련의 필요성이 제기되자 1974년 말 G10 국가[35] 중앙은행 총재의 결정으로 만들어진 국제조직이다. 바젤위원회는 BIS와 관계없이 설립되었고, 소재지가 BIS와 같고 BIS의 실무적 지원을 받고 있을 뿐이다. 바젤위원회 지배구조는 현재 G20의

---

35 G10 국가는 미국·일본·독일·영국·프랑스·이탈리아·네덜란드·벨기에·캐나다·스웨덴이며 여기에 스위스·룩셈부르크가 포함된 12개국이 바젤위원회 창립 회원국이다.

금융안정위원회FSB, Financial Stability Board의 산하조직 형태로 운영되고, 최고 의사결정기구는 회원국 중앙은행 총재 및 감독기구 수장회의이다. 한국의 경우 2009년부터 한국은행과 감독당국이 회원으로 참여하고 있다.

바젤위원회는 BIS자기자본비율이라고 알려진 자기자본 규제 등 은행의 여러가지 건전성 규제기준을 제시하고 있다. 자기자본 규제는 은행의 자기자본이 대출 등 위험자산의 일정비율 이상을 유지하도록 하는 규제이다. 최초로 제시된 기준인 바젤I은 1988년부터 국제적 영업을 하는 은행에 적용되었다. 자기자본이 위험자산 총액의 8퍼센트 이상을 유지하도록 했다. 두번째 기준인 바젤II는 2004년 6월 확정되어 2007년 1월부터 유럽국가를 중심으로 시행되었다. 바젤II는 차주借主의 신용등급 차이 등을 반영해 대출 등 위험자산의 크기를 다르게 산정하는 방식이다. 2008년 세계 금융위기를 계기로 바젤II를 보완한 바젤III가 2010년 확정되어 2013년부터 단계적으로 시행되고 있다. 바젤III는 바젤II에 비해 자기자본으로 인정되는 범위를 축소하고 경기대응적 자본규제, 유동성 규제 등 거시건전성 규제가 추가된 감독기준이다.

음모론자들은 자기자본 규제도 미국이 일본 등 다른 나라 은행의 팽창을 저지하기 위해 BIS를 통해 도입한 제도라고 주장한다. 바젤I은 미국이 주도했지만 미국을 포함한 회원국에 공통으로 적용되는 기준이었다. 그리고 은행의 과도한 외형확대를 막고 건전성을 유지하는 제도이기 때문에 기본적으로 회원국 국민경제에 도움이 되는 제도이다.

그러나 2007년 시행된 바젤II는 미국의 참여가 오히려 소극적이었다. 독일·프랑스 등 유럽의 주요국들은 바젤II를 조기 도입했지만 미국의 경우 바젤II의 도입 없이 2008년 세계 금융위기를 맞았다. 이에 따라 G20은 바젤III 등 글로벌 금융규제와 감독기준에 대한 국제적 정합성 유지를 위한 제도적 장치를 마련했다. 금융안정위원회 산하의 기준이행 상임위원회가 회원국의 국제적 기준 준수 여부를 점검하고 이행을 독려하고 있다.

BIS는 규제권한 등 제도적 장치를 통해 세계금융에 영향을 미치는 권한을 갖고 있는 기관이 아니다. 그럼에도 음모론자들이 BIS를 자주 언급하는 것은 음모론자를 포함하여 일반인들이 BIS를 잘 모르기 때문인 것 같다. BIS는 자신들이 제도적인 권한이 없다는 것을 잘 알고 있어 이를 보완하기 위해 IMF나 금융안정위원회 등 타 국제기구와의 협력 강화, 자체 조사연구 기능 강화, 시장과 회원국의 신뢰확보 등에 주력하고 있다.

BIS의 신뢰와 관련하여 잘 알려지지 않은 일화가 있다. 에스토니아·리투아니아 등 발트국가가 1940년 소련에 병합되었는데, 당시 보유한 금을 영란은행과 BIS에 분산 예치하고 있었다. 소련이 이 국가들을 병합한 후 금의 소유권을 주장하자, 영란은행은 소련에 주었고 BIS는 거절했다. 1991년 이 국가들의 독립 후 BIS는 금을 돌려주고, 바로 회원국으로 재가입시켰다. 회원국의 입장에서 보면 BIS는 믿고 오래 거래할 만한 기관인 것이다.

국경 너머에서 돈을 버는 금융

금융의 국제화

한 국가의 금융국제화에는 네가지 과정 또는 과제가 있다. 첫째는 자국의 금융산업과 금융시장을 외국의 금융기관과 투자자에게 개방하는 것이다. 둘째는 자국 금융기관의 해외진출이다. 셋째는 자국통화의 국제화 즉 자국 화폐가 해외에서도 통용될 수 있게 하는 것이다. 넷째는 자국 내에 잘 작동되는 국제금융시장을 만드는 것이다. 이 네가지 금융의 국제화가 상호보완하면서 균형 있게 진행되어야 금융의 국제화가 잘된 국가이다. 그리고 금융국제화도 국민경제의 성장과 좋은 일자리 창출에 도움이 된다.

한국은 첫번째 금융국제화인 자국 금융시장 개방은 충분히 진행되었지만 나머지 세가지는 지지부진하다.[36] 1960년대에 한국은 외국 금

---

36 한국의 금융이 국제화가 안 되는 것은 금융인과 정책당국자의 능력부족도 있지만, 일부 지식인과 학자 등이 음모론 등에 의한 패배의식에 젖어 있는 것도 상당부분 작용하

융기관의 국내 유치에 사활을 걸었다. 당시 미국 금융기관의 서울지점 설립은 미군 1개 사단이 한국에 주둔하는 효과가 있다는 말을 공공연히 할 정도였다. 1960년대 말부터 1970년대까지 외국계 금융기관의 한국진출이 빠르게 늘어났다. 1992년 1월 한국 주식시장이 외국인에게 본격적으로 개방되고, 1997년 이후에는 채권시장, 단기금융시장도 완전히 개방되었다. 2017년 말 한국 상장주식의 외국인 투자비중은 32퍼센트, 국채의 외국인 비중은 13퍼센트 정도이다.

자국 금융시장의 개방은 외자유치, 선진 금융기법의 도입 등 긍정적인 면이 있다. 그러나 한국의 주식시장처럼 외국인 투자의 비중이 너무 높으면 국내 주식시장이 국내 경기와 관계없이 국제금융시장 상황에 따라 과도한 등락을 보일 수 있는 문제와 함께 외국인 투자의 유입과 유출이 일시에 몰리는 경우 환율의 급변동 등 외환시장이 크게 불안해질 수 있다. 주식시장의 외국인 투자비중은 2006년 1월 41퍼센트까지 올라간 적이 있었다. 이에 비해 국내 고용효과 등 긍정적인 면이 큰 외국 금융기관의 국내진출은 2010년 이후 불투명한 규제 등으로 위축되고 있다.

두번째 금융국제화의 과제인 국내 금융기관 등의 해외진출은 아주 부진하다. 제조업 분야에서는 삼성전자나 현대자동차와 같은 대기업뿐 아니라 잘 알려지지 않은 중소기업의 경우도 매출과 수익의 대부분을 해외에서 얻는 기업이 아주 많다. 유통·외식·항공·공연 등 서비스업의 해외진출도 늘어나고 있다. 그러나 금융업은 은행·증권·보험업

고 있는 것으로 생각된다.

뿐 아니라 카드·신용평가·소액금융 등 어떤 분야에서도 세계시장에서 의미있는 역할을 하는 금융기관이 없다. 한국의 대형은행이나 금융지주회사의 경우 거의 모두 자산이나 수익의 90퍼센트 이상이 국내시장에 집중되어 있다. 금융기관의 해외진출은 새로운 시장개척과 고용기회 창출, 개별 금융기관의 위험분산과 금융시스템의 안정 등을 위해 꼭 필요한 과제이다.

세번째 금융국제화인 원화의 국제화도 진척이 없기는 마찬가지다. 한국은 1988년 IMF의 8조국으로 이행하면서 수출입 등 경상거래와 관련된 외환규제는 대부분 철폐되었으나 자본거래에 대한 규제는 지속되었다. 1996년 OECD 가입 이후 자본거래에 대한 규제도 점차 완화되었으나 원화의 국제적 통용성은 여전히 제한되었다. 즉 국내에서 외국인이 원화로 대출받거나, 외국에서 원화를 지급수단으로 사용하는 것은 허용되지 않고 있다.

원화의 국제화는 2000년대 초 외국인의 원화차입 신고제 도입 등이 포함된 장기 추진계획[37]이 수립되어 2011년까지 단계적으로 시행할 계획이었다. 그러나 2008년 세계 금융위기로 백지화되었다. 원화가 국제화되면 원화에 대한 투기세력의 공격이 쉬워지고 단기 자본이동이 많아지면서 외환시장이 불안해질 수 있는 위험이 있다. 반면 장점은 아주 많다. 원화의 국제 통용성이 커지면 국민경제의 달러 의존도를 줄일 수 있고, 원화가 개재된 외환거래가 늘어나 외환시장이 크게 발전할 수 있다. 기업이나 금융기관의 해외진출 시 원화로 투자할 수 있어 비용과

---

37 2002년 발표된 '외환시장 중장기 발전방향'에 따르면 2008년까지 외국인의 원화차입 신고제 도입, 2011년까지 원화의 해외사용 허용 등이 계획되어 있었다.

환율변동 위험을 줄일 수 있다. 여기에다 국민들은 해외여행 시 원화를 갖고 나가 해외에서 필요한 만큼 바꾸어 쓸 수 있어 편리해지고 환전비용을 줄일 수 있다.

네번째 금융국제화인 국내에 국제금융시장을 만드는 것은 참여정부 때 동북아 금융허브라는 용어로 잠깐 추진된 바 있으나 지금은 기억하는 사람도 별로 없다. 한 나라 안에 잘 작동되는 국제금융시장을 갖는 것은 앞서 살펴본 바와 같이 많은 장점이 있으나 정책당국의 의지로만 이루어질 수 있는 것이 아니다. 금융제도의 투명성과 신뢰성, 거래비용의 경쟁력, 언어와 생활인프라 등이 갖추어져야 한다. 여기에 외국의 자금 공급자와 수요자가 들어와야 한다. 한국은 단기간에 이러한 기본조건을 갖추는 것이 매우 어려워 보인다.

한국은 남아 있는 금융국제화의 세가지 과제 중 어떤 것부터 추진해야 할까? 원론적으로 보면 원화의 국제화가 시행이 쉽고 파급효과가 크다. 원화의 국제화는 우리 스스로 결정하면 할 수 있는 과제이고, 경상수지 흑자기조 유지와 외환보유액 규모 확대 등 시행을 위한 기본조건은 갖추어졌다고 보인다. 또한 원화의 국제화가 이루어지면 국내 금융기관의 해외진출이 더 용이해지고 국내 외환시장이 더 활성화될 수 있다. 그러나 한국의 정책당국은 원화의 국제화를 추진할 능력과 자신이 없어 보인다. 원화에 대한 투기세력의 공격, 자본의 급격한 유출입 등의 부작용을 최소화하기 위해서는 무엇보다 금리정책과 환율정책의 투명성과 신뢰성이 더 높아져야 한다.[38] 여기에다 투기세력의 공격과

---

38 금리정책과 환율정책이 경제 전체의 여건과 금융시장의 흐름에 맞추어 중립적으로 시행되어야 하나 특정한 목표를 위해 추진되는 경우가 많다. 금리정책은 부동산 경기

같은 문제 발생 시 정책당국의 대응능력도 자신할 수 없다.

다음으로 국내에 국제금융시장을 만드는 것은 많은 시간이 필요한 장기 과제이고 정책당국이나 국내 금융기관의 의지만으로 어려운 면이 있다. 마지막 남은 국내 금융기관의 해외진출도 쉽지 않은 과제이고 정책당국의 지원이 필요하나, 금융기관이 스스로 단계적으로 추진할 수 있다. 또한 국내 금융기관의 해외진출은 저성장과 과잉 가계부채 등 한국경제의 어려움을 극복하고, 금융기관이 계속 성장하면서 위험을 분산할 수 있는 거의 유일한 대안이기도 하다. 국내 금융기관의 해외진출의 의미와 구체적 방안 등에 대해 좀더 살펴보자.

은행의 해외진출

한국의 경우 은행 등 금융기관의 해외진출은 은행의 대형화와 위험관리, 금융시스템 전체의 안정성 유지를 위해 필수적인 과제이다. 미국이나 중국과 같은 대국이 아닌 경우 국내시장만 갖고 은행이 대형화하는 것은 한계가 있다. 크지 않은 나라에서 은행의 해외진출 없이 대형화하는 것은 은행산업이 몇개의 은행에 의해 과점상태가 되는 것을 의미한다. 이 대형은행들이 한개라도 도산하면 금융시스템이 불안해지고 바로 금융위기로 연결될 가능성이 크다. 이렇게 본다면 한국에서 은

부양을 통한 내수 활성화, 환율정책은 수출 증대만을 위해 사용되는 경우가 대표적이다. 이렇게 되면 경제 기초여건과 금리, 환율이 괴리가 생길 수 있고 자산거품 등 경제의 불균형이 발생해 투기세력이 공격하기 쉬워진다.

행을 먼저 대형화시킨 다음 해외진출을 하고 경쟁력을 키우겠다는 메가뱅크론은 국민경제를 매우 위험하게 만드는 정책이다.

개별은행의 입장에서도 해외진출은 국내시장의 한계를 넘어 규모와 경쟁력을 키울 수 있는 기회일 뿐 아니라, 포트폴리오의 분산이라는 위험관리 수단이기도 하다. 한 나라의 경제는 좋을 때도 있고 나쁠 때도 있으며, 때에 따라 심각한 위기상황에 빠질 수도 있다. 1997년 한국의 금융위기, 1990년대 초반 북유럽국가의 금융위기, 2007년 미국의 서브프라임 모기지 사태, 2010~13년 남유럽국가의 재정위기 등이 좋은 예이다. 이러한 위기상황이 닥치면 부동산 등 자산가격이 폭락하고 기업도산 증가나 개인소득 감소에 따라 대출이 부실화된다. 때에 따라서는 가장 안전한 자산인 국채의 가격마저 폭락할 수 있다.

당연히 은행들도 매우 위험해진다. 은행은 어떻게 하면 이러한 상황을 피할 수 있을까? 국내에서 영업을 기업금융과 소매금융 등으로 다각화하고 대출도 산업별 지역별로 분산하면 어느정도 위험을 줄일 수 있다. 그러나 위기가 심각하여 안전자산이라 여겨지던 국채와 주택담보대출마저 부실화되면 국내에서의 위험분산은 효과가 별로 없다. 효과적인 방안은 은행업무의 국제화를 통해 자산과 수익을 여러 국가에 분산시키는 것이다. 이렇게 위험을 국제적으로 분산한 은행은 자국에 위기가 와도 견뎌낼 수 있다.

좋은 사례가 2010년 이후 수차례 재정위기에 시달린 그리스와 스페인의 경우이다. 그리스는 국가부도 사태와 국채가격의 폭락, 마이너스 성장, 고실업과 파업 등으로 한때 자국의 영토를 팔아야 한다는 말이 나올 정도로 상황이 나빴다. 스페인도 주택가격과 국채가격의 폭락, 고

실업 등의 어려움이 오래 계속되었다. 당연히 양국의 많은 은행들이 도산위험에 빠지고 정부는 은행들의 구제를 위해 공적자금을 투입함으로써 재정적자가 더 커졌다. 이 국가들 중 국제화가 잘된 몇개 대형은행은 공적자금 수혈 없이 금융중개 기능을 수행했다.

그리스 최대 상업은행인 국립그리스은행은 터키와 인근 발칸반도 국가 등에 진출하고 있어 이 국가들에서 버는 수익으로 망하지 않고 버틸 수 있었다. 스페인의 산탄데르은행은 2010년경 세계에서 가장 많은 해외점포를 가졌던 스페인 최대 상업은행이다. 산탄데르은행은 스페인 경제의 어려움에도 불구하고 중남미·영국·미국·북유럽국가 등 해외에서 버는 수익과 일부 해외조직의 매각을 통해 위기를 극복할 수 있었다.[39]

한국의 은행들은 1997년 금융위기 이후 인수합병 과정 등을 통해 빠르게 대형화했다. 2017년 KB·신한 등 대형 금융지주회사의 총자산은 500조원에 이르고 있다. 그러나 해외영업 비중은 미미하다. 만약 한국에서 스페인 정도의 위기상황이 닥친다면 한국의 대형은행들은 어떻게 될까? 몇몇 은행은 도산상태에 빠지고 거의 모든 은행의 신용공급 능력은 마비될 것이다.

도산상태에 빠진 대형은행은 부실 상호저축은행과 같이 5000만원 이하 예금만 보상해주고 정리할 수 없다. 많은 거래고객의 피해, 대외 신인도 등의 문제가 엄청나기 때문이다. 자산규모가 500조원에 이르는

---

39 산탄데르은행은 2010년 기준 해외에 1만 4000개의 지점망을 갖고 있었으며, 지역별 수익은 유럽대륙 37퍼센트, 중남미 42퍼센트, 영국 18퍼센트, 미국 3퍼센트로 분산되어 있었다.

금융지주회사를 구제하기 위한 공적자금 규모도 어마어마할 것이다. 몇개 금융지주회사가 얼마나 부실화될지 알 수 없다. 해외진출 없이 대형화해온 한국의 은행산업은 매우 위험한 길을 가고 있는 것이다. 국내시장만 갖고 이루어지는 은행의 대형화는 막아야 한다.

은행의 해외진출은 개별은행의 대형화와 위험관리, 국민경제의 안정 그리고 좋은 일자리 창출 등을 위해 꼭 필요하다. 그러나 은행의 해외진출은 일반 기업의 해외시장 개척, 현지 공장설립보다 훨씬 어렵고 위험하다. 은행은 위험관리 산업인데다 지식산업이고 서비스산업으로 전문화된 인력이 필요하다. 여기에다 이러한 능력을 이미 갖춘 세계적인 은행들과 경쟁해야 한다. 은행의 해외진출은 능력과 열정을 가진 은행 경영층이 있어야 하고, 감독당국의 지원과 협조가 필요한 어려운 과제이다.

먼저 가장 중요한 것은 해외영업의 손실이 본점이나 다른 지역으로 파급되는 것을 최소화할 수 있게 지배구조를 바꾸어야 한다. 한국은 해외 현지법인이 본점인 한국의 은행에 바로 속해 있어 손실이 그대로 파급된다. 해외영업의 비중이 작을 때는 괜찮지만 커지면 심각한 문제가 생길 수 있다. 국제화된 세계적 대형은행은 해외진출 시 몇 단계의 중간지주회사[40]를 거쳐 해외 영업조직이 설치된다. 손실의 전염을 막기 위한 제도적 장치다. 한국은 금융산업에 대한 재벌들의 문어발식 확장

---

40 예를 들어 서울에 있는 금융지주사의 자회사로 해외영업지주(주)를 설치하고, 다시 이의 자회사인 아시아금융지주(주)를 홍콩 등에 설치한 다음 베트남 현지법인을 이곳의 자회사로 하는 것이다. 이렇게 하면 베트남 현지법인에서 대규모 손실이 발생한다 하더라도 몇개 방화벽을 가질 수 있다.

을 막기 위해 「금융지주회사법」에 의거 중간지주회사 설립이 금지되어 있다. 금융지주회사의 해외 영업조직 관리를 위한 중간지주회사만이라도 설립이 가능하게 법이 개정되어야 한다.

다음은 은행이 해외 영업조직의 위험을 효율적으로 관리할 수 있는 능력과 내부통제 시스템을 구축해야 한다. 산탄데르은행은 해외진출 시 영업 등을 최대한 현지화하는 전략을 구사했으나, 위험관리만은 직접 통제했다. 산탄데르은행으로부터 배워야 할 것이 많을 것 같다.

그리고 해외진출은 한국의 은행들이 상대적으로 경쟁력 있는 지역과 영업분야를 중심으로 단계적으로 추진해야 한다. 일례로 동남아시아 지역의 국가에 IT기술과 접목된 소매금융 분야도 경쟁력이 있을 것이다. 감독당국은 한국의 은행들이 진출한 국가와 협조체제를 구축하고 특정 지역에 한국의 은행들이 몰려 과당경쟁이 발생하면 교통정리도 해야 한다.

마지막 단계는 국제금융의 중심지에 진출해 있는 은행들의 영업조직을 활성화하고 선진국의 전문화된 중소형 은행이나 금융그룹의 사업조직을 인수하는 것이다. 현재 국제금융 중심지에 나가 있는 한국계 은행은 한국기업과 교포와의 금융거래, 한국계 공공기관이나 기업이 발행한 해외증권에 대한 투자가 주요 업무이다.

한국계 은행들이 미국과 유럽에서 현지인을 상대로 영업을 하는 것은 쉬운 일이 아니다. 그러나 미국과 유럽에 진출한 동남아국가의 기업이나 국민들과 거래하는 것은 훨씬 용이할 것이다. 해당 동남아국가의 금융기관이 한국계 은행이 진출한 국제금융 중심지에 없다면 더욱 경쟁력이 있다. 이러한 방식의 영업 확대는 동남아국가로의 진출과 연결되어 시너지효과가 커질 수 있다. 그리고 해외 금융기관의 인수는 자산보다는 전문인력과 영업망에 중점을 두어야 한다. 금융산업은 금융 전문인력이 만들어가는 서비스산업이기 때문이다.

이러한 은행의 해외진출은 분명 매우 어려운 과제이다. 한두개 금융지주회사라도 선구자적 의식을 갖고 해외진출을 꾸준히 확대해야 한다. 산탄데르은행은 1857년 스페인 북부의 작은 해안도시인 산탄데르에서 지방은행으로 출발했다. 1985년에는 스페인 6위, 세계 150위 정도의 중견은행으로 성장했고, 2009년에는 기본자본 기준 세계 9위, 해외에 1만 4000개 지점망을 갖은 세계적인 은행이 되었다. 길게 보면 한국의 은행들이 이렇게 성장하는 것도 불가능한 일은 아닌 것 같다. 정책당국은 국내은행의 해외진출을 잘 감시하고 적극 지원해야 한다.

한편 해외진출을 하지 못하는 은행은 국내에서 규모를 키우는 것이 어렵도록 만들어야 한다. 국제화가 거의 안 된 한국의 은행이나 금융그룹은 이미 국민경제에 위협이 될 정도로 덩치가 커져 있기 때문이다. 대형 금융지주회사의 자산규모는 이미 한국의 1년 예산규모보다 훨씬 커졌다. 한두개 금융지주회사라도 부실화되면 재정으로 감당할 수 없을 정도이다. 현재의 금융구조가 유지되는 상태에서 가계부채 문제의 현재화 등 심각한 위기가 온다면 한국경제의 어려움은 1997년 IMF 사태 때보다 훨씬 더 클 것이다.

V

위험관리와 위기관리

공짜 점심은 없다
금융과 위험

위험은 일반적으로 손실이나 불리한 일이 발생할 수 있는 상황을 말한다. 개인이나 기업 등의 모든 경제주체는 경제활동이나 일상생활에서 항상 크고 작은 위험에 부딪히며 살고 있다. 금융기관은 자신의 위험과 함께 업무특성상 각 경제주체들의 위험을 평가하고 이를 대신 부담해주고 있다.

예금과 대출은 일반인이 돈을 직접 빌려줄 때 발생하는 위험을 금융기관이 대신 부담하고 수익을 내는 것이다. 지급보증은 기업이나 개인의 채무 등의 불이행위험을 금융기관이 부담하고 수수료를 받는 것이다. 화재나 해상, 생명보험 등은 보험료를 받고 화재나 사고, 사망 등에 따른 손실의 보상을 보장한다. 연금의 본질도 평균수명보다 과도하게 오래 살 위험을 보장하는 것이다. 신용카드는 외상거래의 위험을 줄여준다. 선물환과 옵션, 스와프 등의 파생상품은 환율·금리·주가·상품가격 등이 변동하는 위험을 회피할 수 있게 해준다.

　이렇게 보면 금융기관은 위험관리 기관이며, 위험의 평가와 관리능력이 금융기관의 경영성과와 생존에 결정적인 영향을 미친다. 금융업의 핵심인 위험의 본질은 무엇일까? 손실이나 불리한 결과가 발생할 가능성이 위험에 영향을 주는 중요한 요소이지만, 위험의 본질은 아니다.

　손실이나 불리한 결과가 발생하더라도 통계자료나 경험, 시장 분위기 등을 통해 손실 가능성 등을 어느정도 예측할 수 있다면 실질적으로는 별로 위험하지 않다. 손실이나 불리한 결과를 미리 피하거나 대비할 수 있기 때문이다. 예를 들어 젊은 사람이나 특정 직업군의 사람이 사고 가능성이 크면 거래를 하지 않거나 보험 등을 가입시키면 된다. 대출 시에도 채무불이행을 할 가능성이 높다고 예상되는 차입자에 대해서는 금리를 높게 받으면 손실을 보전할 수 있다. 화재보험이나 생명보험 등도 비슷한 원리를 적용할 수 있다.

　이렇게 보면 손실이나 불리한 결과의 발생 가능성 자체는 위험의 본질이 아니다. 위험은 손실이나 불리한 결과가 얼마나 어떻게 발생할지 모르는 부분이다. 사람들이 손실 가능성을 예상해서 대비해도 예상하지 못하는 부분이 있고 실제 결과도 예상과 다르게 나오기 쉽다. 손실은 예상되는 부분EL, expected loss과 예상되지 않는 부분UL, unexpected loss으로 나뉠 수 있고, 그중 예상되지 않는 부분이 위험이다. 즉 앞으로 어떻게 될지 예상하기 어려운 불확실성이 위험의 본질이다. 위험관리에서 불확실성과 위험은 일반적으로 같은 의미로 쓰인다.[1]

---

1 불확실성 가운데서도 확률을 통해 객관적으로 측정할 수 있는 경우를 위험으로, 그렇지 못한 경우를 불확실성이라고 구분하기도 한다.

위험의 개념이 단순한 손실 가능성에서 예상되지 않는 손실로 분화·발전하면서 위험관리 기법도 발전했다. 금융은 상상속의 불확실한 일을 생각해내고 실행하는 데서 시작되었다. 고대인들이 어떻게 될지 모르는 미래에 돌려받을 것을 상정하고 무엇을 빌려준 것이 금융의 시작이다. 이는 공동체 의식이나 오랜 관찰을 통한 평가 등 여러 방식으로 불확실성을 신뢰로 바꾸어야 가능한 일이다. 무엇을 빌려주는 것은 위험 즉 불확실성을 받아들이고, 믿음 즉 신용credit을 주는 것이다. 현대 금융에서 대출이나 지급보증 등을 합하여 신용공여라 하는 것도 이와 관계있다. 금융업무의 핵심은 위험을 평가 측정하는 것이고, 금융기능의 시작은 이를 기반으로 신용을 주는 것이다.

금융기관의 위험관리는 금융의 발생과 함께 있어왔지만, 위험관리 기법이 체계적으로 발전한 것은 1980년대 금융의 자유화와 세계화 이후이다. 이때부터 금융위험이 여러가지로 분류되고 개념화되었다. 금융기관이 부담하는 위험은 다양하고 위험을 분류하는 방식도 여러가지가 있다. 여기서는 바젤위원회에서 제시한 기준에 따라 위험을 구분해보고, 주요 위험의 각 개념을 간단히 살펴보았다.

위험의 종류

신용위험·시장위험·금리위험·운영위험·유동성 위험, 이 다섯가지가 금융기관이 부담하는 5대 위험이다. 이외에도 국가위험·전략위험·법률위험·시스템리스크 등 위험의 종류는 많고, 경제의 발전과 환경의 변화에 따라 새로운 속성의 위험이 계속 생겨난다.

첫째, 신용위험credit risk은 거래 상대방이 채무를 이행하지 못하거나 신용상태가 나빠질 수 있는 위험이다. 거래 상대방의 채무불이행뿐 아니라 신용등급 하락과 같은 일이 벌어져도 금융기관은 손실이 발생한다. 투자한 채권이나 대출의 가치가 떨어지기 때문이다. 신용위험과 관련하여 채무자가 처하는 상황은 여러가지다. 차입금의 이자나 원금을 제 날짜에 상환하지 못하는 연체arrears, 발행한 어음이나 수표를 지급기일에 결제하지 못하는 부도dishonor, 차입자의 자산을 처분하여 채무를 정리하는 청산liquidation, 법원이 채무이행 능력이 없다고 결정하는 파산bankruptcy 등이 있다.

이러한 신용사건 중에서 문제 차입자의 채무상환 능력이 없다고 금융기관이 판단하는 디폴트default[2]가 중요하다. 장기연체나 부도, 채무재조정 등 신용사건이 발생하면 대부분 디폴트로 판단하지만, 때에 따라서는 이러한 신용사건이 없어도 실질적인 채무상환 능력이 없다고 보이면 디폴트로 분류된다. 반대로 금융기관이 채무를 상환할 수 있다고 인정하면 장기연체 중이거나 부도가 난 차입자도 디폴트 상태에서 벗어나 워크아웃 등의 회생절차를 가질 기회가 있다.

신용사건과 관련한 손실도 디폴트 확률 등을 추정하여 계산한 예상손실이 있고, 현재의 여건상 예상되지 않는 손실 부분도 있다. 이 중 예상되지 않는 손실이 신용위험이다. 대출 등 신용공여 시 예상되는 손실은 지급이 예정되어 있는 비용 성격이기 때문에 이에 상응하는 대손충

---

2 디폴트는 쓰는 사람에 따라 도산, 부도, 채무불이행 등으로 번역된다. 부도와 채무불이행은 디폴트와 명확히 다른 의미가 있기 때문에 도산이 적절할 듯하다.

그림 6 신용사건의 일반적 전개과정

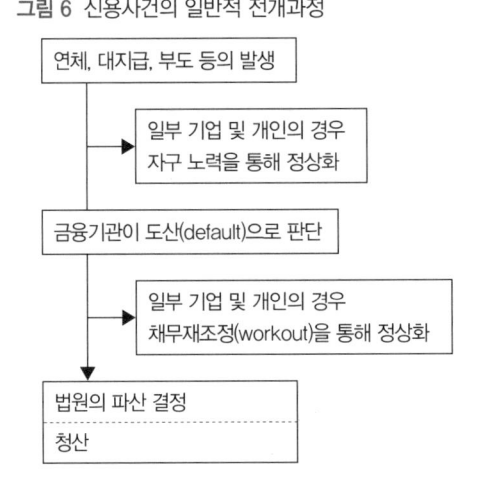

당금을 쌓아놓아야 한다. 그리고 예상손실이 큰 차입자에 대해서는 더 높은 금리를 적용하여 늘어난 비용을 보충해야 한다. 예상되지 않는 손실 즉 신용위험 부분은 자기자본을 충실히 하여 대처한다. 신용위험은 대출 등을 주 업무로 하는 금융기관의 가장 큰 위험이다. 1997년 IMF 사태는 한국의 주요은행들이 대기업 대출의 신용위험 관리에 실패한 것이 가장 큰 이유일 것이다.

둘째, 시장위험market risk은 주가·금리·환율·상품가격 등 시장가격의 변동에 따른 손실 가능성이다. 즉 주가하락에 따른 보유주식 가치의 감소, 금리상승에 따른 투자채권의 가치하락, 환율변동에 따른 외화자산 부채의 증감 등에 따른 위험이다. 주식과 채권, 외화자산, 원유 등의 원자재, 그리고 이와 관련된 파생상품에 대한 투자가 늘어나면서 시장위험은 많은 경제주체에 영향을 미치는 위험이 되었다.

금융기관은 자기 보유자산의 시장위험이 클 뿐 아니라 기업 등이 부담하는 여러가지 시장위험을 인수하고 있어, 시장위험 관리가 중요 업무의 하나가 되었다. 가계도 주식투자, 펀드투자, 자녀 해외유학 등으로 주가나 환율의 변동에 따른 위험을 부담하고 있다. 시장위험은 주가·금리·환율 등 위험 결정요인의 통계자료가 충분해 위험을 계량화하기 쉬워졌으며, 위험의 측정과 관리기법도 일찍부터 발전해왔다.

셋째, 금리위험interest rate risk도 금리변동에 따른 위험이지만 앞의 시장위험과는 성격이 다르다. 시장위험은 채권 등 시장성 투자자산의 손실 가능성이고, 금리위험은 예금과 대출 등 보유자산의 금리변동에 따라 발생할 손실 가능성이다. 개인의 경우 금리위험은 변동금리 조건으로 주택담보대출을 받았을 때 금리가 올라 이자부담이 늘어날 가능성이다. 기업도 변동금리 조건의 대출을 받으면 같은 위험을 부담한다. 대출을 해주는 금융기관은 차입자인 개인과 기업의 반대 입장에서 금리위험을 부담한다.

은행 등 금융기관은 예금 등을 통해 자금을 조달하여 대출 등으로 자금을 운용한다. 자금조달 부분과 자금운용 부분이 만기와 금리조건 등이 같다면 금융기관이 부담하는 금리위험은 없을 수 있으나 현실적으로 불가능하다. 단기예금을 받아 장기로 자금을 운용하거나 변동금리로 자금을 조달해 고정금리로 대출하는 경우가 많다. 이런 경우 금융기관은 부담하는 금리위험이 커져 잘못 관리하면 망할 수 있다. 1980년대 미국에서 저축대부조합 사태라는 금융위기가 있었다. 이때 2700여개의 저축대부조합과 중소형 은행이 도산했다. 단기예금을 받아 고정금리의 장기 주택자금대출을 하면서 발생한 금리위험 때문이다. 1970년대 5퍼센트대를 유지하던 미국의 페더럴펀드 금리가 1980년대 초 19퍼센트까지 상승하여 금융기관들은 고정금리의 장기대출에서 엄청난 손실이 발생했다.

넷째, 운영위험operational risk은 금융기관의 영업과 관련하여 다양한 형태로 나타나는 손실 가능성이다. 내부 직원의 부당업무 처리, 외부인의 사취행위, 사업장의 안전문제, 고객의 불만, 취급상품의 위해성, 자연재해, 전산장애 등과 관련한 손실 가능성이다. 운영위험은 발생형태가 워낙 다양하여 언제 발생할지, 손실규모가 어느정도 될지 예상하기 매우 어렵다. 신용위험이나 시장위험 등은 일부 파생상품의 경우를 제외하고는 손실이 모두 대출이나 투자금액 범위 내로 제한되지만 운영위험의 경우 한 직원의 실수로도 금융기관이나 기업이 망할 수 있다.

1995년 2월 100년의 역사를 가진 세계적인 금융기관인 영국 베어링스은행Barings Bank의 파산이 좋은 예이다. 베어링스의 파산은 외형적으로는 싱가포르에서 근무하던 니컬러스 리슨Nicholas Leeson이라는 직원이 파생상품 거래에서 거액의 손실을 입었기 때문이지만, 실제로는 특정 개인의 투자한도에 제한이 없었고 손실의 장기 은닉이 가능했기 때문에 발생한 일이었다. 즉 직원의 부정과 내부통제 미비라는 대표적인 운영위험 관리의 실패 사례이다.

다섯째, 유동성 위험liquidity risk은 급격한 자금유출과 자금조달의 어려움 등으로 인해 예금 등의 지급에 응할 수 없어 발생하는 손실 가능성이다. 유동성 위험은 개인과 기업의 경우에도 현금부족으로 흑자도산 등이 발생할 수 있으나, 예금을 받아 대출을 하는 금융기관의 태생적 위험이다. 금융기관은 예금과 차입금 등으로 조달된 자금의 전액을 지급준비금으로 보유하지 않는 한 언제든지 유동성 부족이 발생할 수 있다. 금융기관은 어떤 이유로든 예금인출이 일시에 몰릴 수 있고 이때는 예금지급이 매우 어려워진다. 예금은 만기 이전이라도 예금자가 이자만 포기하면 언제든지 인출할 수 있지만, 금융기관은 대출이나 투자자산을 즉시 현금화하는 것이 거의 불가능하기 때문이다.

유동성 위험은 시장이 정상적인 상황일 때는 거의 문제되지 않는다. 그러나 개별 금융기관의 경영상태가 나빠지거나, 시장 전체에 위기조짐이 보이면 감당할 수 없이 커진다. 그리고 유동성 부족은 금융기관 상호거래 등을 통해 금융시스템 전체로 빠르게 확산된다. 위기가 심각해지면 수익이 높고 자본상태가 양호한 금융기관도 자금조달에 어려움을 겪게 된다. 금융기관들은 평상시뿐 아니라 위기상황에도 대비해서 유동성 위험을 관리해야 한다.

이 다섯가지 위험 이외에 다른 위험도 많이 있다. 국가위험country risk은 거래 국가의 채무상환 능력, 정치·경제 상황의 변화, 국가 신용등급의 하락 등과 관련된 손실 가능성이다. 전략위험strategic risk은 경영층의 정책오류, 정치·경제의 환경변화에 대한 대응실패 등에 따른 위험이다. 평판위험reputational risk은 비도덕적 업무수행, 고객과의 분쟁에 따른 평판하락 위험이다. 법률위험legal risk은 고객이나 거래 상대방, 종업원 등과의 법률분쟁에 따른 손실 가능성이다. 결제위험settlement risk은 지급결제 과정에서 거래 상대방의 미결제, 결제시스템의 장애 등으로 손실을 볼 가능성이다. SNS 확산 등으로 인한 사회위험social risk도 있다.

마지막으로 시스템리스크systemic risk는 금융시스템 전체가 흔들리면서 여러 금융기관이 동시에 손실을 볼 수 있는 위험이다. 금융위기는 시스템리스크가 커진 것이라고 볼 수 있다. 시스템리스크는 개별 금융기관 위험을 단순히 합산한 것과는 다르다. 금융시스템을 여러 개별 금융기관이 모인 집합체로 본다면, 개별 금융기관의 위험은 개별기관 손실분포의 꼬리 부분이고, 금융시스템의 위험은 집합체 전체 손실분포의 꼬리 부분이다.

시스템리스크에 대한 관리대응은 일차적으로 정책당국의 몫이지만 개별 금융기관도 이해하고 대비해야 손실을 줄이거나 살아남을 수 있다. 지진이나 대형태풍이 왔을 때 튼튼한 건물은 견딜 수 있고, 좀 부실한 건물이라도 보완조치를 하거나 대피를 하면 피해는 크게 줄일 수 있는 것과 마찬가지다. 금융에서도 유비무환이 중요하다. 한국은 1997년 IMF 사태라 불리는 심각한 금융위기를 겪었고, 많은 금융기관과 기업이 망했으며, 수많은 사람이 고생을 했다. 당시 위기의 원인은 여러가지가 지적되지만 금융기관의 위험관리 실패가 일차적이었다. 위험과 위기에 대한 지식이 좀더 많으면 어려운 상황에서도 살아남을 확률이 커진다.

금융의 시작과 끝

위험의 측정과 관리

금융업의 본질은 위험을 부담하고, 그 대가로 수익을 내는 것이다. 위험을 회피하면서는 수익을 지속적으로 낼 수 없다. 위험을 부담하지 않고 수익을 내려는 금융은 고객을 약탈하는 것일 수 있다. 금융기관이 위험과 수익 간의 균형을 맞추고 계속기업으로 생존하기 위해서는, 부담하는 위험의 크기를 측정할 수 있고 측정결과를 금융기관의 경영에 반영하여 관리할 수 있어야 한다. 먼저 위험의 크기를 결정하는 요인을 살펴보자.

첫째, 위험은 대출이나 투자금액, 지급보증 금액 등의 크기에 영향을 받는다. 이를 위험관리 분야에서는 위험에 노출된 금액 즉 익스포저 exposure 라 한다. 다른 조건이 같다면 익스포저가 클수록 부담하는 위험이 커지는 것은 당연하다. 익스포저에는 순 익스포저, 잠재적 익스포저 등의 개념이 있다.

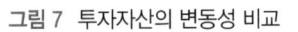
그림 7 투자자산의 변동성 비교

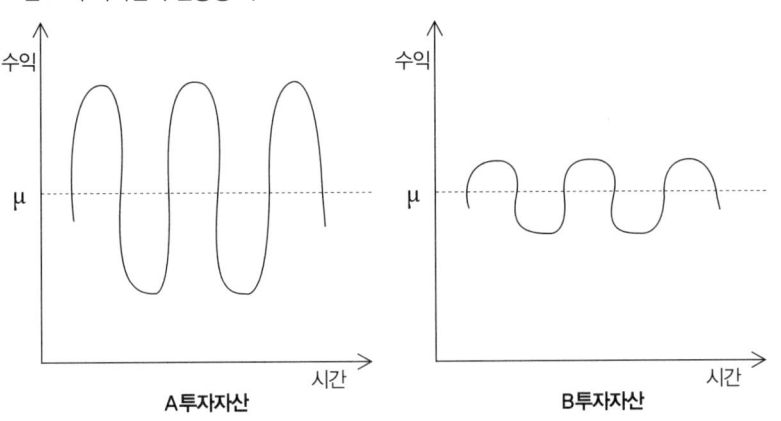

A투자자산   B투자자산

순 익스포저는 대출이나 채권 등이 담보나 보증 등에 의해 손실이 보전되는 부분을 제외한 익스포저이다. 잠재적 익스포저는 대출약정, 당좌대월, 현금서비스 한도 등과 같이 현재는 신용공여가 이루어지지 않았지만 고객이 자금을 인출하면 실제 익스포저로 변하는 부분을 의미한다. 결국 익스포저는 보증 등에 보전되는 부분, 한도대출이 사용되는 부분 등을 포함하여 거래대상이 디폴트 상태에 이르렀을 때, 금융기관이 실제 부담해야 하는 금액이 중요하다. 이를 디폴트 시 익스포저라 한다.

둘째, 위험은 자산가치나 수익의 변동성이 클수록 커진다. 위험의 본질은 불확실성이며 불확실성은 변동성에 영향을 받는다. 자산가치나 수익이 평균선 근처에서 안정적으로 움직이면, 즉 변동성이 낮으면 위험도 적은 것이다. 반대로 자산가치나 수익의 진폭이 크면, 평균값이 비슷하더라도 위험은 더 큰 것이다. 즉 그림 7의 A, B 투자자산의 평균

수익은 같지만 변동성이 큰 A가 훨씬 더 위험한 것이다.

변동성의 크기를 나타내는 대표적 통계치는 표준편차이다. 익스포저에서 디폴트 시 금융기관이 실제 부담하는 익스포저가 중요하듯이, 변동성도 과거의 역사적 통계치보다 투자자산 등의 미래 변동성이 의미가 있다. 미래 변동성 추정은 지수가중이동평균법exponentially weighted moving average model, 옵션가격결정 모형에서 사용되는 내재변동성 추정방법, 시계열모형 변동성 추정방법, 시뮬레이션 변동성 추정방법 등이 사용된다.[3]

셋째는 위험에 노출되어 있는 기간이 길수록 부담하는 위험이 커진다. 같은 투자자산이라도 단기간 보유하는 것보다 장기간 보유하는 것이 더 위험한 것은 당연하다. 1~2일보다 한달 동안 주식이나 채권 등의 가격변동은 더 커질 것이다. 대출 등의 디폴트 가능성도 대출기간이 길면 커질 것이다. 금융기관은 위험의 측정 및 관리를 위해 대상기간을 정하는 것이 실무적으로 중요하다. 투자자산이나 대출의 만기 전체를 대상기간으로 하는 것은 보유자산의 다양한 만기나 만기가 없는 주식 등을 감안할 때 현실적으로 불가능하다. 시장에서 활발히 거래되는 주식이나 채권은 1일이나 3일 정도의 단기로 위험을 측정 관리할 수 있고, 유동성이 떨어지는 증권은 10일 정도, 대출은 훨씬 장기인 1년 정도를 대상기간으로 하는 것이 일반적이다.

네번째로 위험의 크기에 영향을 주는 것은 투자자산 간의 상관관계이다. 금융기관이 한개의 투자자산을 보유하고 있다면 익스포저와 변

---

3 정대영 『신위험관리론』, 한국금융연수원 2005, 22~26면 참조.

동성, 보유기간만으로 위험의 규모를 측정할 수 있다. 그러나 투자자산이 여러개로 구성되면 달라진다. 여러개의 투자나 대출로 분산된 자산은 익스포저와 변동성이 같은 한개의 자산보다 위험이 작아진다. 포트폴리오 효과라 불리는 분산효과가 있기 때문이다.

분산효과는 투자자산 간의 상관관계에 의해 결정된다. 투자자산의 수익과 위험의 상관계수가 '1'이면 경제적으로 동일한 자산으로 분산효과가 없다. 상관계수가 '-1'이면 두 자산 간의 위험과 수익이 정반대로 움직여 위험을 완전히 상쇄할 수 있다. 자산 간의 상관계수는 '1'과 '-1' 사이에 있고 '-1'에 가까울수록 분산효과가 커 포트폴리오 전체의 위험 크기는 줄어들게 된다. 따라서 위험의 회피를 위해서는 상관계수가 '-1'에 가까운 자산에 투자하면 된다. 대표적인 것이 보유 외화자산에 대응한 선물환 등을 거래하는 것이다.

종합해보면 위험의 크기(R)는 다음과 같이 익스포저(E), 변동성(δ), 기간(t), 상관계수(ρ)의 증가함수로 표시할 수 있다.

$$R = f(E \cdot \delta \cdot t \cdot \rho)$$

R은 E, δ, t, ρ의 증가함수

이와 같은 결정요인을 감안하여 위험의 크기를 금액으로 표시할 수 있다면 위험관리가 보다 용이해진다. VaR~~Value at Risk~~ 개념이 이 문제를 해결해주었다. VaR는 정상적인 시장상황에서 주어진 신뢰수준으로 목표기간 동안 발생할 수 있는 최대 손실금액이다. 어떤 투자자산의 VaR가 99퍼센트 신뢰수준에서 목표기간 3일 동안 50억원이라면, 동

투자자산은 지금의 시장상황에서 3일 동안 발생할 수 있는 손실금액이 50억원보다 적을 확률이 99퍼센트라는 것이다. 즉 최대 손실금액이 50억원 이내일 것을 99퍼센트의 확률로 신뢰한다는 것이다. VaR기법은 1994년 10월 투자은행인 J.P.모건은행에 의해 실용화되었고, 1997년 12월부터 바젤위원회에서 시장위험 측정에 적용함으로써 확산되었다.

VaR는 시장위험 측정기법으로 도입되었으나 시간이 지나면서 금리위험, 신용위험 등의 측정에도 적용되고 나아가서는 시스템리스크[4]에까지 활용됨으로써 현재는 위험측정의 일반적 방법론으로 자리 잡게되었다. VaR를 계산하는 방법은 크게 비모수적 방법과 모수적 방법으로 구분된다. 모수적 방법은 손실분포를 정규분포로 가정하여 VaR를 측정하는 것이고, 비모수적 방법은 투자자산 등의 실제 수익분포를 이용해 VaR를 측정한다. VaR 개념의 쉬운 이해를 위해 비모수적인 측정방식의 구체적인 예를 들어보자.

현재가치로 1000억원 주식 투자자산이 있다. 이 자산의 가치는 매일매일 변동한다. 정상적인 시장에서 이 가치변동분의 관측치를 그래프로 그리면 평균치로 볼 수 있는 '0'[5] 근처에 관측빈도가 가장 높고 손실이나 이익이 커질수록 관측치가 적어질 것이다. 통계적으로 유의성이 있을 정도로 충분한 관측치를 갖고 가치변동 금액의 손실이 큰 순서로 보았을 때 1퍼센트에 있는 관측치가 −50억원이라면 이 금액이 신뢰구

---

4 시스템리스크는 국민경제 전체가 흔들리는 것이므로 시스템리스크에 따른 위험의 크기는 GDP의 최대 손실 가능금액으로 측정할 수 있어 'GDP at Risk' 개념을 사용한다.
5 성공적인 투자자산은 평균치가 '0'보다 클 것이며 실패한 투자자산은 '0'보다 작을 것이다. 여기서는 중립적인 투자자산을 상정했다.

그림 8 VaR값의 개념

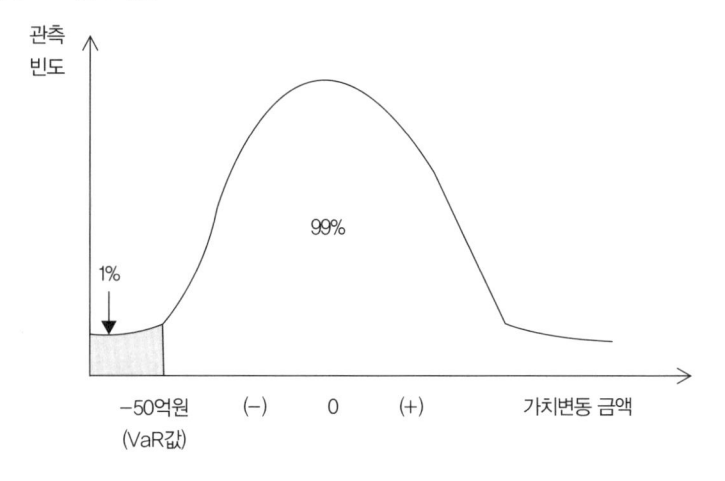

간 99퍼센트의 VaR값이라고 볼 수 있다.

　투자자산의 가치나 가치변동분의 미래분포[6]를 알 수 있으면 VaR값을 구하는 것은 어렵지 않다. 주식·외화자산·채권 등은 시장가격 변수를 충분히 구할 수 있기 때문에 과거자료를 기초로 가치변동분의 미래분포를 추정하기가 상대적으로 쉽다. 이에 비해 대출자산의 가치변동분이나 내부통제 미비 등으로 인한 영업손실의 변동분은 관측치를 구하기 쉽지 않다. 따라서 신용위험, 운영위험 등의 VaR값은 산출하기도 어렵고 신뢰성도 떨어진다. 그럼에도 통계지식과 전산기술의 발달로 위험규모의 측정기법은 계속 발전하고 활용범위도 확대되고 있다.

---

6 VaR 측정을 위한 가치변동분 등의 미래분포 추정방법론으로는 J.P.모건은행에 의해 제시된 분산·공분산 모형, 역사적 시뮬레이션 모형, 몬테카를로 시뮬레이션 모형 등이 있다.

위험측정 결과의 활용

위험관리 기법의 발달로 개별 대출이나 투자자산뿐 아니라 포트폴리오나 사업부문 단위까지 위험측정이 가능해지고 있다. 금융기관 경영도 여러 면에서 위험을 감안한 관리방식으로 바뀌고 있다. 그중 위험을 감안한 성과평가, 위험을 감안한 가격결정, 위험기준 자본관리에 대해 간략히 알아본다.

먼저 위험을 감안한 성과평가의 개념을 이해하기 위한 사례이다. 금융기관 내에 A, B 두명의 자금운용자가 있다. A는 주식투자를 했는데, 주식시장이 좋지 않은 상황에서도 심도 있는 종목분석, 적절한 매매시점 선택 등 많은 노력을 들여 4퍼센트의 수익을 올렸다. B는 안정적인 채권투자를 통해 별로 고생하지 않고 같은 4퍼센트의 수익을 보았다. 누가 더 많은 보상을 받아야 할까? 일반적으로 어려운 상황에서 고생하여 수익을 낸 A가 더 많은 보상을 받아야 할 것이라고 생각할 것이다. 그러나 위험을 감안한 성과평가 기준에서 보면 다르다. A는 더 많은 위험을 부담하고도 위험을 별로 부담하지 않은 B와 같은 수익을 올렸기 때문에 B보다 보상을 적게 받아야 하는 것이다.

위험을 감안한 성과평가에 사용되는 대표적인 지표의 하나는 위험조정자본수익률RAROC, risk adjusted return on capital이다. RAROC는 전통적인 이익(수익-비용)에서 예상손실(EL)을 빼어 위험조정수익을 계산한 다음 이를 위험자본으로 나누어 산출한다.

RAROC = 위험조정수익/위험자본

• 위험자본은 예상되지 않는 손실(UL)의 추정치

위험한 주식에 투자한 A는 B보다 예상손실(EL)이 클 수 있고, 예상되지 않는 손실(UL)은 훨씬 크다. 당연히 RAROC가 훨씬 낮게 되고 성과도 낮게 평가되는 것이다. 즉 A의 투자는 잘못되면 금융기관에 큰 손해를 줄 수 있기 때문에 더 많은 수익을 내야 하는 것이다. 안전한 투자를 한 B와 수익이 같다면 높은 평가를 받을 수 없는 것이다.

둘째, 위험을 감안한 가격결정은 대출금리·수수료·지급보증료 등의 가격결정에 위험요인을 반영하는 것이다. 대출금리의 예를 보자. 전통적인 대출금리 결정은 자금조달 비용에 신용스프레드와 기간스프레드, 목표수익률 등을 가산하는 스프레드방식[7]으로 이루어졌다. 2000년대에 들어 신용위험을 예상손실과 예상되지 않는 손실로 구분 측정할 수 있게 되고, 위험조정 성과평가의 개념이 확산됨에 따라 대출금리 결정도 위험조정 방식이 도입되었다. 위험조정 대출금리 결정방식은 대출의 RAROC를 산정하여 동 수익률이 높은 대상에 우선 대출해주는 것이다. 그리고 대출은 RAROC가 자기자본의 최소 기대수익률hurdle rate[8]을 상회하는 경우에만 실행하는 것을 원칙으로 한다.

---

7 스프레드방식은 자금조달 비용이나 시장의 기준금리에 대출 대상자의 신용상태와 대출기간 등에 따른 비용요인과 목표수익률을 가산하여 금리를 결정한다.

8 허들레이트(hurdle rate)는 주주들이 금융기관 등에 자본참여를 하면서 기대되는 최소수익률이다. 금융기관 경영층은 이 수익률 이상 이익을 내어야 주주의 요구에 부응하는 것이다.

대출의 RAROC＝대출의 위험조정이익/대출의 위험자본(UL)
- 대출의 위험조정이익＝대출수익-자금조달 비용-업무원가-예상 손실(EL)

셋째, 위험을 기준으로 자본을 관리하는 것이다. 자본은 금융기관이 계속기업으로 살아남기 위한 최후의 완충장치다. 금융기관이나 기업의 실질적인 파산은 부채가 자산보다 많아져 자본이 마이너스(-)에 이르는 것 즉 부채초과insolvency 상태가 되는 것이다. 앞에서 설명한 대로 손실 가능성 중 예상되는 부분(EL)은 비용으로 관리하고, 예상되지 않는 부분(UL)은 자본으로 대처한다. 이렇게 보면 위험관리는 금융기관이 자본에 비해 과도한 위험을 부담하여 부채초과 상태에 빠지지 않기 위한 것이다. 결국 위험관리의 핵심은 자본관리인 셈이다.

자본의 개념은 회계자본, 경제자본(위험자본), 규제자본으로 구분할 수 있다. 회계자본은 대차대조표의 자산에서 부채를 차감한 금액으로 전통적 개념의 자본이다. 경제자본(위험자본)은 금융기관이 실제 영업활동 과정에서 발생하는 위험을 보전하기 위한 자본이다.[9] 규제자본은 BIS자기자본비율과 같이 감독당국의 건전성 규제기준에서 요구하는 자본이다. 자본관리는 회계상의 자본이 감독당국이 요구하는 규제자

---

9 경제자본과 위험자본은 유사한 개념으로 금융기관의 예상치 못한 손실이나 자산가치 하락에 대비하기 위한 것이다. 약간의 차이는 경제자본은 금융기관이 영업활동을 위해 보유해야 하는 관점에서 보는 것이고, 위험자본은 영업활동 과정에서 부담하는 위험 측면에서 본 것으로 위험의 계량화·성과평가 등에서 많이 사용한다.

본 수준을 충족하고 금융기관이 부담하고 있는 위험을 충분히 보전할 수 있는 수준을 항상 유지하는 것이다. 위험측정기법의 발달로 금융기관이 부담하는 여러가지 위험을 어느정도 계량화할 수 있게 되어 위험자본을 기준으로 하는 자본관리가 가능해졌다.

금융기관이 부담하는 위험총액이 100억원으로 산출되었다면 회계상 자본은 어느정도 이상을 유지해야 할까? 이는 금융기관의 위험추구 성향에 따라 달라질 수 있지만, 계량화된 위험(자본) 총액은 보수적으로 산정된 회계자본의 2분의 1 수준 이하에서 유지되는 것이 바람직하다. 이유는 첫째, 위험측정기법이 발달되었다고는 하나 아직 측정되지 않는 위험이 존재할 수 있으며, 둘째 측정된 위험의 경우도 일정 신뢰구간 내에서의 측정치이므로 잔여위험을 고려해야 하기 때문이다. 셋째는 대표적인 위험측정방식인 VaR기법은 정상적인 시장을 가정하고 있기 때문에 위기상황에서도 계속기업으로 영업을 하기 위해서이다.

이와 같은 성과평가와 가격결정, 자본관리 이외에도 한도관리, 공시수단, 경영분석 도구 등 금융기관 경영 전반에 걸쳐 위험의 개념이 적용되고 있다. 4부 6장 '금융의 국제화' 부문에서 살펴보았듯이 금융기관의 해외진출 시에도 본부에서 얼마나 위험관리를 잘할 수 있느냐가 성공을 좌우한다. 그런데 한국의 금융기관들이 가장 취약한 부분의 하나가 위험관리인 것 같다.

새로운 해결책을 찾아
위험관리의 한계

VaR 개념에 기초하여 위험을 측정하고 금융기관 경영 전반에 적용하는 현대 위험관리는 금융기관의 수익성과 안정성 제고에 큰 기여를 했다. 그러나 1990년대 말부터 문제점과 한계도 드러났다. 현대의 위험관리는 시장참여자가 독립적으로 행동하고, 시장참여자의 위험선호 성향이 다르며, 시장참여자의 위험선호 성향이 변하지 않는다는 것을 전제로 위험을 계량화한 것이다.

이러한 현대의 위험관리 기법하에서 최적의 투자자산 배분은 높은 수익을 내며, 가능한 낮은 변동성과 낮은 상관관계를 갖도록 포트폴리오를 구성하는 것이다. 즉 위험의 원천은 변동성이고, 위험의 축소는 낮은 상관관계를 갖는 투자자산 간의 분산효과를 통해 달성하는 것이었다. 그러나 이러한 전제와 위험관리 방식이 현실세계에서 잘 적용되지 않을 수 있고, 특히 위기 시에는 전혀 다르게 작동한다.

첫째, 시장참여자는 독립적으로 행동하지 않고 전략적 행동이나 군집행동을 하는 경우가 많다. 즉 다른 시장참여자가 어떤 의사결정을 내리느냐에 따라 자신의 의사결정도 바뀐다. 현실세계는 다트던지기나 룰렛게임이라기보다, 포커나 고스톱게임에 더 가깝다. 다른 사람이 어떤 패를 내느냐에 따라 내가 내는 패가 바뀌고 게임의 결과도 바뀐다. 정보가 불완전한 상황에서 일반 투자자나 소형 기관투자자는 대형 기관투자자나 외국인투자자의 투자패턴을 쫓아가는 것이 덜 위험하고 잘못되었을 때 비판도 적게 받는다.[10] 군중심리나 군집행동이 비합리적인 의사결정이 아닌 것이다.

이렇게 본다면 둘째, 개별 시장참여자의 위험선호 성향이 다르다는 전제도 현실적이지 못하다. 군집행동이 일상적이라면 시장참여자의 위험선호 성향은 비슷한 것이다. 또한 시장참여자들은 VaR와 같은 비슷한 위험관리 기법을 사용하고, 금융정보나 관련 통계도 유사한 것을 사용한다. 따라서 시장참여자들은 동일한 방식으로 산정된 낮은 상관관계와 적은 변동성으로 구성된 포트폴리오를 갖게 된다. 즉 시장참여자들이 보유한 포트폴리오의 위험특성이 거의 비슷해지는 것이다.

셋째, 시장참여자의 위험선호 성향이 시간의 흐름과 관계없이 일정하다는 전제도 비현실적이다. 단기간에는 위험선호 성향이 안정적일 수 있지만 장기로 가면 위험선호 성향이 변한다고 보는 것이 현실적이

---

10 정보력이 열세인 소규모 투자자는 정보가 많은 대형 투자자의 뒤를 쫓는 것이 실패 확률이 적다. 자신만의 확고한 정보가 있는 소규모 투자자도 자신의 결정에 따르는 것보다 대형 투자자와 같은 길을 가면 실패 시 모두 같이 실패하므로 주주나 감독당국 등으로부터의 문책이 적다.

다. 특히 자산시장의 거품붕괴나 금융위기 시에는 단기간에도 위험선호 성향이 급변할 수 있다. 그리스 국채의 예와 같이 얼마 전까지는 수많은 투자자들이 좋아했다가 갑자기 변심을 하는 경우가 꽤 있다.

이렇게 현대 위험관리의 전제가 쉽게 흔들릴 수 있다면 과거의 통계자료에 기초하여 고수익, 낮은 변동성, 작은 상관관계로 구성한 최적의 투자자산도 안전하지 못한 것이다. 1998년 미국의 LTCM 파산사태가 현대 위험관리 기법의 한계를 드러낸 대표적 사건이며, 2002년 한국의 신용카드 사태도 성격이 유사하다. 2008년 세계 금융위기는 현대 위험관리뿐 아니라 감독정책과 통화정책의 한계까지 같이 드러난 사건이라고 볼 수 있다.

LTCM은 1994년 노벨 경제학상 수상자인 로버트 머튼Robert C. Merton과 마이런 숄스Myron S. Scholes, 데이비드 멀린스David W. Mullins Jr. 연준 부의장 등 당대 최고의 전문가 그룹이 만든 헤지펀드이다. LTCM은 과거의 통계자료에 대한 상관관계, 변동성 등의 분석을 통해 위험은 거의 없지만 수익이 조금 낮은 곳에 주로 투자했다. 예를 들어 선물가격과 현물가격이 일시적 불균형으로 이론가격과 크게 차이가 날 때 더 싸진 것을 매입한다. 또 덴마크 국채와 독일 국채는 양국의 채무불이행 확률이 비슷한 반면 덴마크 국채의 경우 유동성이 낮아 가격이 조금 싼데, 두 나라 국채가격이 과거 통계치보다 크게 차이가 나면 싸진 것에 투자한다. 우량 회사채와 국채의 수익률 차이가 과거 기준보다 크게 차이가 나면, 더 가격이 낮아진 것에 투자를 했다.

LTCM은 출범 초기에는 높은 수익을 냈다. 그러나 1997년 동아시아 위기와 1998년 러시아 모라토리엄이 이어지면서 저유동성·저신용 채권의 가격이 과거 경험치를 넘어 예상보다 훨씬 더 떨어지자 차입을 늘려 투자규모를 확대했다. 그러나 시장의 흐름은 반대로 움직여 저신용·저유동성 채권의 가격은 계속 하락했다. LTCM은 결국 급격한 유동성 부족으로 도산위기에 빠졌다. 1998년 9월 14개 채권금융기관이 38억 달러를 출자해 사실상 LTCM을 인수하게 되었다.[11]

2002~03년 한국의 신용카드 사태도 연체율·부실률이 단기간에 급등해 거의 모든 신용카드사가 도산상황에 빠지게 되었다. 2001년까지 한국의 신용카드업은 정부의 신용카드 사용 장려정책과 높은 현금서비스 수수료 수입에 힘입어 그야말로 황금알을 낳는 거위였다. 현금서비스 업무의 순 마진율은 10퍼센트가 넘는 고수익 사업이었다.

처음에는 삼성카드, LG카드 등이 먼저 신용카드 길거리 모집 등 무분별한 사업확장을 주도했다. 나중에는 보수적인 은행계 카드사까지 참여하여 전형적인 군집행동이 이루어졌다. 만약 신용카드의 길거리 모집이 미래에 문제가 되지 않으면, 참여하지 않은 신용카드사의 경영진은 남들이 모두 쉽게 돈을 버는 데서 돈을 벌지 못한 바보가 되는 것이었다. 반대로 참여했을 때 미래에 손실이 발생하면 모두 같이 문제아가 되기 때문에 비판은 견딜 만한 것이라고 생각했다.

그러나 2002년 하반기부터 상황이 빠르게 변했다. 과잉 가계부채 부담과 경기부진 등으로 현금서비스 연체율이 상승하면서 신용카드사와 감독당국이 갑자기 정신을 차리고 위험관리를 강화하기 시작했다. 신용카드 길거리 모집 등으로 한 사람이 여러개의 카드를 갖고 돌려막기

11 LTCM 사태의 보다 자세한 내용은 정대영 『동전에는 옆면도 있다: 정대영의 금융 바로 보기』, 한울 2013, 89~92면 참조.

를 하고 있었는데, 신용카드사들이 위험관리를 강화하면서 돌려막기가 어렵게 된 것이다. 2003년부터 연체율이 급격히 상승하고 일단 연체된 현금서비스는 대부분 부실화되고, 부실화된 현금서비스의 원리금은 회수가 거의 불가능해졌다. 과다부채로 현금서비스 사용자들의 채무상환 능력이 크게 약화된 상황에서 돌려막기의 고리가 끊어지자 황금알을 낳던 신용카드업은 부실덩어리가 되어버렸다.

2003년에 신용카드사의 현금서비스업은 순 손실률이 -10퍼센트를 넘었다. LG카드·삼성카드·국민카드·우리카드·외환카드 등 모든 신용카드사는 부실화되었다. 당시 신용카드사는 군집행동과 상대의 움직임에 따라 자신의 의사결정을 바꾸는 전형적인 행태를 보였다. 2001년에는 시장을 빼앗기지 않기 위해 모든 카드사가 길거리 모집 등 과당경쟁에 같이 뛰어들었으며, 2003년 위험관리 강화 시기에는 가능한 다른 카드사보다 먼저 현금서비스를 줄여 손실을 최소화하려 했다. 불난극장에서 서로 먼저 나오려다 모두 희생자가 되는 모습이다. 이에 따라연체율·손실률 등의 위험요소는 과거 통계치와는 전혀 다르게 움직였다. 즉 연체율 등이 신용카드사의 영업행태에 따라 내생변수화되면서급등했다.

당시 군집행동 없이 일부 신용카드사만 길거리 모집 등을 했다면 외형확대를 한 신용카드사는 큰 손실 없이 이익을 냈을 것이고, 나머지신용카드사는 손쉬운 영업도 못 했다고 비판을 받았을 것이다. 현실에서는 모든 신용카드사가 군집행동을 했고, 같이 도산상태에 빠졌다. 신용카드사들의 군집행동과 다른 신용카드사 영업행태를 고려한 의사결정은 위험환경을 완전히 바꾸어놓은 것이다.[12]

2008년 세계 금융위기는 금융기관의 위험관리 방식과 영업행태뿐 아니라 감독정책과 통화정책의 틀까지 영향을 준 사건이다. 2007년 상반기까지 금융기관의 전반적인 수익성과 건전성은 아주 좋았고, 경제성장과 물가 등 거시경제지표도 양호했다. 이때에도 시장참여자의 과도한 위험추구, 헤지펀드 등의 과다차입에 따른 유동성 위기 가능성, 가계의 과잉부채와 부동산 거품붕괴 가능성 등에 대한 지적은 계속 있었다. 그러나 이러한 경고가 시장참여자들과 정책당국자의 의사결정에는 거의 영향을 미치지 못했다. 사람들은 실제 당해보지 않고는 깨닫기 어렵다는 말이 맞는 듯했다. 2007년 여름 서브프라임 관련 자산에 과다투자한 조그만 헤지펀드의 채무불이행에서 촉발된 위기는 2007년 말부터 빠르게 확산되었다.

금융기관의 상호익스포저를 통해 부실이 확산되고 시장참여자의 위험선호 성향이 급변하여, 거의 모든 금융기관이 위험자산을 기피하면서 위기는 증폭되었다. 2008년 들어 세계 5대 투자은행 중 베어스턴스, 메릴린치, 리먼브라더스가 망하거나 인수 합병되면서 위기는 정점에 다다랐다. 투자은행 이외에 미국의 시티은행과 세계 최대 보험회사인 AIG도 부실화되었다. 영국의 노던록Northern Rock은행과 스코틀랜드의 RBS, 독일의 코메르츠방크와 IKB독일 기업은행 일부 주립은행 등 세계 여러 나라 금융기관들이 부실화되거나 도산했다.

2008년 세계 금융위기로 개별 금융기관의 건전성이 양호해도 금융 시스템 내부에 위험요인이 축적될 수 있고, 이 위험요인이 터져 나오

---

12 정대영『신위험관리론』, 279~83면 참조.

면 기존의 위험관리 방식으로는 금융기관들이 대처하기 어렵다는 것을 확실히 알게 되었다. 강한 지진이 오면 정상적인 상황만을 대비하여 만든 건축물이나 구조물은 겉이 멀쩡해도 무너지는 것과 같다. 이에 따라 위험의 내생성과 시스템리스크, 장기적 시각에서의 동태적 위험관리, 금융시스템 전체의 안정을 의미하는 거시건전성의 중요성 등이 학자들의 연구단계를 넘어 정책당국자와 시장참여자들 사이에서도 일반화되었다. 그리고 이러한 내용은 바젤Ⅲ라고 불리는 은행에 대한 새로운 건전성 규제기준에 상당부분 반영되게 되었다.

위험의 내생성과 거시적 위험관리

현대 위험관리의 한계를 극복하기 위한 새로운 접근법은 위험의 내생성을 인정하고 거시적 시각에서 위험을 관리하는 것이다. 위험의 내생성은 변동성과 상관관계, 수익률 등이 시장참여자들의 행동과 무관하게 외생적으로 주어지는 변수가 아니라 그들의 행동에 따라 변하는 내생변수라는 것이다. 즉 시장참여자들 각자의 행동이 비중이 작더라도 다른 시장참여자들에게 영향을 주어 변동성과 상관관계 등을 변화시킬 수 있다는 것이다. 몇몇 시장참여자의 행동이 군집행동을 유발한다면 시장참여자들의 상호작용에 의해 위험요소의 내생변수화는 더욱 강하고 명확하게 나타난다. 군집행동은 좋지 않은 뉴스와 같은 일상의 충격에 의해서도 나타날 수 있다. 나비의 날갯짓이 태평양 건너 태풍을 일으키는 요인이 될 수 있다는 것과 비슷하다. 위험의 내생성은 2000년

대 초반 경제학자 신현송 등에 의해 체계화되었다.[13]

위험의 내생성으로 인해 자신의 의사결정이 다른 시장참여자의 의사결정에 어떤 영향을 미치고, 이것에 따라 시장 전체가 어떻게 움직일 것인지를 고민하는 위험관리가 필요해진 것이다. 즉 개별 시장참여자도 시스템 전체 리스크를 고려해야 하는 것이다. 각 금융기관들은 현대의 위험관리 기법을 사용하여 각자 낮은 변동성과 잘 분산된 자산구조를 가질 수 있다. 개별 금융기관의 입장에서 보면 위험관리를 잘 한 것이지만 금융시스템 전체로 볼 때는 각 금융기관들의 자산구조가 비슷해 분산효과를 기대할 수 없다. 금융시스템 전체는 유사한 위험특성을 갖는 자산으로만 구성된, 즉 위험관리가 거의 안 된 포트폴리오와 같아진다. 이렇게 되면 금융시스템 전체로 보았을 때 위험의 내생성은 더 강해지는 것이다.

금융시스템이 강건하려면 금융시스템에 속해 있는 금융기관들의 영업행태가 다양해야 한다. 즉 국제금융에 특화된 금융기관, 기업 중심의 금융기관, 소매금융 위주의 금융기관, 서민과 지역 밀착형 금융기관 등 다양한 형태의 금융기관이 공존하고 균형 있게 발전해야 한다. 종의 다양성이 유지되는 생태계가 건강한 것과 마찬가지다.

시스템리스크에 대해 좀더 알아보자. 시스템리스크에 대한 평가와 분석은 두가지 접근시각이 있다. 하나는 충격의 확산과정을 중요시하는 시각이고, 다른 하나는 위험요인의 동태적 축적과정을 중시하는 시각이다.

---

13 Hyun-Song Shin and Jon Danielsson, "Endogenous Risk," London School of Economics 2002.

첫째, 충격의 확산을 중시하는 시각은 상호익스포저, 정보의 불완전성, 금융기관의 취약성 등을 통해 충격이 금융시스템 내에 퍼지면서 증폭되는 것에 주목한다. 상호익스포저는 금융시장과 지급결제 시스템 등에서 나타나는 금융기관 간의 상호거래로서 한 금융기관의 부실이 다른 금융기관으로 전염되는 대표적인 경로이다. 정보의 불완전성은 시장참여자의 정보수집 능력 차이, 경제상황 자체의 가변성, 미래의 예측 불가능성 등에 기인하는 것으로 상호익스포저 없이도 충격이 확산될 수 있는 경로이다. 이렇게 상호익스포저와 별도로 정보를 통해 충격이 확산되는 것을 정보경로라 한다. 정보경로는 자기실현적 위기self-fulling crisis의 원인이 되기도 한다. 금융기관의 취약성은 금융기관의 높은 차입비율, 부분 지급준비금 제도 등과 같은 금융업이 갖고 있는 태생적인 문제로 언제든지 위기의 원천이 될 수 있다는 것이다.

둘째 시각은 충격의 확산과정보다 위험요인의 동태적 축적과정이 시스템리스크의 이해를 위해 더 중요하다는 것이다. 위험요인의 축적은 호황기, 자산가격 상승기 등 경제상황이 좋을 때 이루어진다. 축적된 위험요인은 저금리와 신용확대 등에 의해 장기간 은폐될 수 있다. 그리고 어떤 충격 등에 의해 경제상황이 바뀌면서 축적된 위험요인이 분출되는 것이 시스템리스크의 발생이다. 시스템리스크가 커지면 금융위기가 된다.

이와 같은 시스템리스크의 두번째 시각에서는 충격의 성격과 종류가 중요하다. 경제 전체에 영향을 미치는 공통충격과 세기가 강한 강성충격이 시스템리스크를 유발할 가능성이 크다. 자연현상과 비교해보면 산불이나 우박보다는 강한 지진이나 태풍이 공통충격이고 강성충격이 될 것이다. 경제현상 등 대표적인 공통충격은 경기상황의 급격한 변화이다.

종합해보면 거시적 위험관리는 위험의 내생성에 대한 이해를 기초로 시스템 전체 시각에서의 위험관리와 경기변동 등에 대응한 위험관리가 핵심이다. 중요한 공통충격인 경기와 위험의 관계를 좀더 살펴보자.

경기는 금융과 실물을 포함한 국민경제의 총체적인 움직임이다. 경기는 생산과 소비의 불균형, 통화량의 변화, 인간심리의 변화, 기상변화, 정책기조의 변동 등 수많은 요인에 의해 변동한다. 경기는 저점을 지나 정점까지 경기가 좋아지는 확장국면이 있고, 정점을 지나 저점까지 나빠지는 수축국면이 있다. 정점 주변은 호경기, 저점 주변은 불경기라 한다. 저점에서 다음 저점까지의 기간은 순환주기라 한다. 경기는 2~6년을 순환주기로 하는 단기파동, 10년 정도를 주기로 하는 중기파동, 40~50년을 주기로 하는 장기파동으로 나누기도 한다. 경기와 위험과의 관계는 일반적으로 경기 정점 부근 호경기 때에는 위험이 작고 저점 부근 불경기 때에는 위험이 큰 것으로 생각되었다.

그러나 앞에서 언급했듯이 위험요인은 동태적으로 보면 경기가 좋을 때와 자산가격이 상승할 때 주로 축적된다. 경기의 정점 부근에서는 기업의 수익성이 좋고 자산가격도 높아 신용공급이 확대되기가 쉽다. 이때 이루어진 대출 등의 상환은 경기의 수축기에 이루어지는 경우가 많다. 경기가 좋을 때 실행된 대출이 경기가 나쁠 때 위험요인으로 드러나는 것이다. 반대로 경기의 저점 부근에서는 금융기관의 대출조건이 엄격해져 신용공급이 줄어든다. 따라서 경기가 회복되었을 때의 대출금 상환 부담도 적다. 특히 경기 확장기에 이루어지는 과도한 신

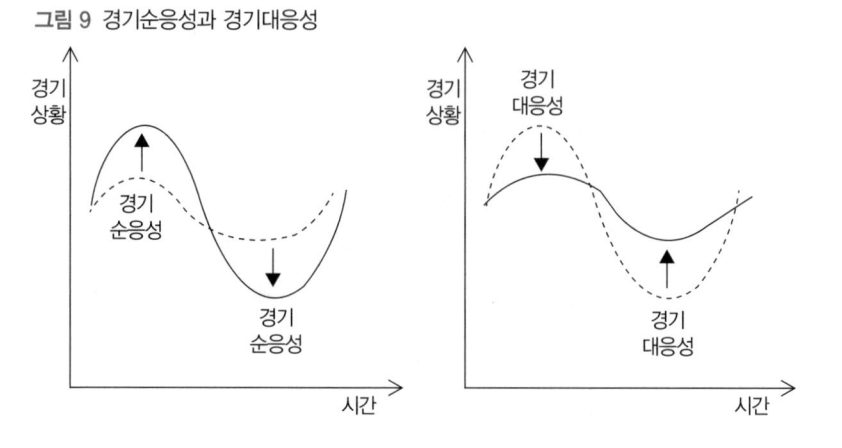

그림 9 경기순응성과 경기대응성

용확대와 경기 수축기의 급격한 신용위축은 경기의 진폭을 키우는 역할을 한다. 이를 금융의 경기순응성procyclicality이라 하고, 반대로 금융이 경기의 진폭을 줄이는 방향으로 작용하는 것을 금융의 경기대응성countercyclicality이라고 한다.

금융의 경기순응성이 강하면 경기의 변동성이 커지고 경제주체들이 부담하는 불확실성 즉 위험이 커지게 된다. 금융이 경기대응적으로 작용하면 경기의 변동성이 줄고 예측 가능성이 높아져 보다 안정적인 경제활동이 가능해진다. 경기진폭이 적고 안정적으로 성장하는 경제가 경기변동이 큰 경제보다 사업하기 좋고 경쟁력이 있다.[14] 경기를 감안한 위험관리는 금융의 경기순응성을 줄이는 것이며, 이는 경기가 좋을

---

14 경제가 3~4퍼센트씩 지속적으로 성장하는 국가와 한 해는 7퍼센트, 다음 해는 1퍼센트 성장과 같이 성장의 진폭이 큰 국가 중 어느 국가에서 사업하기 좋을까? 당연히 안정적으로 성장하는 국가가 투자계획을 세우기 쉽고 투자가 계획대로 이루어질 가능성도 커 사업하기 좋을 것이다.

때는 경기가 나빠질 때를 대비하고 경기가 나쁠 때는 경기가 좋아질 수 있다는 생각을 갖고 대출과 투자 등을 결정하는 것이다. 시장참여자들이 이렇게 의사결정의 시계Time-horizon를 장기화하면 군집행동의 가능성도 조금은 줄일 수 있다.

위험의 내생성, 시스템리스크, 경기대응적 위험관리 등 거시적 시각에서의 위험관리 개념은 2000년대 초반 이론화되기 시작해, 2008년 세계 금융위기를 거치면서 바젤Ⅲ 등 감독정책에 반영되었다. 호경기 때 대손충당금을 더 적립하게 하는 동태적 대손충당금 적립제도, 경기가 나빠질 때를 대비한 경기대응적 완충자본의 추가 적립, 시스템적으로 중요한 금융기관들SIFIs, Systemically Important Financial Institutions에 대한 규제 강화, 금융기관의 과도한 차입 억제를 위한 유동성 규제 등이 대표적이다.

이러한 여러가지 규제와 제도적 장치에도 시스템리스크는 발생하고 금융위기도 계속될 것이다. 시간이 지나면 사람들은 지난 위기를 쉽게 잊어버린다. 여러가지 이유를 만들어 이번에는 지난번 위기 때와 다르다고 생각한다. 특히 위기가 옷을 조금만 바꾸어 입고 오면 가까이 올 때까지 느끼지 못한다. 아마 사람들이 탐욕을 자제하기 어렵기 때문인 것 같다.

또 당해봐야 아는 것인가?

금융위기의 종류와 원인

금융위기는 외환시장이나 은행 등 금융시스템의 어느 부분에서 생긴 문제로 인해 국민경제에 큰 손실이 발생하는 상황을 말한다. 즉 시스템리스크가 크게 나타난 특별한 상황이라고 볼 수 있다. 경제위기는 금융위기보다 포괄적인 개념으로 금융뿐 아니라 다른 부문에서 생긴 문제로 인해 나타나는 국민경제의 어려움까지 포함한다. 많은 경우 경제위기는 금융위기와 같이 발생하지만 일부 아프리카나 서아시아 국가의 경우 자연재해, 전쟁과 정치불안 등으로 금융위기 없이 경제위기만 나타나기도 한다.

먼저 금융위기와 금융불안 등의 개념을 구분해보자. 주가의 급격한 하락, 환율의 큰 폭 상승, 개별 금융기관의 도산 등의 충격이 발생했을 때 금융시스템이 흔들리지 않는다면 시스템리스크가 없는 것이다. 찻잔 속의 태풍으로 끝나는 것이다. 금융시스템이 조금 흔들렸다 하더라도 실물경제에 별 영향을 주지 않고 다시 복원된다면 이는 금융위기라기보다 금융불안financial instability이라는 말로 불린다. 개별시장이나 개별기관의 문제, 금융불안, 금융위기는 사후적으로는 쉽게 구분할 수 있지만 각각의 사태가 진행되고 있을 때 앞으로 어떤 결과가 나올지 미리 알기는 매우 어렵다. 때에 따라서는 개별기관의 문제로 끝날 충격이 정책당국자의 미숙한 대응으로 금융불안이나 금융위기로 번질 수도 있다. 금융위기에 대해 좀더 알아보자.

금융위기는 크게 외환위기와 같은 시장위기, 은행위기와 같은 금융기관 위기, 그리고 인플레이션 위기와 재정위기 등 네가지로 나누어볼 수 있다. 시장위기는 주식이나 채권시장 등에서도 나타날 수 있지만 주로 외환시장에서 발생한다. 금융기관 위기도 증권회사나 보험회사에서 촉발될 수 있지만 역사적으로 은행에서 발생하는 경우가 많았다. 외환위기 등의 시장위기와 은행위기 등의 금융기관 위기가 좁은 의미의 금융위기다. 인플레이션 위기와 재정위기는 금융위기와 성격이 달라 보일 수 있지만, 인플레이션 위기는 금융의 중심축인 화폐와 관련된 위기이고, 재정위기는 대외채무 불이행 등을 통해 외환위기와 은행위기로 쉽게 연결될 수 있어 넓은 의미의 금융위기에 포함된다.

인플레이션 위기와 재정위기

인플레이션 위기는 높은 물가상승이 지속되어 경제 전반에 큰 충격을 주는 상황이다. 일반적으로 물가가 연 20퍼센트 이상 상승하는 것을 인플레이션이라고 부르지만, 연 5퍼센트 정도의 물가상승도 장기간 지속되면 경제에 미치는 해악이 크다. 인플레이션은 불확실성을 높여 투자와 소비 등 경제활동을 위축시키고, 부동산 등 실물투기를 조장시키기도 한다. 또한 채권자의 소득을 채무자에게 강제로 이전시킴으로써 경제가 과도한 채무의존형 경제로 바뀌고 불안정해진다. 인플레이션이 조금 더 심해지면 중산층이 붕괴하고 국가와 사회체제 자체가 위태롭게 된다.

물가상승은 투자와 소비의 과다와 같은 수요요인과 원자재 가격이나 임금의 상승, 환율의 상승 등과 같은 비용요인, 양쪽에서 모두 발생할 수 있다. 그러나 기본적으로 물가상승은 돈의 양이 경제규모에 비해 많아져 돈의 값이 떨어지는 현상이다. 따라서 장기간 지속되는 높은 물가상승, 즉 인플레이션 위기의 원인은 거의 대부분 화폐의 남발과 같이 돈의 양을 잘못 관리한 것이다. 물론 이때의 돈도 앞에서 설명한 총유동성 개념의 돈이다.

재정위기는 과도한 정부부채 등으로 인해 조세수입이나 국채발행 등의 재정수입을 갖고 일상적인 재정지출과 국채의 원리금 상환이 불가능해지는 상황이다. 재정위기는 국채 원리금의 상환정지(모라토리엄), 국채의 만기 및 이자율 재조정 등과 같은 국가부도 사태뿐 아니라 국채금리가 정크본드 수준으로 높아지는 것도 포함된다. 재정위기는 경기후퇴, 실업증가와 물가상승, 주가와 통화가치 하락, 소득분배 구조 악화 등 국민경제에 많은 어려움을 가져온다. 재정위기까지는 아니더라도 정부부채가 크게 증가하면 인플레이션 기대심리 상승과 국가 신인도 하락 등을 통해 시장금리 상승과 투자위축 등을 초래한다.

재정위기는 과다한 정부부채와 재정적자 누적 등 재정건전성 악화가 일차적 원인이다. 이외에도 경제 기초여건과 금융시장 상황의 악화, 내외국인과 같은 정부부채의 보유주체 문제, 발행 국채 만기의 단기화, 조세행정의 비효율성 등에도 영향을 받는다. 또한 재정위기는 다른 위기의 직접적인 원인이 되기도 한다. 외화로 표시되어 있는 정부부채가 많은 경우 외채상환 불능으로 인한 외환위기로 연결된다. 재정위기로 국채가격이 폭락하면 국채를 다량 보유하고 있는 금융기관의 부실화로 은행위기가 올 수 있다. 무엇보다 과다한 정부부채와 부족한 조세수입을 중앙은행으로부터의 차입으로 해결하려 하면 돈의 양이 많아져 인플레이션 위기가 온다.

물가가 오르면 물가가 오르는 만큼 정부부채의 실질가치는 하락하여 정부의 채무부담이 줄어든다. 정부부채가 감당할 수 없을 정도로 커졌을 때 해결하는 방안은 두가지가 있는 셈이다. 하나는 국가부도를 통해 정부부채를 탕감받거나 상환을 유예하는 것이다. 또다른 하나는 인플레이션을 유발해 정부부채의 실질가치를 줄이는 것이다. 국가부도 방식은 정부에 대출을 해주거나 국채를 보유한 기관이 바로 피해를 보게 된다. 이들의 반발이 클 뿐 아니라 국민적 관심사가 되기 때문에 정치적으로 쉽지 않다. 반면 인플레이션을 유발하는 방식은 피해자들이 손실을 실감하는 데 시간이 걸리고 일부 이익을 보는 사람도 있어 정치인들이 선택하기 쉽다. 인플레이션을 통해 정부부채를 해결하는 것은 역사가 오래되었고 사례가 아주 많으며 일부 개발도상국은 지금도 진행 중이다.

역사에 남아 있는 가장 오래된 사례는 기원전 4세기 그리스 시라쿠사에서 찾을 수 있다. 시라쿠사의 왕 디오니시우스는 유통되는 모든 주화를 강제로 회수한 뒤, 당시 화폐단위인 1드라크마당 2드라크마를 찍어내 차익으로 왕의 부채를 상환했다. 조선시대 대원군 때에는 당오전, 당백전을 찍어내 경복궁 재건축에 들어가는 비용을 충당했다. 유통주화를 몰수하지 않았을 뿐 디오니시우스의 사례와 비슷했다. 돈의 양은 늘어나고 당연히 물가도 크게 올랐다. 이렇게 인플레이션 위기는 많은 경우 재정위기가 옷을 바꾸어 입고 나타난 것이다.

인플레이션을 유발하는 방법은 금·은본위제도 시대에는 귀금속의 함량을 감축하는 방식이 주로 사용되었고, 관리통화제도 시대에는 지폐 등 화폐의 남발이었다. 인플레이션 위기와 재정위기는 1950년대까지는 선·후진국을 막론하고 아주 많았다. 선진국의 경우 1960년대 이후 인플레이션 위기와 재정위기는 거의 사라졌지만 개발도상국은 최근까지 계속되고 있다. 아르헨티나·브라질 등은 1990년대 초까지 최대 연간 3000퍼센트를 넘는 하이퍼인플레이션과 재정위기·외환위기 등을 같이 겪었다. 2010년 이후에는 짐바브웨·앙골라 등의 아프리카 국가와 베네수엘라 등이 심각한 인플레이션을 겪었다.

금융위기를 기준으로 보면 인플레이션 위기와 재정위기가 일어나지 않는 나라가 선진국일지 모른다. 2010~12년 그리스·스페인·포르투갈 등 남유럽국가의 재정위기는 앞서 설명했듯이 발생원인이나 성격이 조금 특별하다. 이 국가들의 재정건전성이 나쁘기도 하지만 유럽중앙은행 제도의 문제, 경제 기초여건의 취약, 정책의 신뢰성 부족 등이 더 많이 작용한 듯하다. 선진국이나 선진국 근처에 있는 국가도 재정건전성이 나빠지고 정책의 신뢰를 잃는다면 재정위기가 발생할 수 있다는 것을 보여준 사건이다. 이 국가들이 국채발행이 어려울 때 중앙은행 차입으로 재정부족을 보전한다면 인플레이션 위기도 발생할 수 있다.

한국의 인플레이션 위기와 재정위기 가능성은 어떤가? 물가안정 기조가 유지되고 있고, 재정건전성도 상대적으로 양호하여 당장 인플레이션 위기와 재정위기가 발생할 가능성은 거의 없어 보인다. 그러나 고령화가 빠른 속도로 진행되고, 복지수요는 늘어나는데 경제성장세가 둔화되어 조세수입이 증가하기 어렵다. 공무원연금·군인연금·사학연금 등 특수직 연금의 재정부담이 빠르게 늘어나고, 장기적으로 국민연금도 재원부족으로 재정부담의 요인이 될 것이다.

한국의 재정건전성은 조세기반 확충을 위한 제대로 된 세제개혁이 없다면 시간이 지나면서 조금씩 악화될 것이다. 여기에다 한국은 남북분단의 지정학적 위험이 있고, 중앙은행의 중립성에 대한 사회의 인식이 부족하다. 미래에 재정건전성이 어느 수준을 넘어 크게 악화되고 국가의 신뢰도가 빠르게 떨어지면 정부부채를 중앙은행 차입에 의존할 가능성이 있다. 이렇게 되면 한국도 앞으로의 일이 되겠지만 1990년대의 남미국가와 같이 재정위기와 인플레이션 위기가 같이 오는 상황에 처할지도 모른다.

은행위기

은행위기는 은행 등 금융기관이 부실화나 유동성 부족으로 자금중개 기능이나 시장조성 기능을 정상적으로 수행하지 못하면서 나타나는 위기다. 은행위기는 신용경색과 시장금리 급등을 초래하고 나아가 기업의 연쇄 도산, 주가 폭락, 저성장과 실업증가 등 경제 전체의 큰 어려움으로 이어진다. 은행위기는 은행 등 금융기관이 생겨난 이후 수시로 발생하여 세계 여러 나라에서 사례가 아주 많다. 특히 은행위기는 선·후진국을 가리지 않고 은행산업의 발달 정도나 은행의 크기·숫자에 관계없이 나타났다.

1800년대 이후부터 1910년대까지 미국·영국에서는 거의 10년 단위로 크고 작은 은행위기가 발생했다. 프랑스·독일 등도 10~20년 단위로 은행위기를 겪었다. 1929년 대공황은 세계의 많은 국가가 공통으로 은행위기를 겪은 사건이다. 미국은 1929년 대공황 시 수천개의 은행이 도산하는 은행위기를 겪었고, 1980년대 초반에는 저축대부조합 사태라는 은행위기를 맞았다. 2008년 세계 금융위기도 기본적으로는 2007년 미국의 서브프라임 모기지 사태로 촉발된 은행위기가 세계 전역으로 확산된 것이다. 미국과 달리 복지와 분배 중심의 경제정책을 펴온 스웨덴·노르웨이·핀란드·덴마크 등 북유럽국가도 1989년부터 1994년까지 심각한 은행위기를 겪었다.[15]

일본은 1990년대 초 부동산과 주식시장의 버블붕괴 이후 은행이 부실화되었으나, 정부의 자금수혈 등을 통해 급격한 구조조정을 피해나갔다. 이에 따라 은행위기의 부정적 효과가 바로 나타나지 않고 장기화되면서 1990년대 중반 이후 일본 장기불황의 원인 중 하나가 되었다.

---

15 스웨덴·노르웨이 등 북유럽국가의 은행위기는 거의 모두 주택 등 부동산 부문에 대한 대출확대 등으로 부동산가격 상승이 지속된 다음 갑작스러운 경기침체로 부동산 거품이 붕괴되면서 나타났다.

아르헨티나·멕시코·브라질 등 중남미국가, 태국·인도네시아·필리핀 등 동남아국가, 동유럽국가, 아프리카 등 여러 개발도상국에서의 은행위기는 최근까지 사례를 들기 어려울 정도로 많이 발생했다.

한국도 1997년 IMF 사태라는 외환위기와 은행위기가 결합된 금융위기를 겪었다. 종금사의 외화유동성 관리실패가 외환위기를 촉발하고, 대기업 과잉투자에 대한 은행의 위험관리 실패가 은행위기의 주요 원인이 되었다. 1997년 이전 한국의 은행산업을 주도하던 조흥은행·상업은행·제일은행·한일은행·서울은행·외환은행 등 6대 시중은행은 1998년 이후 금융 구조조정 과정에서 모두 사라졌다.

은행위기는 선·후진국 구분 없이 앞으로도 계속 발생할 수 있고 한국도 발생 가능성이 높다. 은행위기는 개별은행의 도산으로부터 시작하는 경우가 많다. 개별은행이 도산하는 이유는 거의 대부분, 어떤 종류의 위험이건 위험관리 실패에 기인한다. 개별은행의 도산이 항상 은행위기로 이어지는 것은 아니다. 개별은행 도산이 해당 은행의 문제로 끝나고 금융시스템 전체의 불안으로 이어지지 않으면, 시스템리스크가 없는 것이고 은행위기도 아니다. 이는 자본주의경제에서 항상 일어나는 시장의 선택과정이 정상적으로 작동하는 것이다. 그리고 시스템리스크로 번지지 않는 범위에서 가끔은 은행들이 도산을 해야 오히려 시장규율이 잘 작동하고 정책당국자도 위기대응 능력이 배양된다.

그러면 어떠한 상황일 때 개별은행의 도산이 은행위기로 이어지기 쉬울까? 첫째는 은행들의 영업행태가 유사하여, 동일한 위험요인에 의해 여러 은행이 동시에 문제가 생기면 은행위기의 가능성이 커진다. 은행들이 공통적으로 부동산에 대한 대출이 많다든지, 특정 산업이나 기업, 지역 등에 대출과 투자가 집중되는 경우이다. 이는 금융시스템 전체로 보면 분산효과가 없어 시스템리스크의 발생 가능성이 큰 것이다.

둘째는 은행산업의 집중도 심화와 은행의 대형화가 은행위기 발생 가능성을 높인다. 은행산업이 몇개의 대형은행 중심으로 구성되어 있으면 대형은행의 도산이 바로 시스템리스크로 이어진다. 대형은행은 잘못되면 정부가 구제해주겠지 하는 대마불사too big to fail의 도덕적 해이에 빠져 과다한 위험을 추구하기 쉽다. 또한 대형은행의 경우 문제가 생겼을 때 로비나 사회적 파장 등으로 인해 정책당국은 즉시 해결하기보다는 뒤로 미루기 쉽다. 더이상 숨기기 어려워 문제가 터질 때에는 위기로 이어질 가능성이 크다.

셋째는 예금보호제도, 비상유동성 지원제도와 같은 금융안전망 미비나 부적절한 금융감독 등 제도적·정책적 요인도 개별은행의 도산으로 끝낼 일을 은행위기로 증폭시킬 수 있다. 한국의 1997년 IMF 금융위기, 2002~03년의 신용카드 사태, 2011~13년의 상호저축은행 사태 등도 사태 초기의 부적절한 대응이 문제를 키웠다. 특히 1997년 위기는 이전에 은행 등 대형 금융기관이 도산과 같은 위기사례가 없어 제도 미비와 경험부족 등에 따른 부작용이 심했다. 만약 1997년 위기 시 종금사의 외화유동성 부족을 빨리 드러내어 은행으로 확산되는 것을 막았다면 은행위기는 최소화할 수 있었을 것이다.

한국의 은행들은 주택담보대출 등 영업행태가 거의 비슷하고, 자산구조와 수익구조도 차이를 찾기 어렵다. 은행별 영업과 서비스의 차이가 없어 거래은행을 집이나 사무실에서 가까운 곳을 선택한다. 금융시스템에서의 분산효과가 없는 것이다. 1997년 IMF 사태 시 조흥은행·

상업은행·제일은행·한일은행·서울은행 등이 한꺼번에 부실화되고 위기가 커진 것은 이 은행들이 모두 대기업 대출 중심의 동일한 자산구조를 갖고 있었기 때문이다. 대기업 대출 비중이 적었던 신한은행과 기업은행 등은 충격이 적었고, 가계대출 중심인 국민은행과 주택은행은 타격이 거의 없었다.

또한 한국의 은행산업은 몇몇 대형 금융지주회사에 의한 과점상태로 집중도가 높다. 정책당국의 위기관리 능력이나 신뢰도도 뛰어나 보이지 않는다. 한국은 나쁜 충격이 은행위기로 이어질 가능성이 높은 금융구조를 갖고 있는 셈이다.

한국은 은행의 수가 더 많아져야 한다. 은행의 영업행태와 규모, 수익구조도 더 다양해져야 한다. 대형은행, 중소형 은행이 공존해야 하고 국제금융, 대기업 금융, 소상공인 금융, 공동체 금융 등에 특화된 은행들이 있어야 한다. 이렇게 되어야 금융시스템이 더 튼튼해지고 은행위기가 왔을 때 정상으로 돌아갈 수 있는 복원력이 강해진다. 그리고 금융분야에서의 고용이 늘고 국민에 대한 금융서비스도 좋아진다. 금융관료와 금융기관 경영진을 위한 금융이 국민을 위한 금융으로 바뀌는 것이다.

외환위기

외환위기는 대규모 자본유출, 경상수지 적자 누적 등으로 외환시장에서 외환부족이 발생하면서 환율폭등이나 고정환율제도의 붕괴로 나타난다. 이어 외환보유액 고갈과 대외채무 지급불능 상태인 외채위기로 연결된다. 외환위기는 주가 폭락, 채권금리 폭등, 금융기관 부실화 등과 함께 소비와 투자의 급격한 위축, 실업증가 등 실물경제에도 심각한 타격을 준다. 외환위기는 독자적으로 발생하기도 하지만 다른 위기와 같이 발생하는 경우가 많다. 기축통화국이나 자급자족형 국가가 아닌 한 인플레이션 위기나 재정위기, 은행위기 등이 발생하면 외환위기도 같이 발생하기 쉽다.

외환위기의 발생원인은 그간의 위기유형에 따라 몇가지 모형과 이론이 제시되어 있다. 첫째 모형은 1970년대 중남미국가의 외환위기를 연구대상으로 하여 체계화한 것으로 환율수준과 경제 기초여건 간의 괴리를 외환위기의 주요 원인으로 보았다. 환율이 고정되어 있거나 관리되는 상태에서 경상수지 적자와 재정적자가 누적되고 물가가 상승하면 외환위기가 발생한다는 것이다. 개발도상국의 외환위기 발생행태를 설명하는 대표적인 모형이다.

둘째 모형은 1992년의 유럽 외환위기를 사례로 하여 이론화되었다. 물가와 재정, 경상수지 등 경제 기초여건에 큰 문제가 없더라도 현 환율수준 유지를 위해 고금리와 고실업 등의 사회적 비용이 크다면 외환위기가 발생할 수 있다는 것이다. 투기세력은 현재의 환율수준 유지를 위한 비용부담이 지속될 수 없다고 보고 외환시장을 공격하게 된다. 경제 기초여건보다는 투기세력의 공격과 시장참여자의 자기실현적 기대, 여기에 정책당국의 부적절한 대응 등이 외환위기의 중요한 원인이 된다는 이론이다. 그리고 금융시장의 변동성이 실물부문보다 훨씬 큰 것도 투기세력의 급작스러운 기대의 변화 즉 갑자기 정신 차리기나 쏠

림현상에 기인하는 것이라고 본다.

셋째 모형은 1997년 태국·인도네시아·한국 등 동아시아 금융위기를 설명하기 위해 나온 이론이다. 당시 이 국가들은 재정건전성, 성장과 실업 등이 양호해 경제 기초여건이 나쁘지 않았다. 그러나 해외 투자자들이 돈을 빌려준 이 국가들의 기업과 금융기관의 재무건전성 즉 채무상환 능력을 의심하고 자금을 급격히 회수하면서 외환위기가 발생했다. 차입주체인 기업과 금융기관의 취약한 재무건전성이 외환위기의 원인이 된 것이다. 이렇게 되면 외환위기와 은행위기가 같이 발생할 수 있다. 이 국가들의 많은 대기업들은 정부의 지원과 보호로 차입에 의한 과다투자를 했고, 금융기관들은 위험관리의 개념 없이 돈을 빌려주었다. 여기에다 외환보유액도 충분하지 못했고 정책당국자들의 위기관리에 대한 대응능력이 취약했다.

외환위기의 발생원인은 위기에 따라 경제 기초여건의 악화, 투기세력의 공격, 기업과 금융기관의 취약성 등으로 변해왔다. 2008년 세계 금융위기는 외환위기의 또다른 모습과 원인을 보여주었다. 2008년 위기는 미국·유럽 등의 경우 심각한 신용경색이 나타나는 은행위기 형태였고, 한국과 동남아·중남미·동유럽국가 등 주변국가들은 외화유동성 부족으로 외환위기에 가까웠다.

한국을 포함한 주변국가들은 거시경제 상황이 양호하고 금융기관들이 건전함에도 선진국의 금융기관 부실화와 신용경색에 따라 해외자금이 빠져나가고 신규 차입이 어려워졌다. 주변국가들은 심각한 외화유동성 부족과 환율급등을 겪게 되었다. 주변국의 어려움은 금융의 개방도가 높을수록, 경제 기초여건이 나쁘고 정책의 신뢰도가 떨어질수록 크게 나타났다.

반대로 선진국들은 아이슬란드를 제외하고는 은행위기를 겪으면서도 외환위기 상황에는 빠지지 않았다. 미국은 기축통화국이라 외환위기와는 거리가 멀었고, 아일랜드는 준기축통화인 유로를 사용하고 있어 외환위기를 면했다. 영국은 기축통화국인 미국과의 통화스와프를 통해 달러유동성을 확보할 수 있어 외환위기를 피할 수 있었다. 미 연준은 2007년 12월 12일 유럽중앙은행과 스위스 중앙은행, 2008년 9월 18일 영국·캐나다·일본 중앙은행, 2008년 9월 24일 오스트레일리아·덴마크·노르웨이·스웨덴 중앙은행, 2008년 10월 28일 뉴질랜드 중앙은행, 2008년 10월 29에는 한국·브라질·멕시코·싱가포르 중앙은행과 통화스와프를 체결했다.

한국은 2008년 세계 금융위기 시 2600억 달러가 넘는 외환보유액이 있었지만 환율이 50퍼센트 정도 폭등하는 등 준외환위기 상황에 빠졌다. 한국도 세계적인 달러유동성 부족의 충격을 피해 갈 수 없었다. 한국은행과 미 연준의 통화스와프가 없었다면 한국의 외환시장 불안은 쉽게 해소되지 않았을 것이다. 2008년 세계 금융위기를 겪으면서 외환위기에 대한 가장 강력한 방어수단은 기축통화국인 미국과의 통화스와프라는 것이 밝혀졌다.[16]

미 연준은 2013년 10월부터 유럽중앙은행, 캐나다·영국·일본·스위스 중앙은행과의 통화스와프를 상설화했다. 미국과 항시 통화스와프

---

16 기축통화국이 아닌 다른 나라와의 통화스와프, 즉 한국과 중국, 한국과 일본 등의 통화스와프는 없는 것보다는 좋겠지만 위기 시에는 큰 도움이 되지 않는다. 위기 시에는 통상 기축통화인 미 달러의 유동성 부족이 문제이기 때문이다.

를 체결하고 있는 이 국가들은 특별한 경우가 아닌 한 외환위기의 가능성이 거의 없다고 볼 수 있다. 위기나 위기조짐이 나타날 때 기축통화국인 미국의 발권력 혜택을 언제든지 볼 수 있기 때문이다.

한국은 2017년 말 외환보유액이 4000억 달러에 이르고, 경상수지 흑자기조가 지속되고, 은행 등 금융기관의 건전성도 양호하다. 외환위기가 발생할 가능성은 매우 낮다고 볼 수 있다. 그러나 한국은 금융·실물면의 개방도가 높고, 정책의 신뢰성과 투명성이 낮으며, 남북분단의 지정학적 위험도 있다. 여기에다 과잉 가계부채와 높은 부동산가격이 은행 등 금융기관의 건전성을 위협할 수 있고 장기적으로 보면 재정건전성도 낙관하기 힘들다. 외환위기의 불씨는 남아 있는 셈이다. 한국도 미국과 상시 통화스와프를 체결하거나 위기 초기에라도 바로 통화스와프를 체결할 수 있는 노력이 필요하다.

외환위기 등 금융위기는 근원적으로 보면 자제하지 못하는 인간의 탐욕, 미래 예측의 한계, 과거에 대한 쉬운 망각 등이 복합되어 나타난 결과물이다. 즉 불완전한 인간의 본성이 금융위기의 뿌리인 듯하다. 인간의 탐욕은 경제성장의 중요한 동력이고 금융은 경제성장을 더 빠르게 한다. 탐욕과 금융이 없다면 금융위기는 없겠지만 경제의 성장도 없을 것 같다. 금융이 잘 작동되지 않는 북한이나 아프리카 국가들의 경우 금융위기는 없지만 여전히 경제위기에 시달린다. 금융위기는 경제의 규모나 발전 정도와 관계없이 오래전부터 계속되어왔고 앞으로도 또 발생할 것이다. 문제는 금융위기가 조금씩 모습을 바꾸어 나타나기 때문에 가까이 올 때까지 모를 수 있다는 것이다.

뒤처리라도 잘해야
금융위기의 관리

금융위기와 관련하여 예방prevention이라는 말은 잘 사용하지 않는다. 금융위기의 근본적 원인이 인간의 본성과 관련되어 있어 인간의 본성이 바뀌지 않는 한 예방이 불가능하기 때문일지 모른다. 대신 금융시스템의 복원력resilience이라는 말을 많이 사용한다. 복원력이 강한 금융시스템은 충격이나 위기가 왔을 때 잠깐 흔들리더라도 국민경제에 큰 부담을 주지 않고 빠르게 정상상태로 돌아간다. 금융시스템의 복원력이 강하면 위기가 오더라도 가벼운 감기처럼 견딜 만한 것이다.

물가와 부동산가격 안정, 경상수지와 재정수지의 건전성, 견조한 성장세 등 양호한 경제 기초여건과 기업·금융기관 등 경제주체의 재무건전성이 복원력의 기본이다. 예금보호제도, 비상유동성 지원제도와 같은 금융안전망financial safety net도 위기 시 충격을 흡수할 수 있는 제도로 복원력 확보를 위해 중요하다. 정책당국의 위험평가 능력과 시장참여자와의 소통도 복원력 강화에 도움을 준다. 금융 및 기업 구조조정을 위한 제도적 장치와 경험 등도 위기의 빠른 수습을 위해 필요하다. 이러한 여러가지가 모여 금융시스템의 복원력을 결정한다.

정책당국은 정기적으로 금융시스템의 복원력을 점검 확인하고 그 결과를 국내외 전문가와 시장참여자들에게 평가받아야 한다. 『금융안정보고서』*financial stability report*가 이런 역할을 한다. 『금융안정보고서』도 2000년대 초부터 영국 등 유럽국가의 중앙은행들에 의해 작성 공표되기 시작했다. 한국은행도 2003년부터 연 2회 『금융안정보고서』를 발표하고 있다. 『금융안정보고서』의 정기적 발간은 중앙은행 등 정책당국이 금융시스템 위험요인의 변화를 장기적 시각에서 이해할 수 있게 해준다. 또한 정책당국과 시장참여자 등과의 소통의 기회가 되어 금융시스템 복원력 강화에 도움이 된다.

금융시스템의 복원력이나 안정성의 평가는 다양한 통계자료의 분석과 계량모형의 활용, 정성적 판단 등이 복합된 작업이다. 이 중에서 많이 사용하는 계량기법 두가지를 간략히 살펴보자. 하나는 금융위기에 대한 조기경보지수이고, 다른 하나는 위기상황 시 금융시스템이 견딜 수 있는 정도를 점검해보는 금융시스템 스트레스테스트이다.

조기경보시스템은 프로빗probit 분석 또는 신호접근법[17] 등의 계량분석 기법을 이용해 과거 금융위기의 예측력이 높은 경제지표를 찾아낸

---

17 프로빗 분석은 투표 등과 같은 이분적 선택행위의 분석모형으로 잠재지표와 설명변수 간의 관계를 회귀분석을 통해 사건발생 확률을 측정한다. 신호접근법은 위기발생 전에 경제지표들이 반복적으로 비정상적인 행태를 보인다는 전제하에 이러한 지표를 찾아 이 지표들이 어느정도 움직였을 때 위기와 연결되는지를 확인하는 기법이다.

다음, 이러한 지표를 이용해 새로운 위기 가능성을 예측해보는 것이다. 과거의 위기사례로 보면 실질환율, 주가지수, 수출, 외환보유액, 통화승수, 산업생산 등이 금융위기의 예측력이 높은 경제지표로 나타났다. 개별지표의 예측력을 직접 활용할 수 있고, 종합지표로 만들 수도 있다. 개별지표를 합성하여 종합지표화한 것이 조기경보지수이다.

조기경보시스템은 모형의 표본설계 방법과 금융위기의 정의에 따라 조기경보지수가 달라질 수 있으며, 경제와 금융의 환경변화에 따라 나타나는 새로운 위기요인을 반영할 수 없다는 근본적 한계가 있다. 실제로 금융위기 조기경보지수로는 앞으로 올 새로운 금융위기를 예측하기는 어려울 것 같다. 그러나 금융상황의 변화를 파악할 수 있는 일차적 지표로서 의미가 있으며, 개별지표와 종합지표를 연결하여 분석하면 금융시스템 안정성 평가의 유용한 도구가 된다.

다음으로 금융시스템 스트레스테스트는 예외적이기는 하나 일어날 가능성이 있는 아주 불리한 상황에서 금융시스템 전체의 손실규모를 추정해보는 작업이다. 이를 위해 극단적으로 불리한 상황에 대한 시나리오의 설정이 먼저 필요하다. 시나리오는 역사적으로 발생한 최대 변동치 등을 감안하여 설정하며 주가·환율·금리·부동산가격의 변동과 소득·생산·투자의 변화 등을 포함한다. 그리고 설정된 시나리오를 바탕으로 금융시스템 전체의 손익이나 자산규모의 변동을 추정한다. 이때 금융기관 간 상호익스포저 등을 통한 손실확대까지 고려하면 더 좋다. 마지막으로 충격으로 인한 자금중개 기능의 위축 등 금융시스템의 취약성이 다시 소득·생산·투자 등 국민경제에 미치는 이차 파급효과를 분석한다.

금융시스템 스트레스테스트는 금융시스템의 구조적 취약성과 외부 충격 시 복원력을 사전에 평가해볼 수 있다는 점에서 정책당국에 유용한 위기관리 수단이다. 개별 금융기관 입장에서도 위기상황 시 자신의 잠재적 손실규모를 추정해볼 수 있을 뿐 아니라 이를 금융시스템 전체의 손실과 비교해볼 수 있어 의미가 크다. 그러나 시나리오에 따라 결과가 달라지고 위기상황 시 위험의 내생성이 확대되어 손실규모가 예상보다 커질 수 있는 가능성이 있다. 여기에다 이차 파급효과에 따른 손실발생 가능성 등의 추정이 어렵다는 한계도 있다.

금융위기는 언제든지 발생할 수 있고 금융위기 시 국민경제가 부담해야 하는 비용도 크다. 금융 구조조정을 위한 공적자금 투입, 외환시장 개입 비용, 예금자보호 비용, 생산 및 고용의 손실, 고환율과 고물가에 따른 분배구조 악화 등 비용의 형태도 다양하게 나타난다. 그럼에도 금융위기의 예측이나 복원력 평가는 쉽지 않다. 따라서 금융위기의 관리와 수습이 중요해진다. 금융위기 초기나 조짐이 있을 때는 금융안전망이 중요한 역할을 한다. 금융위기가 확산되려 할 때는 위기의 봉쇄가 필요하고, 금융위기가 진행된 다음에는 효율적인 금융 구조조정을 해야 한다.

금융안전망

금융안전망은 서커스의 공중그네 밑에 설치하는 안전망과 역할이 비슷하다. 서커스 안전망은 연기자player들이 실수했을 때 생명을 지킬 수 있어 보다 멋진 연기에 도전할 수 있게 하며 서커스의 수준을 높인다. 그러나 안전망이 너무 튼튼하게 설치되면 연기자들이 조심을 하지 않아 오히려 실수가 늘어나게 된다. 반대로 안전망이 너무 약하게 설치되어 있으면 실수하는 연기자들이 생명을 잃을 수 있어 안전망으로서의 기능을 하지 못한다.

금융시스템의 안전망 역할을 하는 대표적인 제도는 예금보호제도와 비상유동성 지원제도이다.[18] 이 둘을 간단히 살펴보자.

먼저 예금보호제도는 금융기관이 부실화 등으로 고객의 예금을 지급하지 못하는 경우 정부나 별도의 기금이 고객 예금의 전부 또는 일부를 대신 지급하는 제도이다. 동 제도는 소수의 금융기관에 문제가 생기더라도 예금뇌취bank run 현상이 금융시스템 전반으로 확산되는 것을 막을 수 있다.

예금보호제도는 금융시스템의 복원력을 높이는 순기능이 있지만, 금융기관과 예금자의 도덕적 해이와 역선택을 유발하는 부정적 기능도 있다. 일례로 부실화되고 있는 금융기관이 예금보호제도를 이용하여 고금리 예금을 받아 부실을 일시에 만회할 수 있는 고위험 투자를 시도할 수 있다. 예금자도 예금보호제도를 믿고 건전한 금융기관보다 높은 이자를 주는 금융기관을 고르게 된다. 이러한 도덕적 해이와 역선택을 최소화하려면 적절한 예금 보호한도의 설정, 금융기관 경영정보 공개의 확대, 이해관계자[19]의 견제능력 강화 등을 통해 예금보호제도

---

18 금융기관의 건전성 감독제도도 성격상 금융안전망의 하나로 볼 수 있으나 포괄범위가 넓어 별도의 제도로 분류하는 경우가 많다.

19 예금보호제도의 이해관계자는 예금보험기금 운영기관, 금융기관의 감독기관, 금융

에도 불구하고 시장규율이 원활히 작동하도록 해야 한다.

예금보호제도는 1930년대 대공황을 겪으면서 미국에서 발전되었으며, 1980년대 들어 세계 여러 나라로 확대되었다. 한국은 1996년 6월 예금보험공사가 설립되고 1997년부터 예금 보호업무가 시작되었다. 한국의 1인당 보호한도는 제도도입 시에는 2000만원이었으나 2001년 1월에 5000만원으로 인상되었다. 국가별 예금 보호한도는 대략 1인당 국민소득의 1배 미만에서 15배까지로 차이가 크다.

한국 예금보험공사의 보호대상 기관은 은행·증권회사·보험회사·종금사·상호저축은행에 해당되는 모든 개별 금융기관이다. 신협과 새마을금고, 농·수협의 단위조합은 자체 조성기금에 의한 별도의 예금보험제도를 운영하고 있다. 은행 등 금융기관의 금융상품이 모두 예금 보호대상이 되는 것은 아니다. 예금·적금·고객 예탁금 등 보호대상 금융상품이 기관별로 상이하기 때문에 금융거래 시 예금 보호대상 여부를 확인해야 한다. 그리고 보호대상 예금은 개인과 법인의 예금으로 한정되고 정부와 한국은행·금융감독원·금융기관의 예금은 보호대상에서 제외된다. 이 기관들은 금융기관의 경영상태를 평가할 능력이 어느정도 있다고 보기 때문이다.

한국의 경우 예금보험공사가 징수하는 예금보호를 위한 보험료율은 은행·증권회사·상호저축은행 등 기관형태별로 조금씩 다르다. 은행이나 보험사 내에서와 같이 동일한 종류의 금융기관은 경영상태나 규모에 관계없이 동일한 보험료율을 적용하고 있다. 미국·캐나다·프랑스

기관, 예금자 등이다.

등 일부 국가는 같은 종류의 금융기관도 경영건전성, 경영관리 능력 등을 기준으로 등급을 구분하여 보험료율을 다르게 적용하고 있다.

다음으로 비상유동성 지원emergency liquidity support제도는 금융불안 시 발생하는 유동성 부족을 해결하는 것이다. 일반적으로 중앙은행의 최종대부자 기능과 같은 의미로 쓰인다. 대규모 예금인출과 금융시장의 결제자금 부족 등이 발생했을 때 신속하게 유동성을 공급할 수 있는 기관은 중앙은행밖에 없다.[20] 중앙은행은 독점적인 화폐발행권이 있고 금융기관의 지급준비금을 관리하고 있을 뿐 아니라 국가의 외환보유액을 운용하는 경우가 많아 금융시스템에 즉각적인 유동성 공급이 가능하다. 따라서 금융기관들이 자체적으로 자금을 조달할 수 없을 때, 중앙은행은 최후의 순간이나 최종적인 단계에서 언제든지 자금 공급자가 될 수 있다.

중앙은행의 최종대부자 기능에 기초한 비상유동성 지원제도는 중앙은행이 발권력을 독점하고, 결제시스템을 운영 감시하고, 금융기관에 대출을 하면서 자연스럽게 정착되었다. 비상유동성 지원은 오랜 경험이 쌓여 있고 이론과 원칙도 많이 제시되어 있다.

중앙은행이 비상유동성을 공급하는 경로는 세가지로 나누어볼 수 있다. 첫째는 문제 금융기관에 대해 대출 등의 방식으로 자금을 직접 지원하는 방식이다. 둘째는 과감한 공개시장조작 등을 통해 금융시장

---

20 중앙은행 이외의 기관이 부분적으로 최종대부자 기능을 수행할 수 있다. 정부가 예산을 사용할 수 있고, 예금보험기구가 보험기금을 이용할 수 있고, 금융기관 등이 공동으로 출자한 기관이 수행할 수 있다. 그러나 이러한 기관의 최종대부자 기능은 재원의 한계, 지원의 신속성 부족으로 충분히 작동하기 어렵다.

전체의 유동성을 크게 증가시키는 방법이다. 셋째는 예금보험기구나 부실채권 정리기관 등에 자금을 지원하여 간접적으로 유동성을 공급하는 방식이다. 세가지 방식은 비상유동성 지원이 필요하게 된 원인에 따라 선택하여 사용하거나 금융불안 상태가 심각한 경우 두가지 이상의 방식을 동시에 사용하게 된다.

그리고 비상유동성 지원과 관련하여 제4의 경로도 있다. 이는 실제 자금지원이 이루어지지는 않지만 효과가 나타나는 심리적 경로이다. 중앙은행이 최종대부자 기능의 적절한 활용을 통해 금융안정이라는 목표를 성공적으로 달성해왔다면 중앙은행의 자금지원 의지만으로도 경제주체들의 불안심리를 완화하여 금융불안의 확산을 방지할 수 있다.[21]

비상유동성 지원제도도 도덕적 해이를 유발할 수 있기 때문에 지원대상 기관, 대출금리와 대출기간 등에 대한 원칙이 제시되어 있다. 지원대상은 일시적 유동성 부족에 빠진 경우 즉 청산능력은 있으나 유동성이 고갈되어 있는solvent but illiquid 금융기관이다. 청산능력이 있다는 것은 금융기관의 자산과 부채를 정리했을 때 자산이 부채를 초과하여 채무를 모두 변제할 능력이 있는 경우이다. 그리고 문제가 되는 금융기

---

21 검은 월요일이라 불리는 1987년 10월 10일 미국 주가가 하루에 22.6퍼센트 폭락했다. 1929년 대공황의 시작인 10월 29일 검은 화요일 하루에 주가가 11.7퍼센트 하락한 것과 비교할 때 1987년 검은 월요일의 충격은 어마어마했다. 이때 미 연준은 "Fed는 오늘 미국의 중앙은행으로서 유동성을 공급해 경제 및 금융시스템을 지원할 만반의 태세를 갖추고 있습니다"라는 성명서를 발표하고, 주요 시장참여자들에게 장기적이고 시스템적인 시각에서 의사결정을 할 것을 부탁함으로써 자금지원 없이 공포심리를 진정시키고 주식시장을 안정시킬 수 있었다.

관이 도산했을 때 시스템리스크로 이어질 가능성이 있어야 지원하는 것이 바람직하다. 개별 금융기관의 구제만을 위해 비상유동성 지원제도를 사용해서는 안 되는 것이다. 비상유동성 지원자금의 금리는 도덕적 해이를 방지하기 위해 시장금리보다 높은 벌칙성 금리를 적용하고 자금지원 기간도 가능한 짧게 해야 한다.

그러나 현실에서는 이러한 비상유동성 지원의 원칙이 잘 작동하지 않는다. 청산능력 보유 여부, 시스템리스크로 전이될 가능성 등은 비상유동성 지원을 결정해야 할 짧은 시간에 판단하기 어렵다. 따라서 비상유동성 지원은 대형 금융기관 중심으로 운영되기 쉽다. 적용금리도 지원대상 금융기관의 조속한 경영 정상화를 이유로 시장금리보다 낮게 결정되는 경우가 많다. 세상의 모든 일이 그렇듯이 원칙과 현실은 괴리될 수밖에 없는 듯하다. 현실세계에서 비상유동성 지원에 따른 도덕적 해이 등 부작용을 최소화하기 위해서는 지원기간만이라도 가능한 단기로 운영해야 할 것이다.

위기의 봉쇄와 금융 구조조정

금융위기가 발생하여 확산될 때 다양한 봉쇄조치가 필요하다. 일차적이고 중요한 봉쇄 정책수단은 금융시스템에 충분한 유동성을 공급하는 것, 즉 비상유동성 지원제도이다. 비상유동성 지원은 투명하고 신속하게 이루어져야 한다. 비상유동성 지원만으로 위기의 봉쇄가 어렵다고 보이면 포괄보증제도, 문제 금융기관의 선제적 폐쇄, 행정명령 등을 통한 금융시스템에 대한 직접적인 통제조치 등을 시행할 수 있다. 이러한 봉쇄조치에도 불구하고 금융위기가 확산되면 효율적인 금융 구조조정을 통해 금융시스템을 조속히 정상화해야 한다.

포괄보증제도는 은행 등 금융기관의 부채에 대해 국가가 포괄적으로 보증blanket guarantee을 해주는 것이다. 예금보호제도가 없거나 보호 대상과 한도가 정해져 있는 예금부분보장제로는 예금뇌취를 막을 수 없을 때 시행하는 제도이다. 일반적으로 포괄보증제도는 정부가 자본금과 후순위채를 제외한 은행 등 금융기관의 모든 부채에 대한 지급보증을 선언하는 방식으로 이루어진다. 포괄보증제도가 성공하려면 정부의 보증의무에 대한 시장의 신뢰를 얻어야 한다. 이는 은행채무에 대한 정부보증을 이행할 수 있는 재정능력과 포괄보증에 대한 정치권의 동의가 중요한 역할을 한다.

포괄보증제도는 금융위기 초기에 실제로 많은 나라에서 사용되고 있다. 핀란드·스웨덴 등 북유럽국가는 1990년대 초 금융위기 시 사용했고, 태국·인도네시아·말레이시아는 1997년 동아시아 금융위기 시 사용했다. 한국은 1997년 11월부터 2000년 12월까지 포괄보증제도를 시행했다. 일본은 1996년 6월부터 2005년 4월까지 시행했으며, 2008년 세계 금융위기 시에는 독일·프랑스도 이 제도를 일시 시행했다. 포괄보증제도는 도덕적 해이를 유발하고 시장규율을 훼손하는 제도이기 때문에 되도록 빠른 시간 내 예금부분보장제 등으로 복귀해야 한다.

문제 금융기관의 선제적 폐쇄도 위기봉쇄를 위한 정책수단의 하나로 사용될 수 있다. 문제 금융기관을 선제적으로 폐쇄하는 것은 정책당국이 위기의 심각성을 이해하고 적절한 조치를 취하고 있다는 사실을 시장에 알리는 효과가 있으며, 시장왜곡과 과도한 지원부담을 경감할 수 있어 다른 은행에 도움이 된다. 포괄보증제도와 같이 실시되면 금융기관의 조기폐쇄는 금융시스템에 대한 신뢰에 부정적 영향이 적다. 은행 등의 선제적 폐쇄조치가 성공하려면 예금자의 손실이 발생하지 않게 하는 배려가 필요하며, 폐쇄대상 금융기관의 선정이 정치적 고려 없이 청산능력에 대한 평가 등을 기준으로 엄격히 이루어져야 한다.

비상유동성 지원제도, 포괄보증제도, 일부 문제 금융기관의 폐쇄 등으로도 위기의 봉쇄가 불가능해 보이면 정책당국은 통화와 금융시스템의 통제력 유지를 위해 강력한 행정조치를 선택할 수 있다. 예금동결, 예금만기의 강제 연장, 예금의 증권화, 증권거래소의 잠정 폐쇄, 외환거래 허가제 등의 조치가 있을 수 있다. 이러한 정책은 국가의 신인도와 정책의 신뢰도를 크게 손상시키고, 경제적·정치적 파장이 매우 크기 때문에 제한적으로 운영해야 한다. 때에 따라서는 후유증이 금융위기에 따른 손실보다 클 수 있다는 것도 정책 선택 시 고려해야 한다.

다음으로 금융 구조조정은 문제 금융기관의 수익성과 건전성을 회복시켜 금융시스템을 정상 작동시키는 것이다. 금융 구조조정의 기본원칙은 생존 가능한 금융기관과 그렇지 못한 금융기관을 구분하여 생존 가능한 금융기관은 자본확충 등을 지원하고 그렇지 못한 금융기관은 빠르게 정리하는 것이다. 금융 구조조정은 정리대상 금융기관의 청산과 합병 등의 전략 수립과 집행, 생존 금융기관의 자본확충과 수익성 제고 등 복잡한 작업을 장기간 추진해야 하는 과제이다. 이 과정에서 채권자와 주주, 노동자 등 수많은 이해관계자 간의 협상과 법적·제도적 장치의 보완 등이 필요한 어려운 작업이다. 따라서 금융 구조조정은 금융감독기구와는 별도로 전담기구를 설치하여 추진하는 것이 효율적일 수 있다.

금융 구조조정은 문제 금융기관의 재무상태를 점검하여 생존 가능성을 평가하는 것이 시작이고 가장 중요한 작업이다. 금융위기 시에는 대출자산의 건전성 분류와 채권의 가치평가가 복잡하고, 대손충당금의 적정성 판단도 쉽지 않다. 해외부채나 부외부채簿外負債와 같이 숨어 있는 부채도 있을 수 있다. 당연히 금융기관의 청산능력이나 생존 가능성을 평가하는 것은 어렵고 객관성을 담보하기도 쉽지 않다. 그렇더라도 구조조정 전담기구나 감독당국은 일관성 있는 평가기준을 적용하고 정치적 고려를 배제하여 평가결과의 신뢰성을 확보해야 한다. 문제 금융기관의 재무상태 평가 시 회계법인 등 외부기관의 지원을 받을 수 있지만 최종판단은 정책당국이 함으로써 금융 구조조정의 책임성을 높여야 한다.

금융기관의 생존 가능성에 대한 평가가 완료되면 금융기관들은 세 가지로 분류된다. 첫째 생존 가능하고 자본규모가 충분한 금융기관, 둘째 생존이 불가능하고 청산능력도 없는 금융기관, 셋째 생존 가능하나 자본확충이 필요한 금융기관이다. 첫째 그룹의 금융기관은 유동성 지원 등을 통해 독자적인 생존능력을 강화해주면 된다. 둘째 생존 불가능하고 청산능력도 없는 금융기관은 청산이나 합병, 자산부채이전Purchase and Assumption 등을 통해 정리해야 한다. 셋째 자본확충이 필요한 금융기관은 주주들에 의한 증자와 외부 투자자 유치 등을 먼저 추진토록 유도하고, 이것이 충분치 못할 경우 공적자금 투입도 필요하다. 공적자금 투입은 민간주주의 자본확충을 보완하는 수준에서 제한적으

그림 10 금융위기의 단계별 관리

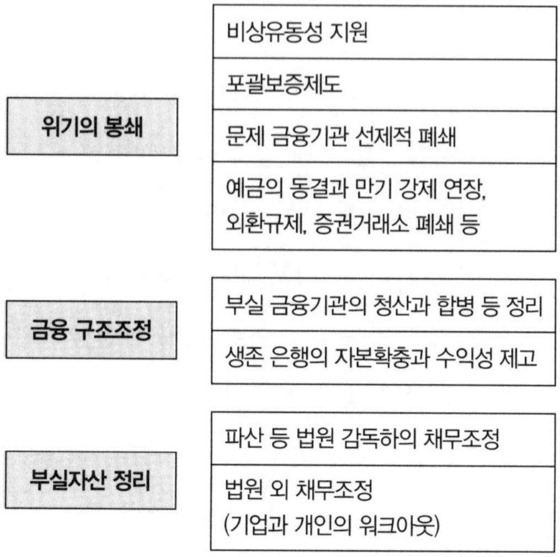

위기의 봉쇄	비상유동성 지원
	포괄보증제도
	문제 금융기관 선제적 폐쇄
	예금의 동결과 만기 강제 연장, 외환규제, 증권거래소 폐쇄 등
금융 구조조정	부실 금융기관의 청산과 합병 등 정리
	생존 은행의 자본확충과 수익성 제고
부실자산 정리	파산 등 법원 감독하의 채무조정
	법원 외 채무조정 (기업과 개인의 워크아웃)

로 이루어져야 한다. 또한 공적자금 투입은 금융 구조조정의 일차적 수단이 되어서는 안 되고 금융시스템 안정성 회복을 위한 마지막 수단이어야 하며, 모든 대상 금융기관에 대해 동일한 기준으로 투명하게 적용해야 한다.

금융 구조조정의 마지막 과제는 금융기관의 부실자산 정리다. 문제 금융기관의 부실자산 정리는 잠재된 손실을 현실화하여 재무제표의 투명성을 제고하고, 금융기관의 수익성과 현금흐름을 개선하여 독자적으로 생존할 수 있게 해준다. 금융기관의 자본확충이 이루어져도 부실자산이 숨어 있으면 독자 생존능력이 의심받고 추가적인 자본확충이 요구될 수 있다. 금융기관 부실자산 정리의 원칙은 부실자산의 가치를 최대화하여 금융기관의 손실을 최소화하는 것이다. 부실자산 정리

방식은 각 금융기관이 자체적으로 하는 분산관리 방식과 별도의 통합된 자산관리 기관이 담당하는 집중관리 방식이 있다. 부실자산의 규모가 크거나 민간부문의 부실자산 처리경험이 적은 경우에는 공공 성격의 통합 자산관리 기관에서 집중 정리하는 것이 효율적일 수 있다.

금융기관의 부실자산 정리의 마무리는 차입자인 기업과 개인의 채무조정과 회생과정이다. 차입자의 구조조정은 파산과 같은 법원 감독하에 시행되는 채무조정과 워크아웃으로 불리는 법원 외out of court 채무조정이 있다. 금융위기 시에는, 법원 감독하의 채무조정은 법원의 수용능력과 인력부족으로 장기간 소요되기 때문에 법원 외 채무조정이 활성화되어야 한다. 또한 법원 외 채무조정은 탄력적 운영이 가능하여 부실기업의 재기나 과다 채무자의 회생에 유리할 수 있다.

국민을 위한 금융의 길
금융감독과 금융안정

금융감독과 금융안정, 일반인들은 이 둘의 차이를 잘 알지 못한다. 경제와 금융분야의 전문가들도 혼동하는 경우가 많다. 금융감독은 개별 금융기관의 건전성 즉 각 금융기관이 망할 가능성이 있는지 없는지를 감독하는 것이 핵심이다. 반면 금융안정은 금융시스템 전체가 안정되어 있는지, 즉 금융시스템의 불안요인이 없는지를 확인하는 것이 핵심이다.

금융감독은 바로 이해가 되지만 금융안정은 막연하여 감이 잘 잡히지 않는다. 개별 금융기관들이 건전하면 금융시스템도 안정되어 있는 것이 아닐까? 시스템리스크가 개별 금융기관이 보유하고 있는 위험의 단순합계가 아니듯이, 개별 금융기관들이 건전하면 금융시스템이 안정될 가능성이 크지만 항상 그런 것은 아니다.

2007년 상반기까지 세계 주요 금융기관들의 수익성·건전성은 대부분 좋았다. 그럼에도 금융시스템 불안요인은 축적되어왔고 결국 2008년 세계 금융위기로 표출되었다. 개별 금융기관의 건전성과 별개로 금융시스템 전체의 안정성을 따로 보아야 되는 것이다. 금융시스템 전체의 안정, 즉 금융안정은 1990년대 말 개념이 등장하여 2000년대 초반 이론이 체계화되었다. 이 과정에서 개별 금융기관의 건전성은 미시건전성, 금융시스템 전체의 안정성은 거시건전성이라는 용어가 사용되었다.[22]

미시건전성은 최종목표가 예금자와 차입자 등 금융소비자의 보호이고, 중간목표가 개별 금융기관의 건전성 유지다. 또한 위험요소는 외생적으로 주어진 것으로 보고 위험의 측정도 개별 금융기관 단위로 이루어진다. 미시건전성 유지를 위한 정책수단은 자기자본 규제와 대손충당금 적립 기준 등 개별 금융기관의 건전성 규제가 핵심이다.

거시건전성은 최종목표가 고용과 경제성장의 유지와 같이 국민경제의 비용을 최소화하는 것이고, 중간목표는 금융시스템 전체의 안정이다. 또한 위험요소는 내생적인 것으로 보고 경기와 같은 공통충격이 위험에 미치는 영향을 중시한다. 거시건전성 정책은 금융기관의 건전성 규제뿐 아니라 LTV, DTI와 같은 부동산 부문에 대한 신용조절 수단, 지급준비율 조정정책, 외국인의 주식 또는 채권투자 등에 대한 거래세와 은행 외화부채에 대한 부담금 부과 등 외환부문 건전성 정책 등 다양하다. 금리정책 결정 시 물가와 고용 이외에 금융안정까지 고려한다면 금리정책도 거시건전성 정책으로 볼 수 있다. 이러한 미시건전성과

---

22 미시건전성과 거시건전성의 개념은 2000년대 초 BIS의 경제학자 클라우디오 보리오에 의해 체계화되었다(Claudio Borio, "Towards a macroprudential framework for financial supervision and regulation?," 2003).

거시건전성의 개념을 기초로 금융감독과 금융안정에 대해 조금 더 자세히 알아보자.

금융감독

금융감독은 금융기관의 설립인가부터 폐쇄결정까지 일련의 규제과정을 말하며 금융기관의 건전성 유지와 이를 통한 금융소비자 보호가 정책목표이다. 금융감독의 수단은 각종 인허가, 규제와 검사, 제재 등을 사용한다. 보다 구체적으로는 금융기관의 설립과 영업에 대한 허가, 업무범위와 취급상품에 대한 규제, 자기자본비율과 유동성비율 등의 건전성 규제, 경영정보와 금융상품 등에 대한 공시 등 영업행위 규제 등이다. 그리고 이러한 규제와 감독기준이 제대로 이행되고 있는지에 대한 검사와 제재 업무이다. 이러한 인허가와 규제, 검사 등의 기준과 내용은 금융기관과 금융상품별로 달라 금융감독 업무는 매우 복잡하고 전문적이다.

자본적정성 규제만 보아도 은행은 바젤Ⅲ라고 불리는 복잡한 BIS자기자본비율 규제를 적용하고, 증권회사와 같은 금융 투자업자는 영업용 순자본비율을 적용한다. 보험회사는 지급여력비율 제도를 운영하고, 상호저축은행은 BIS기준 자본규제를 완화해서 적용한다. 기업과 달리 금융기관에 대해 많은 규제와 감독이 필요한 이유는 금융기관들이 자금융통 등 특별한 기능을 수행하고, 기업보다 외부충격에 취약하기 때문이다.

금융기관들은 자금중개 기능과 지급결제 업무, 기업과 개인의 신용 정보 축적과 관리 등을 수행하는 국민경제의 기본 인프라의 한 부분이다. 국민경제를 사람 몸에 비유하면 금융은 핏줄과 같은 역할을 한다고 볼 수 있다. 신용경색 등으로 자금순환이 원활하지 않으면 국민경제가 위축되고, 지급결제 시스템은 짧은 기간이라도 멈추면 일상생활과 경제활동이 큰 혼란에 빠진다. 이렇게 중요한 역할을 하는 금융기관의 건전성 유지를 위해서는 당연히 엄격한 금융감독이 필요하다. 그러나 금융감독의 원칙과 방식은 나라에 따라 다르다.

미국과 유럽 등의 국가는 기본적으로 금융기관의 신규 설립을 가능한 자유롭게 하여 금융기관들의 경쟁을 통해 금융산업의 경쟁력과 시장규율을 동시에 높이는 방식이다. 이 방식은 금융산업의 다양성을 통해 금융시스템의 안정성을 높이고 금융부문의 고용효과도 크게 한다. 또한 미국과 유럽국가는 규제와 검사도 사전적 업무규제와 법규위반에 대한 검사보다는 건전성 검사를 중시함으로써 금융기관의 자율성을 높이고 부실 가능성을 최소화한다.

반면 한국의 금융감독은 미국·유럽과는 아주 다르게 운용한다. 금융기관의 신규 설립을 엄격히 제한하고, 규제와 검사도 사전적 업무규제와 법규위반 검사 중심이다. 이렇게 하면 감독당국은 금융기관의 수가 적고 금융기관의 업무가 감독당국이 이미 검토해 허가해준 내용이라 일하기가 아주 쉽다. 검사도 금융기관이 망할 가능성을 점검하는 건전성 검사는 어렵지만, 업무를 법규에 맞게 했는지를 검사하는 것은 훨씬 단순한 업무이다.

은행 등 금융기관은 수가 적어 돈벌이가 잘된다. 금융기관의 수익성이 좋으면 금융시스템이 안정되어 있는 것처럼 보이고, 감독당국도 잘하고 있는 것으로 인정받기 쉽다. 금융기관 직원은 많은 보수를 받을 수 있고 감독당국 직원도 낙하산으로 갈 때 좋은 대우를 받을 수 있다. 반면 국민은 좋은 일자리가 충분히 생겨나지 못하고 다양한 금융서비스를 받을 기회가 적어진다. 금융기관 수가 적고 대형화되면 금융시스템도 불안해지고 금융산업의 국제 경쟁력도 생겨나지 못한다.

한국 금융산업의 낙후성은 많은 부분이 잘못된 감독과 규제에 기인한다. 금융감독의 운용방식, 금융산업 발전 정도, 금융산업이 국민경제에 기여하는 정도 등은 나라에 따라 다르지만, 은행 등 금융기관의 건전성 감독기준은 거의 비슷해지고 있다. 바젤위원회와 같은 국제금융기구에서 국제적인 표준 건전성 감독기준을 제시하고 대부분의 나라가 이를 따르고 있기 때문이다.[23]

바젤Ⅲ라고 불리는 은행 등의 건전성 규제기준을 간단히 살펴보자.

바젤Ⅰ은 1988년 7월, 바젤Ⅱ는 2004년 6월, 바젤Ⅲ는 2010년 12월 확정되고 계속 보완되어왔다. 바젤Ⅲ는 '은행부문 복원력 강화를 위한 글로벌 규제체계'와 '유동성 위험의 측정기준과 점검을 위한 체계'의 두 개 틀로 되어 있고, 보다 구체적으로 다섯 개의 큰 기둥으로 나뉜다. 첫째 기둥Pillar I은 최저 자기자본 규제이고, 둘째 기둥Pillar II은 감독당국의 점검, 셋째 기둥Pillar III은 공시강화 등 시장규율이다. 그리고 추가적

---

23 은행부문 건전성 감독기준은 바젤위원회에서, 보험부문은 국제보험감독자협의회(IAIS, International Association of Insurance Supervisors)에서, 증권 관련은 국제증권감독기구(IOSCO, International Organization of Securities Commissions)에서 제시하고 있다.

으로 유동성 규제와 시스템적으로 중요한 금융기관에 대한 규제의 두 개 부문이 있다. 바젤Ⅲ는 이렇게 전문가라도 한 사람이 전분야를 충분히 이해할 수 없을 정도로 복잡하고 다기하다.

바젤Ⅲ 중 BIS자기자본비율이라고 알려진 최저 자기자본 규제인 첫째 기둥 부문을 좀더 알아보자. BIS자기자본비율은 다음 산식과 같이 BIS자기자본을 총위험가중자산으로 나누어 산정한다.

$$\text{BIS총자기자본비율} = \frac{\text{BIS자가자본}}{\text{총위험가중자산}} \times 100$$

- BIS자기자본=기본자본+보완자본−유동화자산 관련 등 자본차감액
- 총위험가중자산=신용위험 가중자산, 시장위험 가중자산, 운영위험 가중자산의 합

BIS자기자본은 회계상의 자기자본과는 달리 바젤위원회에서 최저 자기자본비율 산정 시 인정되는 자기자본이다. 보통주와 잉여금으로 구성된 보통주 자본이 있고, 보통주 이외에 우선주와 신종자본증권[24] 까지 포함된 기본자본이 있다. 그리고 잔존만기 5년 이상인 후순위채권은 보완자본으로 인정된다. 반면 영업권이나 무형자산, 자기주식 보유 금액, 예상손실 대비 대손충당금 적립 부족액, 유동화증권 관련 거래매각이익 등은 자기자본에서 차감한다. 바젤위원회에서 인정하는 BIS자

---

24 신종자본증권은 채권이지만 우선주와 성격이 비슷하다. 만기가 없거나 50년, 100년과 같이 장기이고 조기상환 유인이 없어야 한다. 이자도 주주에 대한 배당을 못 하거나 손실이 나는 경우 지급하지 않는 것과 같이 재량적 지급이 가능해야 한다.

기자본을 규제자본regulatory capital이라고도 한다.

위험가중자산은 대차대조표의 자산총액과는 달리 금융기관의 보유자산과 영업행위에 대해 금융기관이 부담하는 위험규모를 산정한 금액이다. 총위험가중자산은 신용위험, 시장위험, 운영위험에 대하여 각각 위험가중자산을 산정한 다음 합산한다. 신용위험은 표준방법과 내부등급법을 사용하고, 시장위험은 표준방법과 내부모형법을 이용한다. 또한 운영위험은 기초지표법과 고급측정법, 유동화자산은 각 자산형태별 별도 기준에 따라 위험가중자산을 산정한다.

이렇게 하여 산정된 BIS총자기자본비율은 8퍼센트, 기본자본비율은 6퍼센트, 보통주 자본비율은 4.5퍼센트 이상 유지하도록 하고 있다. 여기에다 금융기관의 손실흡수력을 높이기 위해 자본보전 완충자본과 경기대응 완충자본도 추가로 적립하도록 하고 있다. 자본보전 완충자본제도는 평상시 자본을 적립했다가 손실발생 시 동 자본을 사용하는 것으로 총위험가중자산의 2.5퍼센트에 해당하는 보통주 자본을 추가로 적립하는 제도이다. 경기대응 완충자본제도는 호황기에 자본을 더 적립하도록 하여 경기가 나빠졌을 때 손실을 흡수하고 신용공급 기능을 유지하기 위한 제도이다. 금융기관은 호황기에 총위험가중자산의 최대 2.5퍼센트까지 추가 적립해야 한다. 그리고 금융시스템에서 중요한 역할을 하는 금융기관들SIFIs은 이러한 여러가지 자본규제 이외에 총위험가중자산의 1~2.5퍼센트를 시스템에 미치는 중요도에 따라 보통주 자본으로 추가 적립해야 한다. 마지막으로 위험가중자산 산정방식의 보완수단으로 금융기관 대차대조표의 난내, 난외 항목을 통한 과도한 차입을 방지하기 위해 레버리지비율 규제도 있다.

이렇게 복잡한 바젤Ⅲ에서 보듯 금융감독은 매우 어렵고 전문성이 요구되는 분야이다. 금융감독이 담보서류를 챙겼는지 확인하는 수준의 법규위반 검사에서 벗어나야 한다. 한국의 감독당국도 바젤Ⅲ와 같은 감독기준의 한 부분이라도 주도적으로 만들 수 있는 수준이 되었으면 한다. 한국 금융산업의 낙후성과 금융감독 당국의 능력부족은 동전의 양면과 같다.

금융안정

금융안정은 금융시스템이 흔들리지 않고 잘 작동하는 상태를 의미한다. 금융감독에 비해 개념이 좀 모호하지만 금융시스템 구조를 알면 금융안정도 이해가 좀 쉽다. 금융시스템은 은행 등의 금융기관, 외환시장이나 주식시장 등의 금융시장, 지급결제 시스템과 금융여건 등의 금융인프라 등 세가지 부문으로 구성되어 있는 유기체 같은 시스템이다. 금융안정은 금융시스템을 구성하고 있는 부문인 금융기관의 안정, 금융시장의 안정, 금융인프라의 안정으로 나눌 수 있고 이 세 부문이 모두 안정되어 있어야 한다.

금융기관의 안정은 개별 금융기관들이 건전한 상태를 유지하고 시장참여자들이 이를 신뢰하는 상태이다. 즉 정부나 중앙은행의 비시장적인 방식의 지원 없이 금융기관이 자체 능력으로 자금중개나 시장조성 등 영업활동을 원활히 수행하는 상태이다. 한두개의 개별 금융기관이 문제가 있더라도 예금자들이 동요하지 않고 다른 금융기관들로 문

그림 11 금융시스템의 구성

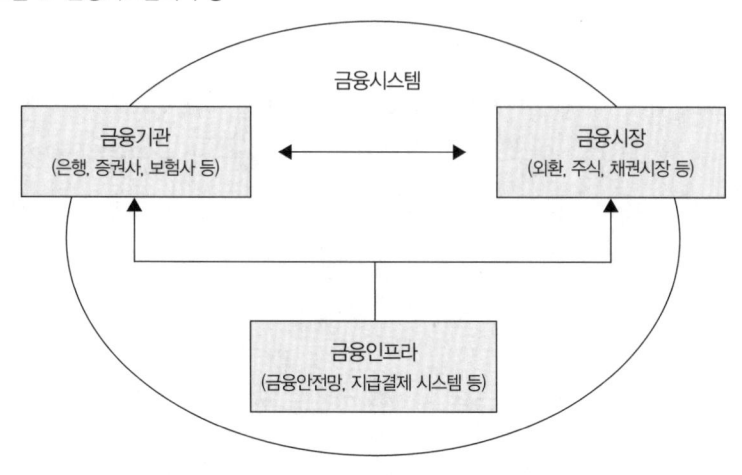

제가 확산되지 않는다면 이는 금융불안이라기보다 시장규율이 제고되는 시장의 정상적인 선택과정이라고 볼 수 있다.

금융시장의 안정은 금리와 주가, 환율 등 금융시장의 가격변수가 경제 기초여건과 크게 괴리되지 않고 거래도 충분히 이루어지고 있는 상태를 말한다. 다시 말하면 금융자산의 가격이 경제 기초여건을 반영하여 안정적으로 움직이고, 금융자산 보유자들이 필요시 시장에서 자산매각을 통해 어렵지 않게 현금화가 가능한 상황을 의미한다.

부동산은 금융자산은 아니지만 MBS 등 자산유동화증권의 기초자산이 될 뿐 아니라, 금융기관 대출의 주요 담보이고 주식 등 다른 금융자산과 경합관계를 갖고 있어 금융시장과 금융기관의 안정에 중요한 역할을 한다. 부동산가격도 경제 기초여건과 크게 벗어나지 않게 움직여야 금융안정에 도움이 된다.

금융인프라의 안정은 지급결제 시스템과 건전성 감독제도 등이 잘

구비되어 있고 시장규율이 잘 작동하여 금융기관과 금융시장의 자금 중개 기능 등을 원활히 뒷받침하는 상태를 말한다. 또한 금융안전망이 갖추어져 금융불안 등에 효율적으로 대처할 수 있어야 하고, 시장규제 제도가 합리적으로 설계되어 금융시장 간의 연계성도 높아야 한다. 그리고 금융시장과 부동산시장 간의 자금배분의 불균형이 발생하지 않도록 조세제도 등이 공평하게 설계되어 있는 것도 금융인프라 안정의 중요한 요인이 될 수 있다.

금융안정은 이렇게 금융감독에 비해 포괄범위가 넓고 유지하기가 쉽지 않고 정책수단도 다양하다. 따라서 금융안정을 담당할 국가조직을 어떻게 만들고 운영하느냐가 중요하다. 금융안정은 2000년대 초 이론이 체계화되었고, 2008년 세계 금융위기를 거치면서 주요국들이 관련 조직체계를 구축했다. 금융안정에 관심이 앞섰던 영국, 그리고 미국과 유럽연합의 사례를 살펴보자.

영국은 2002년부터 재무부·중앙은행·금융감독원이 양해각서MOU를 맺어 금융안정 책무를 분담했다. 재무부는 금융과 감독 관련 법률 및 전반적 감독구조에 대해 책임을 졌다. 중앙은행인 영란은행은 금융시스템의 전반적인 안정성에 기여하는 책무를 갖고, 금융감독원Financial Supervisory Agency[25]은 개별 금융기관의 인허가 및 건전성 감독을 담당했다. 그러나 영국은 이러한 세 기관의 어정쩡한 분담체계로는 금융안정에 대한 책임성과 전문성을 확보할 수 없어 2008년 세계 금융위기에 대한 대처가 충분하지 못했다고 보았다.

---

25 영국의 금융감독원(FSA)은 은행·증권·보험회사를 통합 감독한다는 점에서 한국과 같았으나, 금융위원회와 금융감독원이 합해진 단일기구라는 점에서는 한국과 달랐다.

금융안정 업무를 효과적으로 수행할 수 있는 기관은 중앙은행인 영란은행으로 하고, 영란은행 내에 통화정책위원회Monetary Policy Committee와 같은 위상으로 금융정책위원회Financial Policy Committee를 신설하고 금융안정 업무를 책임지도록 했다. 금융감독원은 개별기관의 인허가와 건전성을 담당하는 PRAPrudential Regulatory Agency, 건전성감독원와 소비자 보호와 시장감독을 담당하는 FCAFinancial Conduct Agency, 금융보호감독원로 나누고 PRA는 영란은행의 하부기구로, FCA는 독립기구로 설치했다. 금융안정은 중앙은행이 직접 책임을 지고 금융감독은 산하조직을 통해 간접 책임을 지는 구조가 된 것이다. 이러한 영국의 금융안정과 금융감독 체계는 2010년부터 논의되어 2014년 확정 시행되었다.

미국은 중앙은행인 연준이 통화정책을 전담하면서 금융감독 기능의 상당부분도 같이 수행하고 있어 개별 금융기관의 건전성 유지가 금융안정의 핵심이라고 보았다. 따라서 금융안정에 대한 관심은 상대적으로 적었다. 그러나 미국도 물가안정과 높은 성장, 개별 금융기관들의 건전한 재무상황 등에도 불구하고 2008년 세계 금융위기의 진원지가 되자 입장이 바뀌었다. 미국은 금융안정감시위원회FSOC, Financial Stability Oversight Council를 설립하여 시스템리스크 평가 등 금융안정 업무의 총괄, 감독기관 간의 업무조정, 시스템적으로 중요한 금융기관의 지정 등의 기능을 수행하도록 했다. FSOC는 재무부장관이 의장이 되고, 연준총재와 통화감독청OCC, 증권거래위원회SEC 등 감독기관의 장 등 총 아홉명의 위원으로 구성되어 있다. 미국 연준도 금융안정국Office of Financial Stability Policy and Research을 신설하여 금융안정 업무를 강화하고 FSOC를 효율적으로 지원할 수 있게 했다.

유럽연합은 EU 차원의 금융시스템 안정을 위해 유럽 시스템리스크 위원회ESRB, European System Risk Board를 2011년 설치했다. ESRB의 의장은 유럽중앙은행 총재이고, 위원은 유럽중앙은행 부총재, 유럽연합 회원국 중앙은행 총재, 유럽연합 집행위원 중 1인, 유럽은행감독원장, 유럽보험연금감독원장, 유럽증권감독원장 등으로 구성되어 있다. ESRB와 유럽중앙은행은 법적으로 별도의 기구이나 유럽중앙은행의 행정적 지원을 받고 총재가 의장을 겸임하고 있어 긴밀한 업무협조 관계가 이루어지고 있다. ESRB는 유럽연합 전체 또는 개별국가의 금융시스템의 안정성을 분석 평가하며 위험요인과 필요한 정책을 회원국에 권고한다.

한국은 금융안정을 명시적으로 담당하는 조직이 없다. 감독당국인 금융위원회가 금융안정도 주로 담당하는 것으로 되어 있는 듯하고, 업무협조가 필요한 경우 기획재정부와 한국은행 등과 업무협의 정도만 이루어지고 있다. 그러나 앞에서 살펴보았듯이 개별 금융기관의 건전성 유지와 금융안정은 성격이 많이 다르다. 더욱이 금융감독 당국이 금융안정 업무를 주도적으로 수행하는 나라는 선진국 중에는 없다. 한국도 미국이나 유럽연합, 영국 등의 사례를 참고하여 금융안정 기능을 책임지고 수행할 조직체계를 정비해야 한다.

금융안정 조직을 정비한다고 해서 금융위기나 심각한 금융불안을 피할 수 있는 것은 아닐 것이다. 금융위기의 근본적 발생원인은 자제하지 못하는 인간의 탐욕, 미래 예측력의 한계, 책임질 수 있는 용기의 부족 등 인간의 본성에 기인하는 면이 크기 때문이다. 인간의 본성은 오랫동안 거의 변하지 않는 것 같다. 사람들이 사는 모습을 보면 석가모니·공자·예수·마호메트 등의 성인과 많은 교육자들의 가르침에도 불구하고 인간의 본성이나 행동은 옛날이나 지금이나 별 차이가 없다. 그러나 좋은 제도가 생기거나 만들어지면서 사람이 사는 세상은 조금씩 좋은 쪽으로 바뀌어온 듯하다.

이 책에서 금융의 발생부터 블록체인과 위기관리까지 화폐와 금융에 관한 다양한 주제와 현안에 대해 설명했다. 그러나 많은 독자들이 원하고 있을지 모르는 돈을 벌거나 지킬 수 있는 직접적인 내용은 거의 없었다. 화폐와 금융에 대해 많이 안다고 돈을 잘 벌 수 있는 것은 아니지만, 잘하면 돈을 쉽게 잃지는 않을 수 있다. 특히 행동금융학behavioral finance 또는 행동경제학behavioral economics이라 불리는 경제학의 한 분파에서 제시하는 기준들을 지키려고 노력하면 어리석은 선택을 하는 실수는 최소화할 수 있다.

행동경제학은 경제학과 심리학을 결합시켜 사람들이 돈을 쓰거나 빌릴 때 비합리적으로 보이는 결정을 내리는 이유 등을 탐구한다. 인간의 경제행위와 심리가 복잡하듯이 행동경제학의 연구결과도 복잡해지고 서로 충돌하기도 한다. 책을 마무리하며 현실생활에서 자신의 돈을 지키는 데 도움이 될 수 있는 행동경제학의 핵심적인 몇가지 원칙과 사례를 소개해보고자 한다.

첫째, 세상에서는 평균으로의 회귀statistical regression 또는 평균 성공률 유지의 법칙이 아주 강하게 작용한다는 것이다. 예를 들어 이번에 자신의 과거 비행실력보다 비행을 잘 못한 조종사는 다음에는 잘할 가능성이 크다. 반대로 지난번 비행을 잘한 조종사는 이번에는 못할 가능성이 크다는 것이다. 지난 비행결과에 대한 칭찬이나 질책에 관계없이 조종사의 다음 비행은 각 조종사의 장기 평균비행능력에 수렴해간다는 것이다. 운동선수도 비슷하다. 최근 안타가 자신의 평균타율보다 많이 나온 선수는 다음에 안타를 못 칠 가능성이 높고, 반대로 최근 안타를 별로 못 친 선수는 안타를 칠 가능성이 크다. 이러한 기준으로 대타선발 등 선수를 기용하는 것이 성공확률이 높다는 것이다.

이러한 평균으로의 회귀 원칙은 투자대상 펀드를 선택하는 데도 유용하다. 최근 3개월 또는 6개월간의 수익률이 높은 펀드가 앞으로도 계속 높은 수익을 내기 어렵다는 의미다. 특히 최근 수익률이 장기 평균 수익률이나 시장의 평균수익률보다 이례적으로 높은 경우 향후 수익률은 급격히 낮아질 수도 있는 것이다. 비행능력이나 운동능력의 장기적인 향상이 있듯이 펀드도 수익률이 장기적인 상승추세에 있다면 최근의 수익률 상승이 미래 수익률 상승으로 이어질 수도 있다. 그러나 이러한 결과는 아주 드물다는 것이다. 특히 만약 펀드의 수익상승을 이끌었던 뛰어난 펀드매니저가 갑자기 이직을 한다면 어떻게 될까? 펀드 투자자는 이 사실을 알 수 없고 펀드의 미래 수익률 상승은 불확실해진다.

따라서 행동경제학자들은 펀드 선택의 어려움, 펀드수익의 평균 수렴 가능성 등을 감안하여 안정적인 투자대상으로 상장지수펀드를 권한다. 상장지수펀드는 투자대상이 되는 시장 전체의 수익률과 거의 동일한 수익을 내도록 포트폴리오를 구성한 펀드이다. 상장지수펀드는 투자대상 선정이 단순하기 때문에 수수료가 싸다. 일반 펀드는 연 1.5~2.5퍼센트에 이르는 수수료를 받고 있지만 장기간에 걸쳐 시장 평균 수익률 이상 수익을 내기 쉽지 않다. 저금리 시대에 연 2퍼센트의 수수료는 정기예금금리 수준을 감안할 때 아주 높다.

둘째는 마음의 회계mental accounting 라고 불리는 돈을 대하는 태도와 기준을 잘 통제하고 관리하는 것이다. 마음의 회계는 사람들이 돈의 출처와 금액, 쓰임새에 따라 칸막이를 치듯 구분하여 다르게 사용하는 경향을 의미한다. 예를 들어 사람들은 노름에서 딴 돈이나 세금환급과 같이 쉽게 벌거나 예상치 못한 수입은 급여와 같은 수입에 비해 쉽게 쓰게 된다. 비싼 가구나 카스테레오 등은 단독으로 살 때는 많이 망설이게 되지만, 새 집이나 새 차와 같이 살 때는 쉽게 지출을 한다. 집값이나 자동차값에 비해 추가되는 가구나 카스테레오 값은 적게 보여 돈에 대한 감각이 무뎌지기 때문이다. 반대의 경우도 있다. 10만원을 쓸 때 100만원이 들어 있는 통장에서는 쉽게 인출해 쓸 수 있지만, 1억원이 있는 통장에서 인출할 때는 주저하게 된다. 사람들은 큰 목돈을 헐어 쓰기 어려운 심리를 갖고 있기 때문이다. 이러한 마음의 회계를 잘 이해하고 활용하면 돈을 지키고 저축을 늘리는 데 도움이 된다.

먼저 갖고 있는 돈은 어떻게 생긴 돈이건 모두 일을 해서 어렵게 번 돈이라 생각을 한다. 노름을 해선 딴 돈이건 유산으로 받은 돈이건 그 돈을 벌려면 자신이 얼마만큼 일을 해야 하는지를 생각해본다. 세후로 월 400만원씩 버는 사람의 경우 100만원은 돈의 출처에 관계없이 일주일간 출퇴근하고 일터에서 스트레스 받아가며 번 돈이라고 생각하는 것이다. 이를 위해 돈이 생기면 어떤 돈이건 통장에 넣어놓고 조금 기다렸다 쓰는 습관을 갖는 것이 좋다. 이렇게 하면 공짜로 생긴 돈이건 어렵게 일해서 번 돈이건 간에 마음에서 느끼는 차이가 줄어든다. 또한 통장에 여윳돈이 있을 수 있어 마음이 한결 편해진다. 다음으로 마음의 회계를 적극 활용하는 방안도 있다. 급여에서 저축을 해야 할 돈을 미리 떼서 해지하기 어려운 예금을 하는 것이다. 마음의 회계상 쓰지 않을 돈으로 분류되어 지출할 돈이 줄게 된다. 소소한 돈을 잘 관리하지 못하는 사람들이 낭비를 줄이고 저축을 늘릴 수 있는 방안이다.

셋째는 소유효과endowment effect라 불리는 자신이 소유한 것을 더 가치있게 생각하는 마음을 극복하는 것이다. 동일한 물건에 대해 그것을 갖고 있는 사람은 더 중요하게 여기기 때문에 더 비싼 값을 받기를 원한다. 반대로 갖고 있지 않은 사람은 더 낮은 가격으로 사려는 경향이 있다. 자신이 꼭 필요한 것이 있으면 자신이 적정하다고 생각하는 가격보다 더 지불해야 살 수 있다. 또 자신이 꼭 팔아야 하는 상황이라면 자신이 받고 싶은 가격보다 싸게 팔아야 한다.

이런 소유효과는 잘못 투자한 주식이나 부동산에서도 나타난다. 투자한 주식이나 부동산의 가격이 계속 떨어지고 가격상승 전망도 거의 없는데도 자신이 투자했기 때문에 좋은 점만 생각하고 팔지 못하는 경우가 많다. 소유효과로 인해 손절매를 하지 못하면 주식투자 등에서 성공하기 어렵다. 소유효과의 극복방안은 새로 투자한다면 지금 갖고 있는 주식이나 부동산을 살 것인가를 냉정하게 판단하는 것이다. 지금 갖고 있는 것을 현재의 가격으로 살 마음이 없다면 쉽지 않겠지만 과감하게 손절매해야 한다. 오래 끌지 않고 손절매를 할 수 있는 결단력이 주식이나 부동산투자에서 손실을 보지 않는 방법 중의 하나이다.

판매점들은 소유효과를 마케팅에 많이 활용하고 있다. 1개월간 사용해보고 마음에 들지 않으면 언제든 반품할 수 있는 조건으로 판매하는 것이 대표적이다. 일단 구매하여 집에 갖다 놓으면 소유효과로 인해 반품하는 경우가 별로 생기지 않는다. 소비자의 입장에서는 마음에 들지 않는 점이 있다면 과감히 반품하는 것이 현명한 선택이다.

행동경제학의 주장에 따르면 평균으로의 회귀 원칙과 마음의 회계, 소유효과 등을 잘 이해하고 관리하면서 실생활에서 저축을 하고 투자를 하는 것이 개인의 재산을 지키고 늘리는 길이다. 그러나 한국에서 지금까지 이러한 원칙을 따랐다면 많은 돈을 모으지 못했을 것 같다. 안정적인 장기 평균수익 추구, 작은 돈을 아끼면서 하는 장기간의 저축 등은 큰 수익을 안겨주지 못했다. 한국은 대박을 노리는 고위험 고수익 투자, 차입을 통한 부동산 '몰빵' 투자 등이 더 큰돈을 벌게 해주었다. 비트코인 등 가상화폐에 대한 한국인의 투기광풍도 이러한 과거 경험과 밀접히 연결되어 있다.

한국이 앞으로 미국이나 유럽국가들과 비슷한 선진국의 길을 간다면 행동경제학의 원칙에 따르는 것이 돈을 모으고 재산을 지키는 데 도움이 될 것이다. 반대로 작은 돈을 아끼면서 안정적인 장기수익을 추구하는 투자자가 많아지면, 한국경제의 미래가 좀더 희망적으로 바뀔 수 있을지도 모른다.

| 참고문헌 |

개리 벨스키·토마스 길로비치『돈의 심리학: 심리학으로 엿보는 돈 이야기』, 노
    지연 옮김, 한스미디어 2006.

니얼 퍼거슨『금융의 지배: 세계 금융사 이야기』, 김선영 옮김, 민음사 2010.

돈 탭스콧·알렉스 탭스콧『블록체인혁명: 제4차 산업혁명 시대, 인공지능을 뛰
    어넘는 거대한 기술』, 박지훈 옮김, 을유문화사 2017.

로버트 쉴러『새로운 금융질서: 21세기의 리스크』, 정지만·황해선·도은진 옮김,
    민미디어 2003.

세일러『불편한 경제학』, 위즈덤하우스 2010.

시드니 호머·리처드 실라『금리의 역사』, 이은주 옮김, 리딩리더 2011.

앤드루 로스 소킨『대마불사: 금융위기의 순간 그들은 무엇을 선택했나』, 노 다
    니엘 옮김, 한울 2010.

유발 하라리『사피엔스: 유인원에서 사이보그까지, 인간 역사의 대담하고 위대
    한 질문』, 조현욱 옮김, 김영사 2015.

윤평식『파생상품의 원리』, 탐진 2011.

이강남『유럽의 통화통합: ECU와 단일통화 창출』, 법문사 1994.

이석륜·이정수『은행개론』, 박영사 1995.

이찬근『금융·경제학 사용설명서: 금융의 탄생에서 현재의 세계 금융 지형까지』, 부키 2011.

이홍모『단숨에 배우는 금융: 쉽게 풀어쓴 금융원리와 실제』, 새로운사람들 2014.

정대영『동전에는 옆면도 있다: 정대영의 금융 바로 보기』, 한울 2013.

_____『신위험관리론』, 한국금융연수원 2005.

_____『한국 경제의 미필적 고의: 잘사는 나라에서 당신은 왜 가난한가』, 한울 2011.

_____『한국경제 대안 찾기: 경제정책 전문가가 제안하는 대한민국 개혁 매뉴얼』, 창비 2015.

정대영·장광수『시장환경분석: 경기분석』, 한국금융연수원 2002.

정운찬·김홍범『화폐와 금융시장』(3판), 율곡출판사 2007.

주경철『대항해시대: 해상 팽창과 근대 세계의 형성』, 서울대학교출판부 2008.

케네스 로고프·카르멘 라인하트『이번엔 다르다』, 최재형·박영란 옮김, 다른세상 2010.

토마 피케티『21세기 자본』, 장경덕 외 옮김, 글항아리 2014.

토머스 H. 그레코 Jr.『화폐의 종말: 은행도 모르는 화폐와 금융의 진실』, 전미영 옮김, AK 2010.

프레더릭 모턴『(250년 금융재벌) 로스차일드 가문』, 이은종 옮김, 주영사 2008.

피터 L. 번스타인『(세계 금융시장을 뒤흔든) 투자 아이디어』, 강남규 옮김, 이손 2007.

하워드 막스『투자에 대한 생각: 월스트리트의 거인들이 가장 신뢰한 하워드 막스의 20가지 투자 철학』, 김경미 옮김, (사)한국물가정보 2012.

한국은행 경제통계국 통계조사팀『(2014)알기쉬운 경제지표해설』(8차 개정판), 한국은행 2014.

한국은행 국제국 국제총괄팀『(2016)한국의 외환제도와 외환시장』, 한국은행 2016.

한국은행 국제국 국제협력실『국제금융기구』, 한국은행 2011.

한국은행 금융결제국 결제정책팀『(2014)한국의 지급결제제도』, 한국은행 2014.

한국은행 금융결제국 전자금융조사팀『디지털혁신과 금융서비스의 미래: 도전과 과제』, 한국은행 2017.

한국은행 금융시장국 자금시장팀『(2016)한국의 금융시장』, 한국은행 2016.

한국은행 통화정책국 통화신용연구팀『(2017)한국의 통화정책』, 한국은행 2017.

한국은행·금융위원회·금융감독원『바젤Ⅲ 기준서: 글로벌 자본 및 유동성 규제체계』, 한국은행 2011.

Anthony Saunders·Marcia Millon Cornett『금융기관 위험관리』, 이상규·지홍민 옮김, 도서출판 석정 2005.

N. Gregory Mankiw『거시경제학』(5판), 이병락 옮김, 시그마프레스 2005.

Wolfram Bickerich『독일마르크화』, 정대화 옮김, 2007(미간행).

Bolton, Patrick et al., *Relationship and Transaction Lending in a Crisis*, BIS 2013.

Baumol, William J., "The Transaction Demand for Cash: An Inventory Theoretic Approach," *The Quarterly Journal of Economics*, Oxford University Press 1952.

BIS, *Basel III: A global regulatory framework for more resilient banks and banking systems*, BIS 2010.

BIS, *BIS Quarterly Review*, BIS 2017.9.

Caballero, Ricardo J. and Farhi, Emmanuel, "The Safety Trap," *The Review of Economic Studies* 85(1), Oxford University Press 2017.

Duroselle, Jean-Baptiste, *Europe: A History of Its Peoples*, Viking 1990.

FRB, *FRB Combined Financial Statements*, FRB 각 연도.

Greider, William, *Secrets of the Temple: How the Federal Reserve Runs the Country*, Simon & Schuster 1987.

Hoelscher, David S. and Quintyn, Marc, *Managing Systemic Banking Crises*, IMF 2003.

McCallum, Bennett T., *Monetary Economics: Theory and Policy*, Macmillan Publishing Company 1989.

McKinsey Global Institute, *Financial globalization: Retreat or Reset*, McKinsey & Company 2013.

Mishkin, Frederic S., *Financial Markets and Institutions*, Addison-Wesley 2000.

Tobin, James, "The Interest-Elasticity of Transactions Demand for Cash," *The Review of Economics and Statistics* 38, The MIT Press 1956.

관점을 세우는 화폐금융론
금융의 발생부터 블록체인과 위기관리까지

초판 1쇄 발행 / 2018년 5월 25일
초판 2쇄 발행 / 2020년 12월 29일

지은이 / 정대영
펴낸이 / 강일우
책임편집 / 김유경 배영하
조판 / 황숙화
펴낸곳 / (주)창비
등록 / 1986년 8월 5일 제85호
주소 / 10881 경기도 파주시 회동길 184
전화 / 031-955-3333
팩시밀리 / 영업 031-955-3399 편집 031-955-3400
홈페이지 / www.changbi.com
전자우편 / human@changbi.com